DESCARTES

DIRECTEUR SPIRITUEL

DU MÊME AUTEUR

Un Banquier du Trésor royal au XVIII° siècle. Samuel
   Bernard, sa vie, sa correspondance (1651-1739).
   Berger-Levrault et C¹°, 1893.

Samuel Bernard, peintre du roi, académicien, son
   œuvre, son iconographie, et Samuel-Jacques
   Bernard, son petit-fils, surintendant de la Maison
   de la Reine, amateur d'art. Plon, 1893.

Un Intendant Secrétaire d'État au XVIII° siècle.
   Claude Le Blanc, sa vie, sa correspondance
   (1669-1728). Imprimerie Dunkerquoise, 1900.

Les Financiers amateurs d'art aux XVI°, XVII° et
   XVIII° siècles. Plon, 1890.

Au pays de Rembrandt et de Frans Hals. Lille,
   Danel, 1898.

Rembrandt, Exposition du couronnement. 1898.

Van Dyck, Exposition du 3° Centenaire. 1899.

Le peintre Valentin (1591-1634). Plon, 1900.

Les « Salons » de 1875, 1876, 1879, 1888 (épuisés).

Les Tapisseries flamandes du Vatican et les Cartons
   de Raphaël. 1891.

DESCARTES

DIRECTEUR SPIRITUEL

Correspondance
avec la Princesse Palatine et la Reine Christine de Suède

PAR

VICTOR DE SWARTE

PRÉFACE DE M. ÉMILE BOUTROUX
de l'Institut

PORTRAITS, DESSINS ET AUTOGRAPHES

PARIS

FÉLIX ALCAN, ÉDITEUR

108, BOULEVARD SAINT-GERMAIN, 108

1904

A

MONSIEUR ÉMILE BOUTROUX

Membre de l'Académie
des Sciences morales et politiques

HOMMAGE

DE RESPECTUEUX ET PROFOND ATTACHEMENT

Victor DE SWARTE.

A MONSIEUR VICTOR DE SWARTE

Cher Monsieur,

Je n'ai nul embarras à vous dire mon sentiment sur l'intérêt que peut présenter votre travail. Puisée d'un bout à l'autre aux sources les plus sûres, minutieusement conduite, riche de détails peu connus et de textes bien choisis, cette double étude sur la princesse Palatine et Christine de Suède dans leurs rapports avec Descartes est également attachante pour l'historien, le moraliste et le philosophe. On y goûtera les portraits d'Elisabeth et de Christine, peints par touches successives, et de plus en plus poussés. On entrera avec émotion dans le secret de l'âme généreuse et délicate, souffrante et mélancolique, victime de sa supériorité même, et sentant, comme elle dit, l'incommodité d'être un peu raisonnable, qui s'associe intimement, chez Élisabeth, à cette haute intelligence, dont Descartes rendit un si éclatant témoignage. Et l'on cherchera curieusement, aidé de toutes les ressources de l'érudition la plus récente, à embrasser dans son ensemble et à apprécier avec équité le caractère si complexe, si singulièrement mêlé de force, d'intelligence, d'esprit, d'activité maladive et inquiète, d'ardeur impétueuse et d'impulsion sensible, de l'étrange fille de Gustave-Adolphe.

Mais surtout l'on se plaira à voir descendre de son piédestal et se mêler à la société le grand homme que nous nous représentons volontiers comme un dieu de la pensée, sublime et impassible. On remarquera principalement ses efforts persévérants pour tirer de sa philosophie des remèdes efficaces contre les maux de l'âme et du corps. S'il laisse à la religion le soin d'assurer notre félicité dans l'autre monde, il reprend la tâche que se donnaient les anciens philosophes de guider et rendre heureuse la vie présente. Rien de plus vivant, de plus réel, de plus dramatique, que cette lutte savante et opiniâtre de la raison, pour vaincre les fatalités du cœur et de l'organisme. Descartes expé-

rimente sur une âme d'une sincérité et d'une
délicatesse exquises la puissance de sa métaphysique, et, il faut bien le dire, il conquiert
l'intelligence de son élève plus qu'il ne la
guérit de ses misères : il ne réalise qu'imparfaitement en elle cet empire de l'âme sur le
corps, comme effet possible de leur union, qui
était l'objet final de sa philosophie.

Tels sont, cher monsieur, quelques-uns des
côtés par où votre livre m'intéresse, et qui
déjà suffiraient à en garantir l'utilité.

Agréez, je vous prie, l'assurance de mes sentiments très distingués.

Émile BOUTROUX.

Paris, 5 décembre 1903.

DESCARTES

Musée du Louvre.

AVANT-PROPOS

DESCARTES, DIRECTEUR SPIRITUEL

S'il est un homme que sa correspondance avec les
beaux esprits de son temps nous dévoile peut-être
mieux que ne le pourrait faire l'exposé de ses puis-
santes théories philosophiques, c'est, à coup sûr,
Descartes qui se montre à nous, tout aussi grand,
et, en quelque mesure, d'une façon plus humaine et
bien vivante, en ses lettres écrites à des philosophes, à de nombreux amis, à une reine souvent impulsive et parfois énigmatique, et surtout, à la
princesse Elisabeth, si noble par ses malheurs, si
élevée par la délicatesse infinie de ses sentiments, si
captivante par la justesse de ses pensées. Les personnages se meuvent devant nos yeux lorsque nous
les jugeons dans la familiarité de leur existence
quotidienne; ils ne semblent plus « tout abstraits de
notre société » (1) et figés, dans une pose hiéra-

_____

(1) Pascal, *Pensées morales*, XI.

tique, comme d'inertes statues de marbre surmontant des socles solennels et prétentieux.

Les grands hommes nous sont plus connus, quand ils nous apparaissent dans l'ambiance où ils ont évolué, avec toute la poésie bien réaliste de la vérité. La figure de Descartes ne perdra rien à être dessinée et peinte, en de nombreuses esquisses enlevées du bout du crayon ou en quelques coups de pinceau, sous des contours un peu flous et légèrement enveloppés. C'est l'ensemble de ces croquis assez dissemblables entre eux, en apparence, qui nous donnera, un jour, toute la physionomie morale du personnage, sous un aspect plus exact et moins pompeux que les portraits aux draperies éclatantes et les panégyriques ampoulés.

Nous verrons les diverses phases de la vie du gentilhomme entreprenant, doué d'une imagination ardente et vive; la silhouette du volontaire enrôlé dans l'armée palatine (1). Nous suivrons Descartes

(1) A vingt et un ans, il s'était engagé au service de Maximilien de Bavière et servit ensuite sous Ferdinand II, pour voir de plus près les troubles de Hongrie; il s'entretenait à ses frais, refusant toute solde et renonçant à toutes charges, car il considérait que les aventuriers qui composaient les armées de mercenaires, à cette époque, n'avaient été poussés à s'enrôler que par l'attrait de l'oisiveté et du libertinage.

En 1623, il recherchait la charge d'intendant de l'armée, puis, en 1625, il aurait voulu être titularisé lieutenant général de Châtellerault, et il croyait qu'il fallait une large instruction pour remplir cet emploi; aussi, dit-il à son père qu'il irait à Paris chez un procureur au Châtelet, pour y apprendre la pratique. Ces deux projets échouèrent, et, en fin de compte, il ne choisit aucun état.

en ses voyages (1) où les aventures n'ont pas manqué au philosophe qui ajouta de nouveaux ressorts

(1) « Il est bon de savoir, disait-il, quelque chose des mœurs
des divers peuples, afin de juger les autres plus sainement et
que nous ne pensions pas que tout ce qui est contre nos modes
soit ridicule et contre raison, ainsi qu'ont coutume de faire ceux
qui n'ont rien vu » ; il disait aussi que ses voyages lui permettaient de faire « telle réflexion dont il pourrait tirer profit,
laschant en roulant, çà et là, dans le monde, d'y rester specta-
teur plutôt qu'acteur dans les comédies qui s'y jouent ».

Voici l'énumération de ses voyages : En 1617, il assista, en
Hollande, aux querelles sanglantes des gomaristes et des armi-
niens, il passa, en 1619 et 1620, en Allemagne et vit la Bavière,
la Souabe, l'Autriche et la Bohême ; l'année suivante, il fut
en Hongrie et parcourut la Moravie, la Silésie, la Poméranie,
les extrémités de la Pologne, la Baltique, remonta de Stettin
dans la marche de Brandebourg, et par Meklembourg et Holstein
revint en Hollande. Les mariniers du bateau qui le ramenait
avaient formé le complot de le tuer ; heureusement ils tinrent
conseil devant lui et Descartes les put surprendre, puisqu'il
connaissait le hollandais ; aussi se leva-t-il tout à coup, tira
l'épée avec fierté et menaça de percer le premier qui oserait
approcher, il les intimida et fut sauvé.

En 1621 et 1622 il résida d'abord à La Haye, où il connut
Frédéric V, le père d'Elisabeth ; dans les Pays-Bas espagnols, à
Bruxelles, il vit l'Infante Isabelle gouverner dix provinces sous
un habit de religieuse et signer des ordres de bataille ; la Suisse
et l'Italie le virent en 1623 et 1624 ; il assista à Venise au
mariage du Doge avec l'Adriatique et vit à Rome un jubilé qui
avait attiré, des extrémités de l'Europe, des peuples de caractères les plus divers. En 1625, il passa par la Toscane ; en 1631,
il fit le voyage d'Angleterre et, en 1634, celui de Danemark. La
Russie, l'Espagne et le Portugal sont les seuls pays de l'Europe
qu'il n'eût pas parcourus.

D'une liaison qu'il avait eue en Hollande était née, le 13 juillet
1635, une fille qui fut baptisée sous le nom de Francine Descartes.
Elle mourut dans ses bras, le 16 juillet 1640. Il en parlait avec la
douleur la plus vive, et écrivit l'histoire de cette enfant, en tête
d'un ouvrage qu'il destinait au public.

à l'entendement et fit éclater, à son époque, la plus grande Révolution au profit du règne de la Raison (1). Il a montré assez d'audace pour renverser, et — bonheur plus rare — il eut assez de génie pour reconstruire. Dans le détail de ses pensées de chaque jour, il se présentera à nos regards bien vivant et, en quelque sorte, tout en gestes.

De combien d'erreurs il allégea son esprit dans la fréquentation des sociétés les plus variées, où il vit mille choses extravagantes et pourtant approuvées dans le milieu où elles se produisaient. Il apprenait ainsi à se défier de l'esprit humain, à ne point

' (1) Les Allemands « ont vu en particulier dans le *Cogito* le germe d'où devait sortir par une dialectique immanente, toute la floraison des grands systèmes qui ont paru jusqu'à ce jour. C'est ainsi que Kuno Fischer fait expressément du cartésianisme et des antinomies où il s'engage en se développant, l'origine ou la condition nécessaire de l'occasionalisme de Malebranche, du monisme de Spinoza, de la monadologie de Leibniz, du sensualisme de Locke, du matérialisme de La Mettrie, de l'idéalisme de Berkeley, du criticisme de Kant ». (EMILE BOUTROUX, *Etudes d'histoire de la Philosophie*. Paris, F. Alcan, 1897, p. 290.)

Le même savant philosophe dit aussi dans son *Rapport sur le Concours pour le prix Jean Raynaud* (séance de l'Académie des sciences morales et politiques du 11 juillet 1903, p. 15) qui fut accordé à l'édition de Descartes, de MM. Adam et Tannery : « Il n'est que juste de chercher dans le *Cogito* de Descartes l'ori-« gine de la logique transcendentale de Kant, qui gravite autour « de cet axiome : Toutes nos représentations sont nécessairement « accompagnées du « Je pense ». Ni l'empirisme anglais, comme « l'a bien vu Taine, ni la spéculation allemande, comme le recon-« naît Hegel, ni le psychologisme français, cherchant les rapports « du conscient et de l'automatique, des phénomènes de l'âme et « des fonctions de l'organisme, ne s'expliquent historiquement « sans un recours à l'auteur des *Méditations*, du *Discours de la* « *Méthode* et des *Passions de l'Ame*. »

regarder l'exemple, la coutume et l'opinion, comme des autorités, et à rechercher toujours passionnément la vérité.

Il sentait bien que l'homme doit voir de ses propres yeux, afin de juger par lui-même. Celui qui s'instruit seulement dans les livres est enclin à tenir pour vérité tout ce qui s'y trouve écrit. Au contraire, dans les voyages, l'esprit s'étend avec l'espace qu'il veut embrasser. Descartes n'avait, disait-il, « d'autre livre que le monde ».

C'est dans cette ambiance que son esprit s'est développé en toute indépendance, et sans se laisser refroidir par les formules : « La raison de Descartes, dit M. Emile Boutroux (1), est une raison vivante et enthousiaste, qui ne se borne pas à mettre en syllogismes les vérités acquises, mais qui s'applique à trouver, à créer et à communiquer aux intelligences son activité créatrice ».

Aussi pour bien représenter l'évolution de son esprit, est-ce avec des touches juxtaposées, jamais en teintes fondues, mais par de petits plans, comme le maître de Harlem a peint son portrait physique (2), que nous devons décrire les traits particuliers de sa vie; aussi bien la lumière du jour ne pouvait lui déplaire, à lui qui aimait la nature

(1) *Op. cit.*, p. 295.

(2) Ce tableau est, au dire de Charles Blanc, l'image authentique de Descartes. Frans Hals, qui ne transigea jamais avec la vérité et n'avait pas coutume de s'égarer à la poursuite d'un chimérique idéal « a religieusement conservé dans ce portrait tous les éléments d'une laideur qui n'exclut cependant ni la finesse, ni l'intelligence ».

dans sa libre expression, dépouillée du faux prestige des formules.

C'est en vivant, dit à propos de Descartes M. Fouillée, qu'on a la vraie notion de la vie, « qu'on se sent une seule personne qui a ensemble un corps et une pensée ».

Mon ami, le comte Foucher de Careil, avait publié en 1862, *Descartes et la Princesse Palatine, ou de l'influence du cartésianisme sur les femmes au dix-septième siècle*, mais il manquait à cet ouvrage les réponses qu'Elisabeth avait adressées à Descartes; une bonne fortune les lui fit découvrir en 1879 à Arnheim, et il s'empressa de faire paraître cette correspondance, sous le titre : *Descartes, la Princesse Palatine et la Reine Christine* (1). L'analyse de ces ouvrages nous a vivement intéressé, et nous avons été assez heureux pour pouvoir combler certaines lacunes en nous référant aux textes exactement transcrits, avec éclaircissements et notes

(1) Le comte Foucher de Careil a publié aussi, d'après les documents inédits qu'il avait trouvés à la bibliothèque de Hanovre, une édition complète de *Leibniz*, et de plus, *Leibniz, la philosophie juive et la cabale ; Leibniz, Descartes et Spinoza ; Leibniz et les Deux Sophie*.

La comtesse Foucher de Careil, qui avait été à Hanovre la collaboratrice de son mari, a bien voulu nous confier toutes les œuvres de l'ancien ambassadeur de Vienne et les diverses appréciations dont elles avaient été l'objet en France et à l'étranger, lors de leur publication. Nous lui exprimons ici les sentiments les plus vifs de notre reconnaissance.

historiques, contenus dans la volumineuse *Correspondance de Descartes*, somptueusement éditée en cinq volumes, par Adam et Tannery, avec la précieuse collaboration des très honorables académiciens MM. Boutroux et Darboux (1).

Nous n'avons négligé aucune recherche bibliographique, dans les archives et dépôts de la France et de l'Allemagne, notamment à Herford, où Elisabeth fut abbesse et gouverna sous le protectorat du comte de Brandebourg et de l'Empereur. La précieuse

(1) La première édition de la correspondance de Descartes avait été publiée (1657-1659-1667) par *Clerselier*, beau-frère de Chanut, ambassadeur de France. En 1675-1704, parut le *Projet d'édition de Legrand et Collection de Lahire*, puis (1793-1803) le *classement de Poirier et d'Arbogast* et enfin l'édition *Victor Cousin* (1824-1826). Victor Cousin convenait lui-même « qu'elle n'était pas digne de Descartes » ; le travail, en effet, avait été trop rapide et les préparations de l'abbé Legrand imparfaitement utilisées. Cousin avait pris pour des notes les additions en marge qui, en réalité, donnaient le texte original du philosophe ; la chronologie était négligée aussi ou inexactement interprétée ; il avait ignoré la collection complète et originale des lettres de Descartes au Père Mersenne, qui existait alors dans les archives de l'Académie des Sciences, fut volée quinze ans plus tard par Libri et, peu à peu reconstituée, en partie, surtout — dit M. Émile Boutroux (rapport Jean Raynaud, pages 4 et 5) à qui nous empruntons cette précieuse critique — grâce aux prodiges d'habileté et de ténacité de M. Léopold Delisle. Cousin n'avait pas fait usage non plus des deux grands in-folios de la *Vie de Des Cartes*, par Adrien Baillet (1691), lesquels contiennent en abondance des lettres entières et des fragments ou analyses de lettres. D'importantes publications de documents inédits sur Descartes furent faites au XIXe siècle par Francisque Bouiller, Libri, Foucher de Careil, Eugène de Bude, Genevois, l'abbé Georges Monchamp, Bierens de Haan, Korteweg. Après avoir dépouillé ces nombreux documents imprimés, MM. Adam et

Correspondance de Christine avec le Cardinal Azzolino, publiée par les soins de l'historien diplomate, le baron de Bildt, nous a été aussi d'un grand secours.

S'il peut paraître téméraire de découvrir de nouveaux traits de caractère sur Descartes, peut-être semblera-t-il plus aisé de vouloir compléter par quelques touches nouvelles les portraits d'Elisabeth et de Christine ; c'est le but que nous nous sommes proposé. Puissions-nous faire partager au lecteur les jouissances intimes que nous avons éprouvées et les sentiments d'admiration profonde que nous avons ressentis pour la Princesse Elisabeth.

Nous considérons comme un devoir d'exprimer ici tous nos remerciements au Conseiller d'Etat, M. Bodemann, le savant et très accueillant archiviste de Hanovre, auteur de si belles études sur la famille Palatine, ainsi qu'à MM. les Pasteurs Gottschalk et Nieman, qui ont facilité, avec une exquise bonne grâce, nos recherches en la ville d'Herford ; à M. Ledieu du Paix, consul des Pays-Bas,

Tannery ont recherché des inédits dans les bibliothèques et archives de Leyde, de La Haye, d'Amsterdam, de Groningue, de Hanovre, de Marbourg, de Hambourg, de Munich, de Vienne, de Saint-Pétersbourg, de Londres (British Museum), de Chartres, sans compter de nombreux dépôts de particuliers habitant Paris, Berlin, Philadelphie, etc. La chronologie de la correspondance fut complètement rétablie et les adresses indiquées, sauf pour 16 lettres sur 603, qui sont demeurées sans nom de destinataire.

à Lille, qui nous a communiqué de précieux autographes de la Palatine que lui avait adressés l'archiviste de Leyde. N'oublions pas, non plus, en cet hommage, nos amis MM. les Conservateurs de la Bibliothèque Nationale, toujours si bienveillants et si documentés, et notre excellent collègue et ami, de la Société des Sciences et Arts de Lille, M. Delphin Petit, qui a reproduit par la photographie le beau portrait d'Anna Schurmann, que possède le Musée de Lille, ainsi que les originaux des deux lettres d'Elisabeth.

Gaspar Barleus, px.   Phot. Schuckert, Heidelberg.

LA PRINCESSE ÉLISABETH

Musée d'Heidelberg.

PREMIÈRE PARTIE

DESCARTES ET LA PALATINE

(1643 — 1649)

CHAPITRE PREMIER

LA PRINCESSE ÉLISABETH

Frédéric V, roi de Bohème, déjeunait sans trop se hâter, lorsque déjà les Impériaux qui assiégeaient Prague des hauteurs de la *Montagne Blanche*, se précipitaient au cri de « Santa Maria » et pourchassaient l'armée en déroute jusqu'aux portes de la cité (8 novembre 1620) (1).

(1) Frédéric donnait, ce jour-là, un grand repas, et tandis que ses soldats mouraient pour lui, il était à table ! Un messager vint l'en faire sortir en lui apprenant ce qui se passait sur la Montagne Blanche, et du haut des remparts de son château, il put contempler ce spectacle sanglant. Incapable de prendre à l'instant même une résolution, il sollicita une trêve de vingt-quatre heures ; mais il ne put en obtenir que huit, dont il profita pour quitter la ville pendant la nuit. La reine et ses principaux officiers le suivirent dans cette fuite, qui se fit avec tant de pré-

Cette défaite mémorable, qui signala les débuts de la guerre de Trente ans, fit mettre au ban de l'Empire le roi de Bohême, et ce fut au duc de Bavière, Maximilien, que l'Empereur Ferdinand donna l'ordre d'exécuter la sentence, sans observer les formes légales. Ainsi finit cette royauté de quelques mois qui valut à Frédéric le surnom de « Winter Kœnig ».

Le désastre de la Montagne Blanche frappait en plein cœur l'ambition de sa femme, l'impérieuse et belle Elisabeth, fille de Jacques Ier d'Angleterre. N'était-ce point elle qui avait, en quelque sorte, poussé sur le trône son mari, (1) en lui disant, que s'il n'avait pas le cœur d'accepter la couronne, il ne fallait pas épouser la fille d'un roi. Elle se montra

cipitation, que le prince d'Anhalt oublia sa correspondance particulière, et Frédéric sa couronne! Ce malheureux roi venait enfin d'apprécier sa position, et toutes les consolations qu'on s'empressait de lui offrir ne purent modérer sa douleur : « Je viens d'apprendre à me connaître, dit-il, et je sais maintenant qu'il est des vertus que le malheur seul peut enseigner aux princes! Oui, le malheur seul peut dompter notre orgueil et nous contraindre à ne nous estimer que pour ce que nous sommes en effet. » (Schiller. *Histoire de la guerre de Trente ans*, traduction de la baronne de Carlowitz. Paris, Charpentier, 1841, p. 90.)

(1) A la table royale, lui disait-elle, le pain sec me paraîtra préférable aux plus somptueux banquets que tu pourrais m'offrir dans ta demeure d'Électeur. (Schiller, *op. cit.*, p. 82.)

Il était actif, bon et généreux jusqu'à la prodigalité... Comme tous les caractères faibles, il demandait sans cesse des conseils à ses amis et les repoussait quand ils n'étaient pas conformes à ses désirs, qu'il n'avait jamais le courage d'avouer hautement... Ses qualités intellectuelles n'étaient pas en harmonie avec les périls qu'il voulait braver. (Schiller, *op. cit.*, p. 81.)

pourtant héroïque dans l'infortune, luttant avec une
virile ténacité contre les rigueurs du sort. Elle était
très instruite et tout éprise d'un sentiment élevé pour
les sciences et les arts ; elle fit partager ses goûts à ses
quatre filles. Louise Hollandine, qui embrassa la
religion catholique, devint abbesse de Maubuisson
et fut l'amie de Bossuet ; Henriette Marie, femme
de Sigismond Ragokzi, prince de Transylvanie ;
Sophie, qui fut en correspondance avec Leibniz,
et, surtout Elisabeth, l'exquise et savante amie de
Descartes. Cette princesse que n'a jamais entaché
la préciosité qui était du bel air à son époque, se
montre à nous, dans les lettres que nous allons
analyser, avec tous les élans d'une âme généreuse et
la délicatesse infinie du cœur et de la raison. On
peut la considérer, à bon droit, comme l'une des plus
belles physionomies du dix-septième siècle.

Les fils de la reine de Bohême firent aussi grande
figure. Charles Louis, l'électeur palatin, eut un règne
glorieux ; d'une haute culture intellectuelle, il avait
voulu attirer Spinoza à Heidelberg ; Robert, l'ami du
peintre Van Dyck, inventa la gravure à la manière
noire et n'en fut pas moins un guerrier illustre, un
amiral, aux ordres de l'Angleterre, s'en allant combattre, aux tristes jours de la guerre civile, en la compagnie de son frère Maurice qui dut s'enfuir en Amérique et fit naufrage aux îles Caraïbes. Philippe,
célèbre par ses duels, mourut dans un combat ; c'est
lui qui, en pleine place de La Haye, poignarda un
gentilhomme français, Epinay, pour le punir d'assi-
duités équivoques auprès de sa mère. Edouard, enfin,

qui épousa Anne de Gonzague, et vint, après son abjuration, se fixer à la Cour de France.

En la demeure que les Etats Généraux de Hollande avaient offert à La Haye à la famille proscrite, se réunissaient les savants et les philosophes ; on y voyait les frères Achatius et Cristophe de Dhona avec Constantin Huyghens (le frère de Christian) (1), et aussi de Wilhelm, de Hooghelande, de Beck et de Brasset, notre résident à La Haye. Descartes, présenté par de Pollot, gentilhomme de la chambre, y vint faire sa révérence. La reine « le reçut avec politesse, au dire de Miss Benger (2), et Elisabeth, qui s'était enflammée pour la métaphysique, l'accueillit comme un maître, mieux encore, un ami ».

Le philosophe résidait au petit château d'Endegest, à deux heures de La Haye. C'est là, que près de charmilles de hêtres, qu'on admire encore aujourd'hui, il cultivait un parterre de fleurs ; au loin, dans un horizon infini, sous la blonde lumière, apparaissaient les moulins dans la direction de Leyde, ce pendant que des arbres touffus décoraient de verdure ce paysage enchanté. Sorbière (3), l'émis-

---

(1) C'est lui qui écrivit à la mort de Descartes :

> Nature, prends le deuil et pleure la première
> Le grand Descartes !...
> Quand il perdit le jour, tu perdis la lumière ;
> Ce n'est qu'à sa clarté que nous t'avons su voir.

(2) Miss Benger, *Mémoires.*

(3) *Lettres et discours de M. de Sorbière sur diverses matières curieuses.* — Paris, F. Clouzier, 1660.

saire et l'ami de Gassendi, au retour d'Endegest,
appelait Descartes « le Démocrite de ce siècle.....
vous diriez, ajoutait-il, qu'il couche avec la nature,
qu'elle s'est fait voir à lui toute nue ».

Le philosophe délaissait souvent les ombrages
d'Endegest pour avoir le plaisir « de converser avec
sa royale élève, dans laquelle il découvrait, non sans
surprise, un esprit capable des recherches les plus
ardues et des plus sublimes vérités » (1).

Dès qu'elle eut parcouru « les *Essais* de Descartes,
dit Baillet, elle conçut une si forte passion pour sa
doctrine, qu'elle compta pour rien ce qu'elle avait
appris jusque-là et voulut bâtir à nouveau sur des
fondements plus solides... Son maître l'ayant accoutumée insensiblement à la méditation des plus
grands mystères de la nature, et l'ayant exercée
suffisamment dans les questions les plus abstraites
de la géométrie et les plus sublimes de la métaphysique, n'eut plus rien de caché pour elle et ne fit
point difficulté d'avouer qu'il n'avait encore trouvé
qu'elle qui fût parvenue à une intelligence parfaite
des ouvrages qu'il avait publiés jusqu'alors ».

Dans ce paysage harmonieux, la vie s'écoulait,
non sans laisser place à des heures de mélancolie,
comme nous le verrons par la correspondance
d'Élisabeth avec Descartes.

(1) Miss Benger, *op. cit.*

Si l'on en croit Sorbière, Elisabeth ne dédaignait pas, abdiquant les exigences de l'étiquette, de revêtir un costume de bourgeoise hollandaise et de se mêler au vulgaire, pour se rendre en bateau à Delft ou à Leyde. « On racontait merveilles de cette rare personne... Ces dames ne revenaient guère sans trouver quelque cavalier qui offrait son service et qui, au débarqué, se voyait bien trompé de la petite espérance qu'il avait conçue, que ce fussent des courtisanes, parce que, toujours, un carrosse les attendait. »

CHAPITRE II

L'AME ET LE CORPS. — LA SCOLASTIQUE
LA MÉTAPHYSIQUE. — LES SENS. — LA GÉOMÉTRIE

Descartes ressentait pour Élisabeth un vif attachement mêlé de respect et d'admiration : de ces sentiments naquit l'amour le plus idéal et le plus noble.
Il appréciait surtout en elle la spontanéité de so
caractère « cette généreuse modestie » jointe a
l'épanouissement d'un esprit bien supérieur à celui
de « MM. les Docteurs qui prenent pour règle de la
vérité les opinions d'Aristote plutost que l'évidence
de la raison » comme il l'écrivit, le 6 octobre 1642 (1),
à son ami, M. de Pollot. C'est à la suite de cette
lettre, où il peint, d'un trait si personnel, la Palatine,
qu'il lui manifeste, comme nous le disons plus haut,
le désir de pouvoir par son entremise « avoir l'honneur de lui faire la révérence et recevoir ses commandemens ».

Dès lors commence entre Élisabeth et Descartes,
au cours des six années qu'il passa en Hollande

(1) Nouveau style. — Nous adoptons le calendrier grégorien
pour la chronologie de toute la correspondance que nous ana-
lysons.

« dans le désert de ce peuple affairé » (1), une correspondance philosophique très vivante et toute remplie d'aperçus justes et originaux.

La Palatine entre immédiatement, avec la précision méthodique d'un philosophe (lettre du 16 mai 1643), au cœur même de la discussion et soumet à Descartes « dans sa constante volonté de bien faire » les doutes et les incertitudes que soulèvent, en son esprit, les écrits qu'elle a lus : « Comment, dit-elle, « l'âme de l'homme peut déterminer les esprits du « corps, pour faire les actions volontaires (n'estant « qu'une substance pensante). Car il semble que « toute détermination de mouvement se fait par la « pulsion de la chose mue, a manière dont elle est « poussée par celle qui la meut, ou bien, de la qua- « lification et figure de la superficie de cette dernière. « L'attouchement est requis aux deux premières « conditions, et l'extension à la troisiesme. Vous « excludez entierement celle-cy de la notion que « vous avez de l'âme, et celuy-la me paroist incom- « patible avec une chose immaterielle. Pourquoy je « vous demande une définition de l'âme plus parti-

(1) Suivant sa devise favorite : « *qui bene vixit, bene latuit* » il écrivait à Balzac : « Ici, comme tout le monde excepté moi, est occupé au commerce, il ne tient qu'à moi d'être inconnu à tout le monde. Je me promène tous les jours à travers un peuple immense, presque aussi tranquillement que vous pouvez le faire dans vos allées. Les hommes que je rencontre me font la même impression que si je voyais les arbres de vos forêts, ou les troupeaux de vos campagnes, le bruit même de tous ces commerçants ne me distrait pas plus que si j'entendais le bruit d'un ruisseau. »

« culière qu'en vostre métaphysique, c'est à dire de
« la substance, séparée de son action, de la pensée.
« Car encore que nous les supposions inséparables
« (qui toutefois est difficile à prouver dans le ventre
« de la mère et les grands évanouissemens), comme
« les attributs de Dieu, nous pouvons, en les consi-
« dérant a part, en acquerir une idée plus par-
« faite.

« Vous cognoissant le meilleur médecin pour la
« mienne, je vous descouvre si librement les foi-
« blesses de ses speculations, et espère qu'observant
« le serment d'Hipocrates (1), vous y apporterez des
« remèdes, sans les publier ; ce que je vous prie de
« faire, comme de souffrir ces importunités de vostre
« affectionnee amie a vous servir. »

« La faveur dont vostre Altesse m'a honoré, répond
« Descartes (2) (21 mai 1643), en me faisant recevoir

(1) Le serment d'Hippocrate : (... ἃ δ'ἂν ἐν θεραπείῃ ἢ ἴδω ἢ
ἀκούσω,...... σιγήσομαι, ἄρρητα ἡγεύμενος εἶναι τὰ τοιαῦτα.) (Adam
et Tannery, *op. cit.*, t. III, p. 662, en note.)

(2) Nous avons scrupuleusement transcrit comme nous la
donne l'édition Adam et Tannery, l'orthographe de Descartes,
qui vaut « la peine d'être exactement reproduite.... non pas
« seulement pour la plus grande joie des amateurs de vieux
« langage et pour la satisfaction bien légitime des philologues,
« mais parce qu'on retrouve jusque dans les formes des mots la
« marque personnelle du philosophe. Puis ce langage tout
« émaillé de vieilles expressions, comme *derechef*, *souvenance*
« et *resouvenir*, *ouyr*, etc., avec de vieilles tournures comme les
« *pource que* et les *encore que*, dont il ne craint pas d'abuser, pour
« bien montrer la solide charpente des phrases et en faire saillir
« les jointures, tout cela a besoin aussi, ce semble, d'une vieille
« orthographe... » (Adam et Tannery, *op. cit.* Remarques sur
l'orthographe de Descartes. T. I. Introduction, p. CIII.)

« ses commandemens par escrit, est plus grande
« que je n'eusse jamais osé esperer, et elle soulage
« mieux mes défauts que celle que j'avais souhaitée
« avec passion, qui estoit de les recevoir de bouche..,
« voyant sortir des discours plus qu'humains d'un
« corps si semblable à ceux que les peintres donnent
« aux anges, j'eusse esté ravy de mesme façon que
« me semblent le devoir estre ceux qui, venans de
« la terre, entrent nouvellement dans le ciel... vos
« pensées ne paraissent pas seulement ingenieuses
« a l'abord, mais d'autant plus judicieuses et solides
« que plus on les examine. Car, y ayant deux choses
« en l'âme humaine, desquelles depend toute la con-
« noissance que nous pouvons avoir de sa nature,
« l'une desquelles est qu'elle pense, l'autre, qu'estant
« unie au cors, elle peut agir et partir avec luy ; je
« n'ay quasi rien dit de cette derniere, et me suis
« seulement estudié a faire bien entendre la pre-
« miere, a cause que mon principal dessein estoit de
« prouver la distinction qui est entre l'âme et le
« corps ; a quoy celle-cy seulement a pû servir, et
« l'autre y auroit esté nuisible. Mais, pour ce que
« vostre Altesse voit si clair, qu'on ne luy peut dis-
« simuler aucune chose, je tascheray icy d'expliquer
« la façon dont je conçoy l'union de l'âme avec le
« corps, et comment elle a la force de le mou-
« voir. »

Remarquons avant de suivre le développement de
cette démonstration, qu'Elisabeth par ses doutes et
par ses objections, dans « le soin très particulier
(qu'elle a) de s'instruire » contraint, en quelque

manière, le philosophe à développer et expliquer toutes ses doctrines. Nous pourrons aussi constater, au cours de cette étude, avec quelle subtilité elle découvre les points restés dans l'ombre, et quelle persévérance elle apporte à solliciter des explications complémentaires qui élucideront, en son esprit, les obscurités apparentes de la théorie.

« Je considère, continue Descartes, qu'il y a en
« nous certaines *notions primitives*, qui sont comme
« des originaux, sur le patron desquels nous for-
« mons toutes nos autres connoissances. Et il n'y a
« que fort peu de telles notions ; car, après les plus
« générales, de *l'estre*, du *nombre*, de la *durée*, etc.,
« qui conviennent à tout ce que nous pouvons con-
« cevoir, nous n'avons, pour le corps en particulier,
« que la notion de l'*extension*, de laquelle suivent
« celles de la *figure* et du *mouvement* ; et pour l'âme
« seule, nous n'avons que celle de la *pensée*, en
« laquelle sont comprises les perceptions de l'*en-*
« *tendement* et les inclinations de la *volonté* ; enfin,
« pour l'âme et le corps ensemble, nous n'avons que
« celle de leur *union*, de laquelle dépend celle de la
« force qu'a l'âme de mouvoir le corps, et le corps
« d'agir sur l'âme, en causant ses sentimens et ses
« passions.

« Je considère aussi que toute la science des
« hommes ne consiste qu'à bien distinguer ces no-
« tions, et à n'attribuer chacune d'elles qu'aux choses
« auxquelles elles appartiennent. Car, lors que nous
« voulons expliquer quelque difficulté par le moyen
« d'une notion qui ne luy appartient pas, nous ne

« pouvons manquer de nous mesprendre ; comme
« aussi lors que nous voulons expliquer une de ces
« notions par une autre ; car, estant primitives, cha-
« cune d'elles ne peut estre entenduë que par elle-
« mesme. Et d'autant que l'usage des sens nous a
« rendu les notions de l'extension, des figures et des
« mouvemens, beaucoup plus familières que les
« autres, la principale cause de nos erreurs est en
« ce que nous voulons ordinairement nous servir de
« ces notions, pour expliquer les choses a qui elles
« n'appartiennent pas, comme lors qu'on se veut
« servir de l'imagination pour concevoir la nature
« de l'âme, ou bien lors qu'on veut concevoir la façon
« dont l'âme meut le corps, par celle dont un cors
« est mû par un autre cors.

« C'est pourquoy, puis que, dans les Méditations
« que vostre Altesse a daigné lire, j'ay tasché de faire
« concevoir les notions qui appartiennent à l'âme
« seule, les distinguant de celles qui appartiennent
« au corps seul, la premiere chose que je dois expli-
« quer ensuite, est la façon de concevoir celles qui
« appartiennent à l'union de l'âme avec le corps,
« sans celles qui appartiennent au corps seul, ou a
« l'âme seule. A quoy il me semble que peut servir
« ce que j'ay escrit à la fin de ma Response aux
« six (iemes) objections ; car nous ne pouvons cher-
« cher ces notions simples ailleurs qu'en nostre âme,
« qui les a toutes en soy par sa nature, mais qui ne
« les distingue pas tousjours assez les unes des
« autres, ou bien ne les attribuë pas aux objets
« ausquels on les doit attribuer.

« Ainsi je croy que nous avons cy-devant confondu
« la notion de la force dont l'âme agit dans le corps,
« avec celle dont un corps agit dans un autre ; et
« que nous avons attribué l'une et l'autre, non pas
« à l'âme, car nous ne la connoissions pas encore,
« mais aux diverses qualitez des corps, comme à la
« pesanteur, à la chaleur, et aux autres, que nous
« avons imaginé estre réelles, c'est-à-dire avoir une
« existance distincte de celle du corps, et par con-
« séquent estre des substances, bien que nous les
« ayons nommées des qualitez. Et nous nous
« sommes servis, pour les concevoir, tantost des
« notions qui sont en nous pour connoistre le corps,
« et tantost de celles qui y sont pour connoistre
« l'âme, selon que ce que nous leur avons attribué,
« a esté matériel ou immatériel. Par exemple, en
« supposant que la pesanteur est une qualité réelle,
« dont nous n'avons point d'autre connoissance,
« sinon qu'elle a la force de mouvoir le corps, dans
« lequel elle est, vers le centre de la terre, nous
« n'avons pas de peine à concevoir comment elle
« meut ce corps, n'y comment elle luy est jointe ; et
« nous ne pensons point que cela se fasse par un
« attouchement réel d'une superficie contre une
« autre, car nous expérimentons, en nous mesmes,
« que nous avons une notion particulière pour conce-
« voir cela ; et je croy que nous usons mal de cette
« notion, en l'appliquant à la pesanteur, qui n'est
« rien de réellement distingué du cors, comme
« j'espère monstrer en la Physique, mais qu'elle
« nous a esté donnée pour concevoir la façon dont
« l'âme meut le cors.

« Je tesmoignerois ne pas assez connoistre l'in-
« comparable esprit de vostre Altesse, si j'employois
« davantage de paroles a m'expliquer, et je serois
« trop présomptueux, si j'osois penser que ma res-
« ponse la doive entierement satisfaire ; mais je
« tascheray d'éviter l'un et l'autre, en n'adjoustant
« rien icy de plus, sinon que, si je suis capable
« d'escrire ou de dire quelque chose qui luy puisse
« agreer, je tiendray tousjours à très grande faveur
« de prendre la plume, où d'aller à La Haye, pour
« ce sujet, et qu'il n'y a rien au monde qui me soit
« si cher que de pouvoir obéir à ses commande-
« mens. Mais je ne puis icy trouver place à l'obser-
« vation du serment d'Hippocrate qu'elle m'enjoint,
« puis qu'elle ne m'a rien communiqué, qui ne
« mérite d'estre vû et admiré de tous les hommes.
« Seulement puis-je dire, sur ce sujet, qu'estimant
« infiniment la vostre que j'ai receuë, j'en useray
« comme les avares font de leurs trésors, lesquels
« ils cachent d'autant plus qu'ils les estiment, et en
« enviant la veuë au reste du monde, ils mettent leur
« souverain contentement à les regarder. Ainsi je
« seray bien aise de jouïr seul du bien de la voir ; et
« ma plus grande ambition est de me pouvoir dire,
« et d'estre véritablement, Madame, de vostre Altesse,
« le très humble et très obéissant serviteur. »

Elisabeth l'a lue et profondément méditée cette
lettre où l'auteur, en dépit des compliments, martèle
son argumentation, comme il ferait pour un disciple
encore peu initié. Nous avons voulu la reproduire
toute, afin de préciser l'entrée en matière de cette
correspondance. Ce début aurait pu sembler quelque

peu rébarbatif, non seulement à une jeune princesse de vingt-cinq ans, adonnée, il est vrai, avec passion, aux lettres et aux sciences, mais même à tels disciples de l'Université de Leyde. A dire le vrai, Elisabeth n'était déjà plus une débutante, elle avait compris les *Méditations* de Descartes et elle en était toute pénétrée, comme nous en pouvons juger dans la lettre du 20 juin 1643. « ..... La vie que je suis contrainte « de mener, écrit-elle, ne me laisse la disposition « d'assez de tems pour acquérir une habitude de « méditation selon vos règles. Tantôt les intérêts « de ma maison, que je ne dois négliger, tantôt des « entretiens et complaisances, que je ne peux éviter, « m'abatent si fort ce faible esprit de fascherie ou « d'ennuy, qu'il se rend, pour longtems après, inu- « tile à tout autre chose : qui servira, comme j'es- « père, d'excuse à ma stupidité, de ne pouvoir com- « prendre l'idée par laquelle nous devons juger « comment l'âme (non estendue et immatérielle) « peut mouvoir le « corps..... ».

Voilà le problème bien posé et les objections vont se présenter sous sa plume avec une exactitude mathématique. On ne rencontre pas chez elle de ces phrases inutiles qui sont, en quelque sorte, comme des fioritures et des points d'orgue s'évadant de la ligne musicale en en dénaturant le caractère. Descartes, qui adorait la musique, appréciait sans doute cette traduction harmonique de la pensée, que la princesse développait avec justesse et sous une forme libre et indépendante. Elle répudiait, comme lui, les anciennes méthodes scolastiques qui enve-

loppaient les principes de logique d'une foule de
préceptes inutiles et dangereux, elle voulait du chaos
faire sortir la vérité tel le statuaire travaille à tirer
une Minerve d'un bloc de marbre informe. Le philosophe, pour ne pas laisser envahir Elisabeth par les
entortillements de la scolastique, n'avait pas hésité
à dire de cruelles vérités à la jeune poétesse Anna de
Schurmann (1), amie d'Elisabeth, très entichée des

(1) Nous reverrons plus tard, dans les dernières années d'Elisabeth, reparaître Anna Maria de Schurmann, la Muse de la Hollande, poète, artiste, élève de Voece, très admirée des savants
pour les brillantes thèses qu'elle avait soutenues à Utrecht. Elle
recevait maints madrigaux en prose et en vers, et Balzac lançait
à son sujet, ses plus brillantes hyperboles, la comparant à Sul-
pitia, la poétesse chantée par Martial ; il terminait ainsi une
lettre où il faisait l'éloge de quelques vers qu'elle venait de
commettre : « qu'il y a de pudeur et d'honnesteté parmy les
grâces et les beautez de ces vers !... que la vertu de son âme se
mêle agréablement avec les productions de son esprit ».

Elisabeth, à peine âgée de 15 ans, l'avait connue. Anna lui
écrivait le 16 septembre 1639 : « Madame, je ne puis exprimer
l'excès de joye et de contentement que j'aye reçu en lisant la
lettre que V. A. m'a fait la grâce de m'escrire, car outre l'invention, les pointes et les percodes qui pourroyent remplir l'oreille
des plus scavants, ce m'as esté un plaisir merveilleux d'y considérer les amusements de vostre généreux esprit ». Dans une
autre lettre, philosophique cette fois, elle écrit que si les docteurs
scolastiques ont encore parfois la censure de plusieurs « gens
doctes de notre temps, cela ne doit pas préjudicier à la solidité
ni à l'excellence de leur conception..... à peine scaurait-on discerner s'ils ont été plus ingénieux à forger des doutes et des
objections ou plus adroits à les résoudre..... de sorte, qu'à mon
jugement, ils ont fort bien conjoinct ensemble ces deux qualitez
rarement sociables, la subtilité et la réalité ». Elle fait part
ensuite de sa grande admiration pour les anciens, Aristote et
saint Augustin, « lesquels on n'a jamais pu obscurcir, quelques
brouillards et cahus d'erreurs qu'on ait lasché d'opposer à leurs

vieilles formules de l'École ; il prit même un moyen quelque peu violent, afin de l'éloigner de la princesse.

Dans la lettre, dont nous avons commencé l'analyse, Elisabeth avoue qu'il lui serait « plus facile de

brillantes lumières ». Cette allusion au cartésianisme est transparente. La lettre est écrite l'année même où paraît le livre des *Principes* de Descartes, qu'il avait dédié à la princesse palatine.

Après les jours brillants où, entourée des savants et des lettrés de la Hollande qui l'avaient célébrée en prose et en vers, elle qu'on avait appelée la dixième muse, s'était réfugiée dans l'ascétisme. Elle était devenue mystique à la manière de Mme Guyon, mais sans y apporter la fougue toute française de la sensible amie de Fénelon. Or, elle n'en continuait pas moins à correspondre, de loin en loin, avec Elisabeth, et c'était bien en réalité, dans l'intérêt de cette dernière que Descartes voulut prémunir Anna de Schurmann contre les surprises de la théologie. Un jour, en effet, qu'il la trouva livrée à son étude favorite, qui était celle de l'Écriture sainte, d'après le texte original en hébreu, Descartes fut étonné qu'une personne de ce mérite donnât tant de temps à une chose de si peu d'importance. Ce sont les termes mêmes dont se sert le biographe. Comme la dixième muse cherchait à lui démontrer l'importance de cette étude pour la connaissance de la parole divine, Descartes lui répondit qu'il avait eu, lui aussi, cette pensée, que dans ce dessein, il avait appris cette langue qu'on appelle sainte, et qu'il avait même commencé à lire dans le texte hébreu le premier chapitre de la genèse qui traite de la création du monde, mais, qu'en dépit de la profondeur de ses méditations, il avait eu beau réfléchir, il n'y avait rien trouvé de clair et de précis, rien qu'on pût comprendre *claré et distincté*. S'étant aperçu qu'il ne pouvait point entendre ce que Moïse avait voulu dire, et même qu'au lieu de lui apporter de nouvelles lumières, tout ce qui avait été écrit ne servait qu'à l'embrouiller davantage, il avait dû renoncer à cette étude. Anna de Schurmann en avait été profondément blessée et en avait conçu une profonde antipathie contre le philosophe qu'elle évita depuis ce jour, non sans avoir marqué sa haine par ces mots inscrits en marge dans son journal, sous la rubrique :

« concéder la matière et l'extension a l'âme, que la
« capacité de mouvoir un corps et d'en estre emeu,
« a un estre immatériel. Car, si le premier se faisoit
« par information, il faudroit que les esprits, qui
« font le mouvement, fussent intelligens, ce que
« vous n'accordez à rien de corporel..... Il est très
« difficile a comprendre qu'une ame, comme vous
« l'avez decrite, après avoir eu la faculté et l'habitude
« de bien raisonner, peut perdre tout cela par quel-
« ques vapeurs, et que, pouvant subsister sans le
« corps et n'ayant rien de commun avec luy, elle en
« soit tellement régie.

« Mais, depuis que vous avez entrepris de m'ins-
« truire, je n'entretiens ces sentimens que comme
« des amis que je ne crois point conserver, m'as-
« seurant que vous m'expliquerez aussi bien la
« nature d'une substance immatérielle et la manière
« de ses actions et passions dans le corps, que
« toutes les autres choses que vous avez voulu
« enseigner. Je vous prie aussi de croire que vous
« ne pouvez faire cette charité a personne, qui soit
« plus sensible de l'obligation qu'elle vous en a que
« vostre très affectionnée amie. »

Bienfaits du Seigneur : « Dieu a éloigné mon cœur de l'homme
profane et il s'est servi de lui comme d'un aiguillon pour ranimer
en moi la piété et pour me faire donner entièrement à lui ». Descartes, lui, avait écrit, en parlant du maître d'Anna Maria : « Ce
Voetius a gâté aussi Mlle de Schurmann, car au lieu qu'elle avait
l'esprit excellent pour la poésie, la peinture et autres telles gen-
tillesses, il y a déjà cinq ou six ans qu'il la possède si entièrement qu'elle ne s'occupe qu'aux controverses de la théologie, ce
qui lui fait perdre la conversation de tous les honnestes gens. »

Comme le fait remarquer le comte Foucher de Careil, cette dissertation d'Elisabeth sur l'union de l'âme et du corps porte plus juste et plus loin que le volume entier d'objections que les savants et les théologiens ont adressé à Descartes.

Le philosophe prend goût à cette controverse avec un adversaire d'un esprit si solide, qui va droit au but et méprise les formules précieuses tant à la mode à cette époque.

Sa lettre du 28 juin ne présente plus cette insistance dans la démonstration du théorème qu'il avait formulé tout d'abord. Il semble un peu surpris de la mentalité de son élève et de sa force de réceptivité pour les arguments les plus subtils en apparence. Il développe les genres d'idées et de *notions primitives* dont il avait déjà parlé. Ces notions « se connoissent « chacune d'une façon particulière et non par la « comparaison de l'une à l'autre, à sçavoir la « notion que nous avons de l'âme, celle du corps et « celle de l'union qui est entre l'âme et le corps ».

Descartes fait ensuite sa profession de foi sur l'importance relative qu'il attache aux diverses études qui occupent son esprit : « Je puis dire, avec vérité, « que la principale règle que j'ay tousjours observée « en mes études... a esté que je n'ay jamais employé « que fort peu d'heures, par jour, aux pensées qui « occupent l'imagination, et fort peu d'heures, par « an, à celles qui occupent l'entendement seul » (1).

---

(1) Cette phrase sert d'épitaphe à l'ouvrage fondamental sur Descartes, par M. Liard. (Paris, Germer-Baillière, 1882.)

Il termine sa lettre en montrant que s'il est nécessaire d'avoir bien compris, une fois dans sa vie, les principes de la métaphysique (1), « il seroit très « nuisible d'occuper souvent son entendement à les « méditer, à cause qu'il ne pourroit si bien vacquer « aux fonctions de l'imagination et des sens, mais « que le meilleur est de se contenter de retenir en « sa mémoire et en sa creance les conclusions qu'on « en a une fois tirées, puis employer le reste du temps « qu'on a pour l'étude, aux pensées où l'entende- « ment agit avec l'imagination et les sens... C'est en « usant seulement de la vie et des conversations « ordinaires, et en s'abstenant de mediter et d'étudier « aux choses qui exercent l'imagination, qu'on « apprend à concevoir l'union de l'âme et du corps ».

Cette lettre nous montre bien un philosophe et non un théoricien en mal de construire, avec une virtuosité factice, un système abstrait et artificiel. Descartes en convient, les sens sont une source de nos connaissances et l'une des plus abondantes. C'est, en

(1) Rappelons sur la métaphysique la délicieuse boutade de Goethe, où il fait dire à Méphistophélès :

Toute théorie, ami, n'est que poussière grise,
C'est un arbre verdoyant qui porte les fruits d'or de la vie.

Grau, Freund, ist alle théorie
Und Grün des Lebens goldner Baum.

Le pauvre diable qui se nourrit de métaphysique est comme un animal sur une lande stérile. Un malin esprit le fait tourner dans un cercle infranchissable, et tout autour de lui s'étendent de beaux et verdoyants pâturages.

Ein Kerl, der specultrt
Ist wie ein Thier auf dürrer Heide
Von einem bosen Geist hervaz geführt
Und rings umher liegt schöne grüne Weide.

quelque sorte, la réhabilitation et presque l'apologie des sens. Sous la plume d'un philosophe spiritualiste qui en avait médit en ses premiers écrits (1), il nous plaît de relever cette profession de foi. Il tient en méfiance les raisonnements absolus de la métaphysique. C'est lui qui répète plus tard, en le développant dans une relation manuscrite qui a été conservée, le conseil de ne consacrer que fort peu d'heures par an aux pensées qui occupent l'entendement seul, c'est-à-dire à ce commencement d'intuition qui est comparable à l'extase, laquelle doit être courte comme tous les ravissements, et fort peu d'heures par jour aux pensées qui occupent l'imagination, laquelle est exercée par des figures, d'où résulte, par le raisonnement, des déductions; il faut s'en servir pour découvrir des vérités abstraites, mais ne pas lui laisser usurper l'empire de notre esprit. La plus grande partie du temps doit, à son avis, être réservée à la méditation où, dans une certaine détente de l'esprit, l'entendement agit de concert avec l'imagination et les sens.

Cette dissertation métaphysique prend fin dans la lettre du 1er juillet 1643, où Elisabeth constate que les sens témoignent que l'âme meut le corps, mais ne lui enseignent point « (non plus que l'en- « tendement et l'imagination) la fasson dont elle le « fait ».

(1) Descartes avait, en effet, enseigné auparavant que nos sens étaient des guides trompeurs pour la raison humaine et que leurs rapports ne pouvaient assurer aucune vérité.

Cinq mois après, novembre 1643, Descartes, pour
apprécier sans doute jusqu'à quel point l'esprit
d'Elisabeth, si délié et si habile dans les choses de la
métaphysique, était nourri des formes du raisonnement géométrique, lui soumet le problème suivant :
« Trois cercles estant donnez, trouver le quatrième
« qui touche les trois..... J'observe toujours, dit-il,
« en cherchant une question de géométrie, que les
« lignes, dont je me sers pour la trouver, soient
« parallèles, ou s'entrecouppent à angles droits, le
« plus qu'il est possible; et je ne considère point
« d'autres theoremes, sinon que les costez des
« triangles semblables ont semblable proportion
« entr'eux, et que, dans les triangles rectangles,
« le quarré de la base est égal aux deux quarrez des
« costez. Et je ne crains point de supposer plu-
« sieurs quantitez inconnuës, pour réduire la ques-
« tion à tels termes qu'elle ne dépende que de ces
« deux theoremes; au contraire, j'aime mieux en
« supposer plus que moins. Car, par ce moyen, je
« voy plus clairement tout ce que je fais, et en les
« demeslant je trouve mieux les plus courts chemins,
« et m'exempte de multiplications superfluës; au
« lieu que, si l'on tire d'autres lignes, et qu'on se
« serve d'autres theoremes, bien qu'il puisse arri-
« ver, par hazard, que le chemin qu'on trouvera soit
« plus court que le mien, toutesfois il arrive quasi
« tousjours le contraire. Et on ne voit point si bien

« ce qu'on fait, si ce n'est qu'on ait la demonstra-
« tion du theoreme dont on se sert fort presente en
« l'esprit ; et en ce cas on trouve, quasi tousjours,
« qu'il dépend de la considération de quelques trian-
« gles, qui sont ou rectangles, ou semblables entr'eux,
« et ainsi on retombe dans le chemin que je tiens.....
« Après avoir ainsi fait autant d'equations que j'ay
« supposé de quantitez inconnuës, je considère si,
« par chaque équation, j'en puis trouver une en
« termes assez simples ; et si je ne le puis, je tasche
« d'en venir à bout, en joignant deux ou plusieurs
« équations par l'addition ou soustraction ; et enfin,
« lors que cela ne suffit pas, j'examine seulement
« s'il ne sera point mieux de changer les termes en
« quelque façon. Car, en faisant cet examen avec
« adresse, on rencontre aisément les plus courts
« chemins, et on en peut essayer une infinité en fort
« peu de temps. »

Après avoir posé ces principes relatifs aux triangles
semblables dont les côtés homologues sont propor-
tionnels, et envisagé les propriétés du carré cons-
truit sur l'hypoténuse d'un triangle rectangle, la
partie algébrique du problème se trouve formulée
par une équation à trois inconnues.

Cette lettre se termine ainsi : « Enfin, retournant
« à l'une des trois premières équations, et au lieu d'y
« ou de z mettant les quantitez qui leur sont égales, et
« les quarrez de ces quantitez pour yy et zz, on trouve
« une équation où il n'y a que x et xx inconnus ; de
« façon que le probleme est plan, et il n'est plus
« besoin de passer outre. Car le reste ne sert point

« pour cultiver ou récréer l'esprit, mais seulement
« pour exercer la patience de quelque calculateur
« laborieux. Mesme j'ay peur de m'estre rendu icy
« ennuyeux à Vostre Altesse, pour ce que je me suis
« arresté à écrire des choses qu'elle sçavoit sans
« doute mieux que moy, et qui sont faciles, mais
« qui sont néantmoins les clefs de mon algebre. Je la
« supplie tres humblement de croire que c'est la
« dévotion que j'ai à l'honorer, qui m'y a porté. »

La princesse lui écrit le 21 novembre pour lui
adresser (en une note sans doute séparée qui ne
figure pas dans le corps de la lettre) une solution
dont Descartes la félicite quelques jours après, la
trouvant « si juste, qu'il ne s'y peut rien desirer da-
« vantage ;... je n'ay pas seulement, ajoute-t-il, esté
« surpris d'estonnement, en la voyant, mais je ne
« puis m'abstenir d'adjouter que j'ay esté aussi ravy
« de joye, et ay pris de la vanité de voir que le
« calcul, dont se sert Vostre Altesse, est entierement
« semblable à celui que j'ay proposé dans ma Geo-
« metrie (1). L'expérience m'avait fait connoistre que
« la pluspart des esprits qui ont de la facilité à en-
« tendre les raisonnements de la Métaphysique, ne
« peuvent pas concevoir ceux de l'Algebre, et réci-

(1) Dans une lettre à de Pollot, Descartes avait écrit (21 octobre 1643) : « ... Au reste j'ay bien du remors de ce que je pro-
posay dernièrement la question des trois cercles à madame la
Princesse de Bohême ; car elle est si difficile, qu'il me semble
qu'un ange qui n'aurait point eu d'autres instructions d'algèbres
que celles que (Stampioen ?) luy auroit données n'en pourroit
venir à bout sans miracle... »

« proquement, que ceux qui comprennent aisement
« ceux-cy, sont d'ordinaire incapables des autres ; et
« je ne voy que celuy de Vostre Altesse, auquel toutes
« choses sont également faciles. Il est vray que j'en
« avois desja tant de preuves, que je n'en pouvois
« aucunement douter ; mais je craignois seulement
« que la patience, qui est necessaire pour surmonter,
« au commencement, les difficultez du calcul, ne luy
« manquast. Car c'est une qualité qui est extreme-
« ment rare aux excellens esprits, et aux personnes
« de grande condition ».

CHAPITRE III

DÉDICACE A ÉLISABETH DES *PRINCIPES*. — LA MÉLAN-
COLIE D'ÉLISABETH ET L'OPTIMISME DE DESCARTES. —
LE SOUVERAIN BIEN (LE *DE BEATÂ VITÂ*, DE SÉNÈQUE).

Alors qu'il a fait subir à son élève l'expérience
des principes ardus de la métaphysique et des
raisonnements géométriques si peu accessibles,
à l'ordinaire, aux cerveaux féminins, Descartes,
huit mois après, continue cette correspondance par
l'étude des lois de la morale. Il dédie à Élisabeth ses
Principes de Philosophie ; elle l'en remercie dans sa
lettre du 1ᵉʳ août 1644, ajoutant, avec une modestie
mêlée d'une pointe d'ironie : « les pédants diront que
« vous estes contraint de bastir une nouvelle morale
« pour m'en rendre digne ».

Ravi de lui voir accepter cette dédicace, Descartes
lui répond : « Je ne crains pas qu'on m'acuse d'avoir
« rien changé en la morale, pour faire entendre mon
« sentiment sur ce sujet ; car ce que j'en ay écrit est
« si véritable et si clair, que je m'assure qu'il n'y
« aura point d'homme raisonnable qui ne l'avoüe.
« Mais je crains que ce que j'ay mis, au reste du
« livre, ne soit plus douteux et plus obscur, puisque
« V. A. y trouve des difficultez. »

Il fait ensuite allusion aux observations que formule Élisabeth sur la densité du vif-argent, dont il avait traité dans une autre correspondance.

L'année suivante, 18 mai 1645, Descartes est informé par M. de Pollot qu'Élisabeth avait subi pendant trois ou quatre semaines « une fièvre lente, acom« pagnée d'une toux seiche, et qu'après en avoir esté « delivrée pour cinq ou six jours, le mal est retourné. » Il prend aussitôt la place d'un médecin et assure la princesse qu'elle pourra « certainement remédier » à ce malaise où il « remarque les signes d'un mal si « considérable ». A son avis, c'est la tristesse qui occasionne ces accès de fièvre lente « l'opiniâtreté « de la Fortune à persécuter vostre maison, vous donne « continuellement des sujets de fascherie... ce n'est « que, par la force de vostre vertu » que vous rendrez « vostre âme contente malgré les disgrâces de la « Fortune ». Il sent bien qu'on est toujours mal fondé « à conseiller « la joye à une personne, à qui la For« tune envoye tous les jours de nouveaux sujets de « déplaisir », il n'est pas « de ces Philosophes cruels, « qui veulent que leur sage soit insensible ». Mais la « difference qui est entre les plus grandes âmes et « celles qui sont basses et vulgaires, consiste, prin« cipalement, en ce que les âmes vulgaires se lais« sent aller à leurs passions, et ne sont heureuses ou « malheureuses, que selon que les choses qui leur « surviennent sont agréables ou deplaisantes ; au

« lieu que les autres ont des raisonnements si forts
« et si puissants que, bien qu'elles ayent aussi des
« passions, et mesme souvent de plus violentes que
« celles du commun, leur raison demeure neant-
« moins tousjours la maîtresse, et fait que les afflic-
« tions mesme leur servent, et contribuent à la
« parfaite félicité dont elles jouissent dés cette
« vie ».

Bien qu'accomplissant « tout ce qui est en leur
« pouvoir pour se rendre la fortune favorable en cette
« vie..... elles l'estiment si peu au regard de l'éter-
« nité, qu'elles n'en considèrent quasi les évène-
« nements que comme nous faisons ceux des come-
« dies. Et comme les histoires tristes et lamentables,
« que nous voyons représenter sur un théâtre, nous
« donnent souvent autant de récreation que les
« gayes, bien qu'elles tirent des larmes de nos
« yeux. » Se dévouer à un ami malade, s'exposer
même à la mort, pour le sauver, est une action
louable et vertueuse qui « rend (les grandes âmes)
« plus heureuses, que toute la tristesse, que leur
« donne la compassion, ne les afflige. Et enfin,
« comme les plus grandes prosperitez de la Fortune
« ne les enyvrent jamais, et ne les rendent point
« plus insolentes, aussi les plus grandes adversitez
« ne les peuvent abatre ny rendre si tristes, que le
« corps, auquel elles sont jointes, en devienne ma-
« lade ».

« Je vous assure, lui répond Elisabeth, le 24 mai,
« que les médecins qui me virent tous les jours et
« examinerent tous les symptômes de mon mal, n'en

« ont pas trouvé la cause, ni ordonné de remèdes si
« salutaires que vous avez fait de loin. »

Aurait-elle eu d'ailleurs, la franchise d'avouer aux
médecins les motifs secrets de sa maladie ? Non, sans
doute, alors qu'il ne lui en coûtait nullement de les
laisser deviner à son maître, car ajoute-t-elle « un récit
« si naïf de mes défauts ne m'ostera point la part que
« j'ay en vostre amitié, mais me la confirmera d'au-
« tant plus, puisque vous y verrez qu'elle m'est né-
« cessaire. »

Elle décrit ses luttes intérieures depuis que la
maison Palatine a été chassée (1) du trône de
Bohême ; « je pense, dit-elle, que, si ma vie vous
« estoit entierement cognue, vous trouveriez plus
« estrange qu'un esprit sensible, comme le mien,
« s'est conservé si longtemps, parmi tant de tra-
« verses, dans un corps si foible, sans conseil
« que celuy de son propre raisonnement, et sans
« consolation que celle de sa conscience..... J'ay
« employé tout l'hyver passé en des affaires si fas-
« cheuses, qu'elles m'empescherent de me servir de
« la liberté que vous m'avez octroyée, de vous pro-
« poser les difficultés que je trouveray en mes
« estudes, et m'en donnerent d'autres, dont il me
« faloit encore plus de stupidité que je n'ay, pour
« m'en desembarrasser. »

(1) Frédéric V, l'Électeur palatin, père d'Élisabeth, avait
accepté le trône de Bohême et avait été sacré par un prêtre
utraquiste (26 août 1618). Délaissé par son beau-père Jacques Ier,
roi d'Angleterre, il perdit, comme nous l'avons vu plus haut, la
bataille de la Montagne Blanche, que gagna Tilly, chef de l'armée catholique.

P. S. « En relisant ce que je vous mande de moy
« mesme (je m'appercois) que j'oublie une de vos
« maximes, qui est de ne mettre jamais rien par
« escrit, qui puisse estre mal interpreté de lecteurs
« peu charitables. Mais je me fie tant au soin de
« M. de Palotti, que je say que ma lettre vous sera
« bien rendue, et a vostre discretion, que vous
« l'osterez, par le feu, du hazard de tomber en mau-
« vaises mains. »

Ce dernier conseil, heureusement pour nous,
n'avait pas été suivi. Descartes avait emporté, en
effet, à Stockholm, toutes ses correspondances qui
furent remises, à sa mort, à Chanut, son ami, ambassadeur de France en Suède, comme nous le verrons
par une lettre publiée ci-après, adressée (19 février
1650) par le diplomate à la princesse Elisabeth.
« Entre les papiers, dit Chanut, il s'est rencontré
« quantité de lettres que V. A. R. lui a fait l'honneur
« de lui écrire, qu'il tenait bien précieuses, quelques-
« unes étaient soigneusement serrées avec ses plus
« importants papiers. Je les ai toutes mises à part
« et je les ai tirées du coffre sans les comprendre
« dans l'inventaire. Je ne doute point Madame, qu'il
« ne fut avantageux à votre réputation que l'on
« connut que vous avez eu des entretiens sérieux et
« savants avec le plus habile homme qui ait vécu
« depuis plusieurs siècles et j'ai su de M. Descartes
« même que vos lettres étaient si pleines de lumière
« et d'esprit qu'il ne vous peut être que glorieux
« qu'elles soient lues et neanmoins j'ai pensé qu'il

« était de mon respect envers V. A. R. et de ma
« fidélité envers mon ami défunt de n'en lire aucune
« et ne permettre pas qu'elles tombent entre les
« mains de qui que ce soit que par l'ordre et la
« permission de votre Altesse Royale, que j'atten-
« drai avec ses commandements dont je la supplie
« très humblement m'honorer (1) ».

Nous ne pouvons connaître le sort des lettres
originales d'Elisabeth depuis le jour où elles sont
parvenues à La Haye, mais nous savons que le
comte Foucher de Careil, chercheur infatigable,
après avoir, quelque vingt ans auparavant, parcouru de nombreuses villes d'Europe pour retrouver
ces précieux écrits, en reçut vers 1878, des copies,
des mains de M. Frédéric Muller, libraire antiquaire
à Amsterdam, qui les avaient découvertes en clas-
sant la bibliothèque de son voisin de campagne,
le baron Van Pallandt, châtelain de Rosendaal (près
Arnheim, Hollande). Elles portaient le titre de *Recueil
de quelques lettres écrites à M. Descartes par la
reine de Suède et la princesse de Bohème, copiées sur
les originaux.*

(1) Adrien Baillet, *Vie de Mons Descartes*, 1691, t. II, p. 428,
raconte que les autres papiers laissés par Descartes furent expé-
diés, par mer, à Rouen, où ils furent chargés sur un bateau qui
coula à fond, dans la Seine, aux environs de Paris. Après trois
jours d'immersion, ils furent retirés à quelque distance de l'endroit du naufrage. On dut alors les faire sécher. C'est Clerselier,
le beau-frère de Chanut, qui, après un pénible classement, en
fit paraître la première édition.
Baillet connaissait l'histoire du naufrage par l'abbé J.-B.
Legrand, à qui Clerselier avait légué les papiers en 1684.

Après cette courte digression qui ne nous a pas semblé inutile pour expliquer la découverte de la précieuse correspondance, nous continuerons à mettre à profit la désobéissance de Descartes aux ordres de la Palatine et nous verrons que s'il ne prenait pas souci des indiscrétions de l'avenir, du moins il s'efforçait dans le présent, de consoler Elisabeth en lui affirmant (juin 1645) que le seul remède au mal dont elle souffrait était d'en « divertir son ima-« gination et ses sens le plus qu'il est possible et « de n'employer que l'entendement seul à les consi-« dérer, lors qu'on y est obligé par la prudence ». Il montre « qu'une personne qui auroit d'ail-« leurs toute sorte de sujet d'estre contente, mais « qui verroit continuellement représenter devant soy « des Tragédies dont tous les actes fussent fu-« nestes, et qui ne s'ocuperoit qu'à considerer « des objets de tristesse et de pitié, qu'elle « sceust estre feints et fabuleux ... sentiroit son « cœur se resserrer (1) et jetter des soupirs » et in-versement qu'une personne qui détournerait son imagination de véritables sujets de déplaisir recou-vrerait la santé. Il ajoute que les eaux de Spa lui seraient utiles, mais à condition de « se delivrer « l'esprit de toutes sortes de pensées tristes, et

(1) Il y a une certaine contradiction apparente entre les effets de la tragédie analysés dans cette lettre et les conclusions de la lettre du 18 mai de cette même année, où Descartes estime que les histoires tristes et lamentables représentées sur un théâtre « donnent souvent autant de récréation que les gayes, bien qu'elles tirent des larmes de nos yeux ».

« mesme aussi de toutes sortes de méditations se-
« rieuses touchant les sciences, et ne s'occuper qu'à
« imiter ceux qui, en regardant la verdeur d'un bois,
« les couleurs d'une fleur, le vol d'un oyseau, et telles
« choses qui ne requerrent aucune attention, se per-
« suadent qu'ils ne pensent à rien. Ce qui n'est pas
« perdre le temps, mais le bien employer; car on peut,
« cependant, se satisfaire par l'esperance que, par
« ce moyen, on recouvrera une parfaite santé. » Il
tire exemple de lui, qui, condamné par les médecins
à mourir jeune, avait toujours eu l'inclination « à
« regarder les choses qui se présentoient du biais
« qui me les pouvoit rendre les plus agréables » et
à faire que son principal contentement ne dépendit
que de lui seul.

L'optimisme de Descartes est peut-être légèrement
forcé en cette circonstance ; il ne tient pas compte,
en effet, dans son optique de la vie, de la différence
des tempéraments ; le sien du reste est bien particulier, puisqu'il avoue que « dans la tristesse ou le
« danger ou bien quand (il) a des sujets de chagrin,
« (son) sommeil est profond et (sa) faim canine ;
« mais que si la joye (le) détend (il), ne mange ni
« ne dort ». Je crois que les physiologistes estime-
ront que Descartes était doué d'une complexion un
peu exceptionnelle. Elisabeth avait une sensibilité
plus vive et des passions plus fortes, les malheurs
de son enfance avaient imprimé en elle des traces profondes d'une mélancolie qui eût été irrémédiable
sans la douce et reconfortante amitié que lui témoi-
gnait Descartes. Toutefois, Elisabeth se félicite davan-

tage du mouvement qui pousse le philosophe à la
consoler, que du remède qu'il lui propose, témoin
le billet du 22 juin 1645, où elle lui dit : « Vos lettres
« me servent toujours d'antidote contre la mélan-
« colie, quand elles ne m'enseigneroient pas, détour-
« nant mon esprit des objets désagréables qui luy
« surviennent tous les jours, pour lui faire con-
« templer le bonheur que je possède dans l'amitié
« d'une personne de vostre mérite, au conseil
« duquel je puis commettre la conduite de ma vie.
« Si je la pouvois encore conformer à vos derniers
« préceptes, il n'y a point de doute que je me gué-
« rirois promptement des maladies du corps et des
« faiblesses de l'esprit.... C'est à cette heure que je
« sens l'incommodité d'estre un peu raisonnable.
« Car, si je ne l'estois point du tout, je trouverois
« des plaisirs communs avec ceux entre lesquels il
« me faut vivre, pour prendre cette médecine avec
« profit. Et au point que vous l'estes, je me gué-
« rirois, comme vous avez fait. »

Cette lettre d'Elisabeth ne décourage pas son maître ;
il lui adresse (juin 1645) quelques compliments bien
mérités : « Je remarque tousjours dans vos lettres,
« des pensées si nettes et des raisonnemens si
« fermes, qu'il ne m'est pas possible de me per-
« suader qu'un esprit capable de les concevoir soit
« logé dans un corps foible et malade ». Puis il lui
conseille de s'étudier « à considérer tous les avan-
« tages qu'on peut tirer de la chose qu'on avoit
« prise le jour precedent pour un grand mal-heur,
« et à detourner son attention des maux qu'on y

« avoit imaginez. Car il n'y a point d'évenemens si
« funestes, ny si absolument mauvais au jugement
« du peuple, qu'une personne d'esprit ne les puisse
« regarder de quelque biais qui fera qu'ils luy pa-
« roistront favorables (1). Et vostre Altesse peut
« tirer cette consolation générale des disgraces de
« la fortune, qu'elles ont peut-estre beaucoup con-
« tribué à luy faire cultiver son esprit au point
« qu'elle a fait (2) ; c'est un bien qu'elle doit estimer
« plus qu'un Empire. Les grandes prosperitez
« éblouissent et enyvrent souvent de telle sorte,
« qu'elles possedent plutost ceux qui les ont,
« qu'elles ne sont possedées par eux ; et bien que
« cela n'arrive pas aux esprits de la trempe du
« vostre, elles leur fournissent tousjours moins
« d'ocasions de s'exercer, que ne font les adversitez.
« Et je croy que, comme il n'y a aucun bien au
« monde, excepté le bon sens, qu'on puisse absolu-
« ment nommer bien, il n'y a aussi aucun mal,
« dont on ne puisse tirer quelque avantage, ayant
« le bon sens ».

C'est d'abord le médecin et ensuite le philosophe,
qui parle en la lettre suivante du 21 juillet 1645,
alors que « les journées, dit Descartes, sont si

(1) Alexandre Dumas donne un conseil de ce genre en sa préface de *La Dame aux Camélias* : « Quand tu souffriras beaucoup,
regarde la douleur en face, elle te consolera elle-même et t'ap-
prendra quelque chose »

(2) La princesse Élisabeth avait mis à profit les jours de
malheur de sa toute première jeunesse et avait appris six langues,
en même temps qu'elle s'était initiée aux sciences, à l'étude de
l'histoire et à la philosophie.

« froides pour la saison... J'ay eu souvent de l'in-
« quiétude et de la crainte, que les eaux de Spa ne
« fussent pas si saines ny si utiles, qu'elles auroient
« esté en un temps plus serain ; et pour ce que
« vous m'avez fait l'honneur de tesmoigner que mes
« lettres vous pourroient servir de quelque diver-
« tissement pendant que les médecins vous recom-
« mandent de n'occuper vostre esprit à aucune
« chose qui le travaille, je serois mauvais mesnager
« de la faveur qu'il vous a pleu me faire en me per-
« mettant de vous escrire, si je manquois d'en pren-
« dre les premières occasions ». Il ajoute que ses
lettres ne sont pas de celles qui « vous donnent de
« l'émotion, et qu'avant mesme de les lire, vous ap-
« prehendez d'y trouver quelques nouvelles qui vous
« déplaisent, à cause que la malignité de la fortune
« vous a des long tems accoustumée à en recevoir
« souvent de telles ».

Il l'entretient des écrits des *anciens* (1) philosophes, en tâchant « de renchérir par dessus eux,

(1) Sainte-Beuve (Causeries du Lundi, t. XIII, p. 135) fait très
justement remarquer que après que Descartes eût montré que
« l'érudition n'était qu'un embarras et que l'esprit humain pour
procéder avec sûreté n'avait qu'à s'armer de méthodes propres
à lui, exactes et nouvelles..., cet *esprit moderne* s'est senti éman-
cipé ; il a jeté son bagage, il a marché à la légère. Il s'est flatté
même, en tous les points, de dépasser les *anciens*, il a voulu par
le raisonnement réformer l'imagination, la poésie, comme le
reste ; et ce qui était une révolution très légitime dans l'ordre de
la pensée et de la science, est devenu une insurrection con-
testée, dans le domaine de la littérature. C'est l'histoire de cette
insurrection qui constitue proprement l'épisode de la *Querelle
des Anciens et des Modernes...* qui est, à sa manière, non pas
une guerre de trente ans, mais une guerre de quarante-huit à

« en adjoustant quelque chose à leurs preceptes »
à l'effet d' « acquerir cete souveraine felicité, que
« les âmes vulgaires attendent en vain de la fortune,
« et que nous ne scaurions avoir que de nous
« mesmes ».

Il se propose donc de lui soumettre des considérations sur le livre de Sénèque *de vitâ beatâ* « si ce
« n'est que vous aymiez mieux en choisir un autre,
« ou bien que ce dessein vous soit désagréable ».

En choisissant Sénèque, lui dit-il, en sa lettre du
4 août 1645, il avait eu « égard à la réputation de
« l'auteur et à la dignité de la matière, sans penser
« à la façon dont il la traite, laquelle ayant depuis
« considerée, je ne la trouve pas assez exacte pour
« mériter d'estre suivie ». Il explique comment il
aurait entendu le développement de ce sujet *vivere
beaté*, c'est à dire vivre heureusement, avec cette
différence entre « l'heur et la béatitude... que l'heur
« ne dépend que des choses qui sont hors de nous,
« d'où vient que ceux la sont estimez plus heureux

cinquante ans. Il y a eu des intervalles de sommeil et des reprises
d'hostilité. Il y a eu la phase française, la phase italienne et la
phase anglaise. En France, où s'est passé le plus fort du débat,
on commence à la dater de Desmarets de Saint-Sorlin, vers
1670 ».

À rapprocher aussi ce que Sénèque dit, dans une lettre à son
jeune ami Lucilius : « Ceux qui vous ont précédé ont beaucoup
fait, mais ils n'ont pu rien parfaire. *Multum egerunt qui ante
nos fuerunt, sed non peregerunt* ».

Descartes se moquait un peu de la superstition de tout rapporter aux anciens et à l'antiquité, c'est-à-dire à la jeunesse du
genre humain, « à nous convient plutôt le nom d'anciens, car le
monde est plus vieux qu'alors, et nous avons une plus grande
expérience ».

« que sages, ausquels il est arrivé quelque bien
« qu'ils ne se sont point procurez, au lieu que la
« béatitude consiste, ce me semble, en un parfait
« contentement d'esprit et une satisfaction inté-
« rieure, que n'ont pas ordinairement ceux qui sont
« le plus favorisez de la fortune, et que les sages
« acquerent sans elle ». Il dégage pour chacun trois
règles de morale : la première « est qu'il tasche
« tousjours de se servir, le mieux qu'il luy est pos-
« sible, de son esprit, pour connoistre ce qu'il doit
« faire ou ne pas faire en toutes les occurences de
« la vie.

« La seconde, qu'il ait une ferme et constante ré-
« solution d'exécuter tout ce que la raison luy con-
« seillera, sans que ses passions ou ses appetits l'en
« détournent.. ; la troisième, est qu'il considère que,
« pendant qu'il se conduit ainsy, autant qu'il peut,
« selon la raison, tous les biens qu'il ne possède
« point sont aussy entièrement hors de son pouvoir
« les uns que les autres, et que, par ce moyen, il
« s'accoustume à ne les point désirer, car il n'y a
« rien que le désir, et le regret ou le repentir, qui
« nous puissent empescher d'estre contens... Au
« reste, toute sorte de desirs ne sont pas incompa-
« tibles avec la béatitude ; il n'y a que ceux qui sont
« accompagnez d'impatiênce et de tristesse. Il n'est
« pas nécessaire aussy que nostre raison ne se
« trompe point ; il suffit que nostre conscience nous
« tesmoigne que nous n'avons jamais manqué de ré-
« solution et de vertu, pour exécuter toutes les cho-
« ses que nous avons jugé estre les meilleures, et

« ainsy la vertu seule est suffisante pour nous ren-
« dre contens en cette vie ».

Elisabeth estime (16 août 1645) que la lecture de
Sénèque peut fournir à coup sûr « le sujet d'une
méditation agréable » mais qu'il n'y faut point chercher, à proprement parler, des préceptes de morale.
Combien elle a raison, à notre sens, de considérer
comme de la rhétorique les maximes de ce courtisan romain dont la vie s'offre à nous comme un
tissu de vertus réelles, de faiblesses et de contradic-
tions ; tour à tour, conseiller sévère de Néron, son
élève, et approbateur du meurtre d'Agrippine, ami
de la pauvreté et couvert de richesses, sans doute
acquises par la banque (1). Il ne se dégage point,
en effet, du traité de Sénèque, une méthode ; il ne
définit pas non plus la vie heureuse, le souverain
bien, c'est-à-dire le contentement intime de la conscience. Ses écrits n'exposent point une exacte revue
des moyens qu'il faut mettre en œuvre pour acquérir
la *béatitude* (2). Aussi, Elisabeth prie-t-elle Descartes

(1) Malebranche, *De la Recherche de la Vérité*. Appréciations
sur Sénèque, par le commentateur, M. Georges Lyon. Paris, Dela-
grave, page 163, en note. Malebranche dit, en son chapitre IV
(op. cit.), de l'*Imagination de Sénèque : «* Les mouvements impé-
tueux l'emportent souvent dans des païs qui lui sont inconnus,
où néanmoins il marche avec la même assurance que s'il sçavait
où il est et où il va. Pourvu qu'il fasse de grands pas, des pas
figurés, et dans une juste cadence, il s'imagine qu'il avance beaucoup ; mais il ressemble à ceux qui dansent, qui finissent toujours
où ils ont commencé. »

(2) Dans une autre thèse, *Le Traité de la brièveté de la vie*,
Sénèque énonce des maximes, qui, au dire de Sainte-Beuve
(Causeries du Lundi, t. III, p. 311), avaient fortement impres-

de ne plus continuer à corriger Sénèque, trouvant
la façon de raisonner de son ami plus persuasive
« parce qu'elle est, dit-elle, la plus naturelle que
« j'aye rencontrée, et semble ne m'apprendre rien
« de nouveau, sinon que je puis tirer de mon esprit
« des connoissances que je n'ay pas encore apper-
« çues ». Peut-on arriver, dit-elle, « à la beatitude,
« sans l'assistance de ce qui ne dépend pas absolu-
« ment de la volonté, puisqu'il y a des maladies qui
« ostent tout à fait le pouvoir de raisonner ».

sionné Diderot à l'heure de sa vieillesse, alors qu'il se demandait
s'il avait bien employé sa vie. En relisant, en effet, le chapitre III,
où le lecteur est pris si vivement à parti, Diderot s'écrie :
« Allons, repasse tes jours et tes années, fais-leur rendre compte !
Dis-nous combien de temps as-tu laissé ravir par un créancier,
par une maîtresse, par un patron, par un client... combien de
gens n'ont-ils pas mis ta vie au pillage, quand toi tu ne sentais
même pas ce que tu perdais. » Diderot ainsi rappelé à son
examen de conscience écrivait pour tout commentaire : « Je n'ai
jamais lu ce chapitre sans rougir, c'est mon histoire ».

CHAPITRE IV

SÉNÈQUE, ÉPICURE, ZÉNON ET ARISTOTE. — DU MOBILE
DES ACTIONS HUMAINES (ÉGOÏSME OU DÉSINTÉRESSE-
MENT).

Malgré le désir si finement exprimé par la Palatine,
Descartes n'en continue pas moins à analyser le
De beatâ vitâ et à en extraire la substance.

« Je tiendray, dit-il, dans sa lettre du 18 août 1645,
le temps « que je mets à (vous) escrire (mes lettres)
« très bien employé, si vous leur donnez seulement
« celuy que vous aurez envie de perdre ».

Il montre ensuite que Sénèque s'efforce d'expliquer le *Souverain bien*, et en donne plusieurs définitions ; puis, qu'il combat les doctrines d'Epicure,
et enfin, qu'il rétorque les objections opposées à
certains philosophes peu soucieux de pratiquer les
doctrines qu'ils enseignent.

Descartes, en analysant le premier chapitre de
Sénèque, admet qu'il est utile de prendre conseil
des plus sages « mais il veut qu'on use aussy de son
« propre jugement, pour examiner leurs opinions...
« Pendant que Sénèque s'estudie icy à orner son
« éloqution, il n'est pas tousjours assez exact en
« l'expression de sa pensée, comme lorsqu'il dit :

« *Sanabimur, si modo separemur à cœtu,* il semble
« enseigner qu'il suffit d'estre extravagant pour
« estre sage, ce qui n'est pas toutefois son inten-
« tion ». Le second chapitre ne renferme, en quelque sorte, que le développement du premier ; dans
le troisième, où se trouvent les définitions de la
sagesse, « il a encore usé de beaucoup de mots
« superflus », il prétend qu'elle consiste à « acquis-
« scer à l'ordre des choses, et de faire ce pourquoy
« nous croyons estre nez » ou encore « à suivre
« l'ordre du monde, et prendre en bonne part toutes
« les choses qui nous arrivent ». Aux quatrième et
cinquième chapitres, Sénèque donne différentes définitions du Souverain bien, mais nous constatons que
ces définitions présentent toutes quelques rapports
avec le sens de la première, ce qui montre qu'il n'a
pas « clairement entendu ce qu'il vouloit dire car d'au-
« tant qu'on conçoit mieux une chose, d'autant
« est-on plus déterminé à ne l'exprimer qu'en une
« seule façon. Celle où il me semble avoir le mieux
« rencontré est au cinquième chapitre, où il dit que
« *beatus est qui nec cupit nect timet beneficio ratio-*
« *nis.....* Mais pendant qu'il n'enseigne point les
« raisons pour lesquelles nous ne devons rien
« craindre ni désirer, tout cela nous ayde fort peu ».
Sénèque continue sa dissertation, prenant à parti
certains philosophes qui font consister la béatitude
en la volupté. Descartes s'empresse de rétablir les
vraies notions et, au lieu de disputer contre Épicure
seulement, fait entrer en lice Zénon et Aristote. Avec
un éclectisme dont on ne trouve guère d'exemple au

dix-septième siècle, il cherche à les concilier
ensemble et à montrer que la volupté d'Épicure
elle-même, c'est-à-dire le contentement de l'esprit (1),

(1) Rapprochons l'interprétation de Descartes sur la manière
dont il faut entendre le mot volupté dans la doctrine d'Épicure,
des pages si profondes et si suggestives de la *Morale d'Épicure*
par Guyau (a), ce penseur enlevé si prématurément aux études
philosophiques auxquelles il avait donné un essor vigoureux. Après
avoir analysé le plaisir, qu'il considère comme la fin de la vie et le
but de toute morale, et le plaisir fondamental, celui du ventre, il
en étudie les règles et l'utilité et aussi le bonheur qui est en quelque sorte l'achèvement des plaisirs et d'où découle le souverain
bien. Il est amené à étudier le désir en son but dernier qui est
le repos, la jouissance de soi, et il conclut ainsi :

« Le bonheur qui naît de la santé morale et physique, de
« l'harmonie non altérée, ce plaisir délicat, tout ensemble
« profond et subtil, que les Cyrénaïques ne connaissaient ni ne
« comprenaient et qu'ils appelaient un vrai « sommeil » ou
« encore une véritable « mort », ce plaisir qu'Épicure déclare
« au contraire la volupté souveraine, a un caractère tout parti-
« culier, c'est son indépendance.

« En analysant profondément l'idée même de plaisir, Épicure
« a fini par s'apercevoir que les choses extérieures n'avaient pas
« dans le plaisir la plus grande part, et que cette part prépon-
« dérante appartenait à l'être sentant. C'est nous qui faisons notre
« plaisir, encore plus que les choses ne le font. Ce qui nous
« vient du dehors, c'est la douleur, là, notre activité se sent
« heurtée par un obstacle ; la part de l'*objet* est plus grande,
« celle du *sujet* sentant est moindre : la douleur est dépendance,
« assujettissement. Dans le plaisir *en mouvement* (ἡδονὴ ἐν
« κινήσει), la part de l'activité est déjà plus importante ; c'est elle
« qui se meut vers l'objet désiré et cherche à en prendre posses-
« sion. Mais supprimez cet objet même, tenez-vous-en au sujet
« sentant ; est-ce que le plaisir sera par là supprimé ? Si le plaisir
« est essentiellement délivrance des obstacles et indépendance,
« s'il nous vient surtout de nous-mêmes, il ne pourra que gagner
« à ce qu'on supprime tout objet ; l'être n'a qu'à se replier sur

(a) Guyau, *La Morale d'Épicure*. Paris, F. Alcan. 1886, p. 55.

peut être pris dans une acception aussi noble que le
Sustine des Stoïciens. Il conclut « que la béatitude
« ne consiste qu'au contentement de l'esprit, c'est-à-
« dire au contentement en général... Pour avoir un
« contentement qui soit solide, il est besoin de suivre
« la vertu, c'est-à-dire d'avoir une volonté ferme et
« constante d'exécuter tout ce que nous jugerons

« soi, et c'est de soi, c'est de sa propre conscience qu'il tirera
« le plaisir à la fois le plus indépendant et le plus profond :
« Lorsque nous sommes affranchis de la douleur, nous jouissons
« de la délivrance même et de l'exemption de toute gêne (a). »
« Vivre ainsi en liberté, en repos et en harmonie avec soi-même,
« et se sentir intérieurement vivre, tel est le plaisir suprême,
« dont les autres ne sont que des formes changeantes, et qui,
« à jamais le même, peut subsister sans eux et au-dessus
« d'eux ».

Caro (Compte rendu des sciences morales et politiques, t. CII,
p. 535) analyse *la Morale d'Épicure* de Guyau, et n'hésite pas, tout en
faisant certaines réserves, à convenir que Cicéron s'était montré
(*De finibus bonorum et malorum*) un juge trop sévère d'un philosophe et d'une doctrine qu'il redoutait pour les croyances et les
mœurs de la République. Et il donne par cette analyse, en
bienveillant et impartial adversaire, une saveur toute particulière
à l'explication du plaisir du ventre si souvent reproché à Épicure
et qui n'est, selon Guyau, que la racine première, le commencement physiologique du bonheur, au lieu d'en être le terme et le
but. On sent qu'il souscrirait sans trop de répugnance à la
transformation de la volupté qui se change en intérêt par l'idée
de temps, comme aussi à l'idée du bonheur épicurien, qui
comprend le bonheur complet de la vie, la nécessité d'en exclure
la peine, et pour cela (afin de laisser le bonheur à la portée de
tous) d'en exclure tout élément difficile à se procurer, comme la
richesse, le luxe, les honneurs, le pouvoir.

(a) « Quum privamur dolore, ipsâ liberatione et vacuitate omnis mo-
lestiæ gaudemus... Gaudere nosmet omittendis doloribus, etiam si volup-
tas ea, quæ sensum moveat, nulla sucosserit. » Cicéron, *De finibus bono-*
rum et malorum. I, 37 ; II, 56.

« estre le meilleur, et d'employer toute la force de
« nostre entendement à en bien juger ».

Élisabeth (août 1645) remercie Descartes de lui
avoir « donné une occupation si utile et si agréable,
« comme celle de lire et considérer (ses) lettres ».
Elle constate que Sénèque « observe peu de con-
« nexion et d'ordre au dessein de s'acquerir des
« admirateurs, en surprenant l'imagination, plustost
« que des disciples, en informant le jugement ; que
« Seneque se servoit de bons mots, comme les
« autres de poésies et de fables, pour attirer la jeu-
« nesse à suivre son opinion. La fasson dont il
« réfute celle d'Épicure, semble appuyer ce senti-
« ment. Il confesse dudit philosophe : *quam nos*
« *virtuti legem dicimus, eam ille dicit voluptati*. Et,
« un peu devant, il dit, au nom des sectateurs : *ego*
« *enim nego quemquam posse jucunde vivere, nisi*
« *simul et honeste vivat*. D'où il paroit clairement,
« qu'ils donnoient le nom de volupté à la joye et
« satisfaction de l'esprit, que celui-cy appelle *conse-*
« *quentia summum bonum*. Et neantmoins, dans
« tout le reste du livre, il parle de cette volupté épi-
« curienne plus en satyre qu'en philosophe, comme
« si elle estoit purement sensuelle. Mais je luy en
« veux beaucoup de bien, depuis que cela est cause
« que vous avez pris le soin d'expliquer leurs opi-
« nions et réconcilier leurs differens, mieux qu'ils
« n'auroient seu faire ».

« Mes fautes mesmes, lui répond Descartes
« (1er septembre 1645) vous fourniront des occasions
« pour remarquer la vérité ». La béatitude dépend

de notre libre arbitre, mais il est certain que les
maladies enlèvent le pouvoir de raisonner. Chacun
de nous recherche le bonheur « mais plusieurs n'en
« scavent pas le moyen, et souvent l'indisposition
« qui est dans le corps empesche que la volonté ne
« soit libre ». Il en va de même quand nous dormons,
« car le plus philosophe du monde ne scauroit s'em-
« pescher d'avoir de mauvais songes, lorsque son
« temperament l'y dispose ». On peut dire généralement « qu'il n'y a aucune chose qui nous puisse
« entièrement oster le moyen de nous rendre heu-
« reux pourveu qu'elle ne trouble point nostre rai-
« son; et que ce ne sont pas toujours celles qui
« paroissent le plus fascheuses qui nuisent le
« plus ».

Il y a deux sortes de plaisirs : « les uns qui apar-
« tiennent a l'esprit seul, et les autres qui apartien-
« nent a l'homme, c'est a dire a l'esprit en tant qu'il
« est uni au cors... Selon la règle de la raison,
« chaque plaisir se devroit mesurer par la grandeur
« de la perfection qui le produit, et c'est ainsy que
« nous mesurons ceux dont les causes nous sont
« clairement conneues...

« Souvent la passion nous fait croyre certaines
« choses beaucoup meilleures et plus désirables
« qu'elles ne sont; puis, quand nous avons pris
« bien de la peine à les acquerir, et perdu cependant
« l'occasion de posséder d'autres biens plus vérita-
« bles, la jouissance nous en fait connoistre les
« defaux, et de la vienent les dedains, les regrets
« et les repentirs. C'est pourquoy le vray office de la

« raison est d'examiner la juste valeur de tous les
« biens dont l'acquisition semble dependre en quelque
« façon de nostre conduite, affin que nous ne man-
« quions jamais d'employer tous nos soins a tascher
« de nous procurer ceux qui sont, en effect, les plus
« désirables ; en quoy, si la fortune s'oppose a nos
« desseins et les empesche de reüssir, nous aurons
« au moins la satisfaction de n'avoir rien perdu par
« nostre faute ».

Ainsi la colère nous inspire des désirs de vengeance, qui nous font imaginer plus de plaisir à
châtier notre ennemi qu'à conserver notre honneur
ou notre vie, mais, d'autre part, la raison nous
montre que ce fantôme de supériorité que nous
comptons avoir sur celui dont nous nous vengeons
« ne mérite point d'estre estimé a comparaison de
« l'honneur ou de la vie, ny mesme a comparaison
« de la satisfaction qu'on auroit de se voir maistre
« de sa cholère, en s'abstenant de se venger. Et le
« semblable arrive en toutes les autres passions ;
« car il n'y en a aucune qui ne nous represente le
« bien auquel elle tend, avec plus d'esclat qu'il n'en
« mérite, et qui ne nous face imaginer des plaisirs
« beaucoup plus grands, avant que nous les posse-
« dions, que nous ne les trouvons par après, quand
« nous les avons. Ce qui fait qu'on blasme commu-
« nement la volupté, pour ce qu'on ne se sert de ce
« mot que pour signifier des plaisirs qui nous trom-
« pent souvent par leur apparence, et nous en font
« négliger d'autres beaucoup plus solides, mais dont
« l'attente ne touche pas tant, tels que sont ordinai-

« rement ceux de l'esprit seul. Je dis ordinairement ;
« car tous ceux de l'esprit ne sont pas louables, pour
« ce qu'ils peuvent estre fondez sur quelque fausse
« opinion, comme le plaisir qu'on prent a medire,
« qui n'est fondé que sur ce qu'on pense devoir
« estre d'autant plus estimé que les autres le seront
« moins (1) ; et ils nous peuvent aussy tromper par
« leur apparence, lorsque quelque forte passion les
« accompagne, comme on void en celuy que donne
« l'ambition ».

Les plaisirs qui regardent le corps ne durent
guère, car le corps est sujet à un changement per-
pétuel (2), et même sa conservation et son bien-être
dépendant de ce changement, ces plaisirs « ne pro-
« cèdent que de l'acquisition de quelque chose qui
« est utile au cors..., si tost qu'elle cesse de luy estre
« utile, ils cessent aussy, au lieu que ceux de l'âme
« peuvent estre immortels comme elle, pourvû qu'ils
« ayent un fondement si solide que ny la connois-

(1) Le penchant à médire ne me semble pas avoir pour cause
unique le désir de se faire valoir, à l'exclusion d'autrui. Il est
juste, à mon sens, de constater que les désœuvrés sont facilement médisants, faute de pouvoir trouver en leurs conversations,
un aliment vraiment intellectuel et tout à fait *impersonnel*. Il
n'est pas rare, d'autre part, de remarquer que, pour paraître bien
informés et pour une vaine satisfaction d'amour-propre, certains hommes de haute culture n'hésitent pas à donner leur note
dans le concert des petites perfidies ambiantes.

(2) Sénèque écrivait à Lucilius : « Mon esprit est plein de
vigueur et il se réjouit de n'avoir plus beaucoup à faire avec le
corps ; il a déposé le plus lourd de son fardeau, il bondit de joie
et me tient toutes sortes de discours sur la vieillesse, il dit que
c'est à présent sa fleur ».

« sance de la vérité ny aucune fausse persuasion ne
« le détruisent.

« Au reste, le vray usage de nostre raison pour la
« conduite de la vie ne consiste qu'a examiner et
« considerer sans passion la valeur de toutes les
« perfections, tant du cors que de l'esprit, qui
« peuvent estre acquises par nostre conduite, affin
« qu'estant ordinairement obligez de nous priver de
« quelques unes, pour avoir les autres, nous choi-
« sissions tousjours les meilleures. Et pour ce que
« celles du cors sont les moindres, on peut dire
« généralement que, sans elles, il y a moyen de se
« rendre heureux. Toutefois, je ne suis point d'opi-
« nion qu'on les doive entierement mespriser, ny
« mesme qu'on doive s'exempter d'avoir des pas-
« sions ; il suffit qu'on les rende sujettes à la raison,
« et lorqu'on les a ainsy apprivoisées, elles sont
« quelquefois d'autant plus utiles qu'elles penchent
« plus vers l'exces. Je n'en auray jamais de plus
« excessive, que celle qui me porte au respect et a
« la vénération que je vous doy. »

Elisabeth, avec un sentiment bien réel de la vie
des princes et gouvernants, montre (13 septembre
1645) que quand bien même les prospérités et les
flatteries ne leur ôteraient pas « la fortitude d'esprit », ils ne seraient pas moins exposés « en une
« multitude d'accidents qui (les) surprennent »
sans leur donner le temps « d'examiner l'expédient
« le plus utile ». Ils sont donc exposés, si vertueux
soient-ils, à accomplir des actions qui leur causent
ce « repentir » dont parle Descartes, qui est « un

« des principaux obstacles de la béatitude »... « Il
« est vray, dit-elle, qu'une habitude d'estimer les
« biens selon qu'ils peuvent contribuer au conten-
« tement, de mesurer ce contentement selon les
« perfections qui font naistre les plaisirs, et de
« juger sans passion de ces perfections et de ces
« plaisirs, les garantira de quantité de fautes.
« Mais, pour estimer ainsi les biens, il faut les con-
« noistre parfaitement ; et pour connoistre tous ceux
« dont on est contraint de faire choix dans une vie
« active, il faudroit posseder une science infinie ».

Elisabeth entend bien que la conscience doit être
satisfaite lorsqu'on s'est servi de toutes les précautions possibles, mais « on se ravise tousjours de
« choses qui restoient à considerer ».

Le *criterium* de nos actions doit-il être de préférer
celles qui nous sont utiles ou celles qui sont utiles
aux autres ?

Faut-il céder au penchant de notre nature qui
nous incline vers *l'égoïsme*; comment diriger ce
penchant ?

Ne vaudrait-il pas mieux, au contraire, céder au
mouvement de générosité et de désintéressement
que nous appelons aujourd'hui *l'altruisme* (1) ?

(1) Il est certain, à notre avis, que notre devoir impérieux est
non seulement d'aider et de secourir les déshérités de la fortune
dans les privations et les souffrances que nous les voyons endu-
rer, mais aussi d'améliorer leur sort et de créer des institutions
susceptibles d'accroitre leurs connaissances, d'élever leur moralité et de leur rendre la vie plus heureuse, tant au point de vue
matériel qu'au point de vue intellectuel et moral. Il est indispensable que nous fécondions en eux un idéal et la joie de

Pour se préparer à résoudre ces questions, elle demande à Descartes de définir les passions qui nous font agir, « pour les bien connoistre ; car ceux

vivre, pour faire taire la désespérance que les lourds labeurs de la vie et les déceptions ne peuvent qu'entretenir. Il ne faut pas, du reste, aspirer à absorber leur volonté ni à les diriger au détriment de leur liberté ; ce serait un attentat à la dignité de l'homme. Le philosophe qui considère qu'il est de son devoir d'obéir à l'impulsion généreuse qui nous pousse à soulager notre prochain, ne doit pas viser, avant tout, la reconnaissance qui suivra le bienfait, ce serait en dénaturer la portée et le transformer, en quelque sorte, en un placement presque usuraire. Nous voulons dire aussi qu'il n'est pas viril de se laisser aller à des sentiments de pessimisme envers l'humanité tout entière, parce que le bien qu'on a voulu faire paraît parfois méconnu par ceux qui en ont été les bénéficiaires.

Citons une très poétique leçon d'altruisme faite par Tolstoï dans un conte paru récemment (journal *le Temps*, 5 décembre 1903).

Le roi d'Assyrie, Assarkadon, a enfermé dans une cage Lahilié, un roi qu'il a vaincu, et il se dispose à le faire mourir après avoir exterminé ses soldats ; lorsqu'un « vieillard à longue barbe blanche et aux yeux doux » lui dit :

— Tu veux tuer Lahilié ?

— Oui, répond le roi, seulement je n'ai pas encore inventé par quel supplice.

— Mais Lahilié, c'est toi, dit le vieillard... et il le fait entrer dans une piscine où son esprit s'hallucine ; il se sent « un autre, un homme quelconque », puis il croit être Lahilié lui-même. C'est alors que, dans son cauchemar, il éprouve toutes les douleurs qu'il destinait au roi captif. « As-tu compris maintenant, dit le vieillard, que Lahilié, c'est toi, et que les soldats que tu as mis à mort, sont aussi toi ?... Tu pensais que la vie n'était qu'en toi, mais je t'ai délivré du voile de la tromperie et tu as vu qu'en faisant le mal aux autres, tu le fais à toi-même. La vie est *une* en tout, et tu ne manifestes en toi qu'une partie de cette vie unique ; et seulement dans cette seule partie de la vie en toi tu peux améliorer ou empirer, augmenter ou diminuer la vie. Améliorer la vie en toi, tu le peux seulement en détruisant les limites qui

« qui les nomment perturbations de l'ame, me per-
« suaderoient que leur force ne consiste qu'a éblouir
« et soumettre la raison, si l'experience ne me
« montroit qu'il y en a qui nous portent aux actions
« raisonnables. Mais je m'asseure que vous m'y
« donnerez plus de lumiere, quand vous expliquerez
« comment la force des passions les rend d'autant
« plus utiles, lorsqu'elles sont sujettes a la raison ».
A ces questions quelque peu embarrassantes
« touchant les moyens de se fortifier l'entendement
« pour discerner tout ce qui est le meilleur dans
« toutes les actions de la vie », Descartes répond en
une lettre admirable (15 septembre 1645), qui est un
bel essai de morale spiritualiste. C'est à l'insistance
d'Elisabeth que nous devons cette page d'une
grande philosophie ; ce n'est point la faute du philo-

séparent ta vie de celle des autres, en considérant les autres
êtres comme toi-même et les aimant. Par cela seul, tu augmen-
teras ta propre vie.

« Au contraire, tu empires ta vie quand tu ne reconnais pour
vie que ta vie propre et penses augmenter le bien de ta propre
vie au détriment du bien de celle des autres. Par cela tu dimi-
nues aussi ta vie...

« Pour la vie, il n'y a ni temps ni espace. La vie d'un moment
est la vie d'un millier d'années, *ta* vie et la vie de tous les êtres
du monde, visibles et invisibles sont égales. On ne peut pas
anéantir et changer la vie parce qu'elle seule existe ; tout le
reste n'est qu'apparence. Cela dit, le vieillard disparut ».

Assarkadon fit grâce au prisonnier, transmit le sceptre à son
fils « et lui-même d'abord se retira dans un désert, où il médita
ce qu'il avait appris. Ensuite, il se mit à marcher comme un
pèlerin, par les villes et les villages, en enseignant aux hommes
que la vie est une et que les hommes se font du mal à eux-
mêmes seulement quand ils veulent faire le mal aux autres. »

sophe si les solutions qu'il donne ne sont pas plus
décisives, il est déjà très agréable pour l'esprit de
faire le tour d'une thèse si élevée et d'en envisager
la portée.

Deux choses, dit-il, sont requises « pour estre
« tousjours disposé a bien juger : l'une est la con-
« noissance de la verité, et l'autre l'habitude qui
« fait qu'on se souvient et qu'on acquiesce a cette
« connoissance, a toutes les fois que l'occasion le
« requert. Mais, pour ce qu'il n'y a que Dieu seul qui
« sçache parfaitement toutes choses, il est besoin
« que nous nous contentions de sçavoir celles qui
« sont le plus à nostre usage...... Nous devons rece-
« voir en bonne part toutes les choses qui nous
« arrivent, comme nous estant expressement en-
« voyees de Dieu, de qui toutes choses dependent,
« dont les perfections sont infinies, dont le pou-
« voir est immense, dont les decrets sont infail-
« libles..... Le vray objet de l'amour est la per-
« fection, lorsque nous élevons nostre esprit a le
« considerer tel qu'il est, nous nous trouvons natu-
« rellement si enclins a l'aymer, que nous tirons
« mesme de la joye de nos afflictions, en pensant
« que sa volonté s'exécute en ce que nous les
« recevons ».

Après cette leçon de résignation philosophique
devant la *bonté de Dieu*, il étudie *l'immortalité de
l'âme* et envisage ensuite la *grandeur de l'univers* :
« La nature de nostre ame, en tant qu'elle subsiste
« sans le cors, et est beaucoup plus noble que luy, et
« capable de jouir d'une infinité de contentemens

« qui ne se trouvent point en cete vie ». Il déduit de
l'étendue de l'univers, tel qu'il l'a exposé au 3ᵉ livre
de ses Principes, que, par delà les cieux, il n'y a pas
que des espaces imaginaires, que tous les cieux ne
sont pas faits que pour « le service de la terre,
« ny la terre que pour l'homme ». La terre n'est pas
notre principale demeure, au sens de Descartes, et
cette vie n'est pas non plus notre meilleure vie. « On
« veut estre du conseil de Dieu, et prendre avec luy la
« charge de conduire le monde, ce qui cause une infi-
« nité de vainnes inquietudes et fascheries. Après
« qu'on a ainsy reconnu la bonté de Dieu, l'immorta-
« lité de nos ames et la grandeur de l'univers, il y a
« encore une verité dont la connoissance me semble
« fort utile qui est que, bien que chascun de nous soit
« une personne séparée des autres, et dont, par
« consequent, les intérêts sont en quelque façon dis-
« tincts de ceux du reste du monde, on doit toute-
« fois penser qu'on sçauroit subsitrer seul, et qu'on
« est, en effect, l'une des parties de l'univers, et plus
« particulierement encore l'une des parties de cette
« terre, l'une des parties de cet Estat, de cette société,
« de cette famille, a laquelle on est joint par sa
« demeure, par son serment, par sa naissance. Et il
« faut tousjours préferer les intérêts du tout, dont
« on est partie, a ceux de sa personne en parti-
« culier ».

C'est là le principe qu'il déduit du spiritualisme
de Platon et de saint Augustin. Le sentiment de
dévouement et d'abnégation qui résulte de la théorie
de Descartes peut faire naître de grandes actions et

pousser l'homme jusqu'à cet état supérieur qui s'appelle l'héroïsme, et lui inspirer des sentiments de sacrifice envers cette abstraction élevée que nous appelons la Patrie. Les stoïciens, eux aussi, partant de prémisses différentes, avaient mis en pratique, avec une austère décision, ces théories généreuses.

Descartes ne laisse pas, toutefois, de tempérer les élans de la générosité impulsive et il fait observer qu'il faut y apporter « mesure et discretion » car on aurait tort, à son avis, de « s'exposer à un grand « mal, pour procurer seulement un petit bien à ses « parens ou a son païs » mais il démontre que l'égoïsme ne produirait jamais « une vraye amitié, ny « aucune fidélité, ny généralement aucune vertu ».

Il veut qu'on prenne « plaisir à faire du bien à tout le monde » et à ne pas craindre « d'exposer sa « vie pour le service d'autruy, lorsque l'occasion s'en « présente ». Pourtant il est utile de dire, lui semble-t-il, que l'héroïsme ne consiste pas à s'exposer à la mort par vanité et pour mériter des louanges ; il ne peut être fondé non plus, sur l'incurie et l'insouciance du danger ; son objectif est plus haut et consiste à obéir à un devoir et à répondre à ce sentiment confus qui existe en nous, de nous sacrifier au public dont nous faisons partie ; Descartes conseille aussi de suspendre notre jugement jusqu'à ce que la passion dont nous sommes émus soit apaisée, parce qu'elle peut nous halluciner sur l'étendue du bien que nous voulons faire à autrui. Il faut examiner en particulier toutes les mœurs des pays où nous vivons et « embrasser les opinions qui nous pa-

« roissent les plus vraysemblables, touchant toutes
« les choses qui vienent en usage, affin que, lorsqu'il
« est question d'agir, nous ne soyons jamais irré-
« solus. Car il n'y a que la seule irrésolution qui
« cause les regrets et les repentirs..... l'habitude est
« aussy requise, pour estre tousjours disposé à bien
« juger ».

L'Ecole a dit que les vertus sont des habitudes;
« nous ne pouvons estre continuellement, en effet,
« attentifs a mesme chose, quelques claires et évi-
« dentes qu'ayent esté les raisons qui nous ont per-
« suadé cy devant quelque vérité..... On ne manque
« gueres, faute d'avoir, en theorie, la connoissance
« de ce qu'on doit faire, mais seulement faute de
« l'avoir en pratique, c'est a dire faute d'avoir une
« ferme habitude de la croyre ».

Élisabeth, comme bien nous pouvons croire, ne
se trouve point convaincue par des arguments si
généraux et si absolus. Elle s'incline devant les ar-
rêts de la Divinité et elle y trouve matière à consolation (30 septembre 1645) « pour les malheurs qui
« nous viennent du cours ordinaire de la nature et
« de l'ordre qu'il y a établi, comme de perdre le
« bien par l'orage, la santé par l'infection de l'air,
« les amis par la mort »; mais elle ne semble pas
d'humeur à apporter pareille résignation pour les
malheurs qui lui sont imposés par « des hommes,
« dont l'arbitre nous paroist entièrement libre ».

De plus, dit-elle, au sujet du dévouement à apporter à la société et du sacrifice de soi : « Comment

« mesurer les maux qu'on se donne pour le public,
« contre le bien qui en arrivera..... Un naturel arro-
« gant fera tousjours pancher la balance de son
« costé, et un modeste s'estimera moins qu'il vaut ».

Quant aux mœurs du pays qu'on habite, et dont
Descartes conseille de se rendre compte, pour y conformer ses actions, elle est obligée de constater que,
par exemple, les usages des personnes qui l'entourent en ce moment, à Ryckevycks, sont parfois bien
déraisonnables ; qu'on lui laisse moins de loisirs
qu'à La Haye « par les diversions de ceux qui ne
« savent que faire..... il est très injuste, dit-elle, de
« me priver de biens réels pour leur en donner
« d'imaginaires, je suis contrainte de céder aux lois
« impertinentes de la civilité qui sont establies,
« pour ne m'acquerir point d'ennemis. Depuis que
« j'escris celle-cy, j'ay esté interrompue, plus de sept
« fois, par ces visites incommodes. C'est une bonté
« excessive qui garantit mes lettres d'un prédica-
« ment pareil auprès de vous, et qui vous oblige de
« vouloir augmenter l'habitude de vos cognoissances,
« en les communiquant à une personne indocile
« comme Vostre très-affectionnée à vous servir ».

CHAPITRE V

THÉORIE DES PASSIONS. — LE LIBRE ARBITRE
ET L'IMMORTALITÉ DE L'AME.

Vaut-il mieux vivre dans l'ignorance et se sentir joyeux en imaginant que les biens que l'on possède sont plus grands qu'ils ne sont en réalité, ou bien passer sa vie dans l'inquiétude et la tristesse, en se rendant compte de la juste valeur de ces biens ?

Tel est le problème que pose Descartes dans la lettre qu'il adresse à Elisabeth le 6 octobre 1645.

La béatitude, il le constate, ne consiste pas dans la joie, mais plutôt dans l'exercice de la vertu et dans la possession de tous les biens « dont l'acqui- « sition dépend de nostre *libre arbitre*, et la satis- « faction d'esprit qui suit de cette acquisition », mieux vaut donc « estre moins gay et avoir plus de « connoissance. Aussy n'est-ce pas tousjours, lors- « qu'on a le plus de gayeté, qu'on a l'esprit plus « satisfait ; au contraire, les grandes joyes sont « ordinairement mornes et sérieuses, et il n'y a que « les médiocres et passageres, qui soient accom- « pagnées du ris..... Les fausses imaginations ne « peuvent toucher que la superficie d'âme, laquelle « sent cependant une amertume intérieure ».

S'apercevoir que ces plaisirs sont faux, et s'habituer par une illusion, en quelque sorte artificielle, à ne plus en voir la fausseté, ne produirait pas en nous, d'une manière solide et réelle, la vraie béatitude « pour ce qu'elle doit dépendre de nostre « conduite, et cela ne viendroit que de la fortune ».

Lorsqu'on a diverses « considérations également « vrayes, dont les unes portent à estre contens, et « les autres, au contraire, nous en empeschent », on doit s'efforcer de les regarder du biais « qui les « fait paroistre le plus à nostre avantage, pourvu « que ce soit sans nous tromper ». Ainsi les diversions qu'a eues la princesse ont donné du repos à son esprit qui « s'assoupiroit, au lieu de se polir, s'il « s'appliquoit trop à l'estude ».

De plus, « quant au bien dont il faut faire choix, « on doit se contenter d'une mediocre science des « choses les plus necessaires, comme sont celles « que j'ai denombrées en ma dernière lettre ».

Enfin, pour savoir si « ceux qui raportent tout à « eux mesmes, ont plus de raison que ceux qui se « tourmentent pour les autres », nous devons penser que si nous sommes une partie du tout, « nous par- « ticipons aussy aux biens qui luy sont communs, « sans estre privez pour cela d'aucun de ceux qui « nous sont propres. Et il n'en est pas de mesme « des maux ; car, selon la Philosophie, le mal n'est « rien de réel, mais seulement une privation ». Pleurer sur le malheur des autres représente cette « vertu chrétienne qu'on nomme charité », c'est-à-dire la satisfaction intérieure qui résulte d'une

bonne action, et on y peut rencontrer « plus de plaisir
« que lorsqu'on rit et se repose ».

De même être attristé en voyant représenter un
drame pitoyable et funeste sur un théâtre semble
une « action vertueuse, ayant compassion des
« affligez... Les exercices du cors, comme la chasse,
« le jeu de la paume » ne sont pas inséparables de
la gaieté et de l'aise du corps « encore qu'ils soient
« fort penibles ; et mesme on voit que souvent c'est
« la fatigue et la peine qui en augmente le plaisir. Et
« la cause du contentement que l'âme reçoit en ces
« exercices, consiste en ce qu'ils luy font remarquer
« la force ou l'adresse, ou quelque autre perfection
« du cors auquel elle est jointe ».

Il donne pour conclusion à sa théorie des passions, qu'il ne faut pas confondre « le sentiment de
« la douleur avec la passion de la tristesse, et celuy
« du chatouillement avec la passion de la joye,
« laquelle on nomme aussi volupté ou plaisir, et
« ceux de la soif ou de la faim avec les desirs de
« boire ou de manger, qui sont des passions : car
« ordinairement les causes qui font la douleur,
« agitent aussy les esprits, en la façon qui est requise
« pour exciter la tristesse, et celles qui font sentir
« quelque chatouillement, les agitent en la façon qui
« est requise pour exciter la joye, et ainsy des
« autres ».

Descartes termine cette lettre en disant que
« toutes les raisons qui prouvent l'existence de
« Dieu... qui est la cause première et immuable de
« tous les effects qui ne dépendent point du libre

« arbitre des hommes, prouvent, ce me semble, en
« mesme façon, qu'il est aussy la cause de tous ceux
« qui en dépendent. Car on ne sçauroit demonstrer
« qu'il existe, qu'en le considérant comme un estre
« souverainement parfait ; qu'il ne pourroit arriver
« quelque chose dans le monde, qui ne vint pas en-
« tierement de luy. Il est vray qu'il n'y a que la foy
« seule, qui nous enseigne ce que c'est que la grâce,
« par laquelle Dieu nous élève à une beatitude sur-
« naturelle ; mais la seule Philosophie suffit pour
« connoistre... que Dieu est tellement la cause uni-
« verselle de tout, qu'il en est en mesme façon la
« cause totale, et ainsy rien ne peut arriver sans sa
« volonté ».

Puis, Descartes fait observer à Elisabeth, que la
croyance en l'immortalité de l'âme ne doit pas amener à conclure comme le fait la philosophie d'Egésias
(dont le livre fut interdit par Ptolémée) que la vie est
mauvaise. La vraie philosophie enseigne « au con-
« traire, que mesme parmi les plus tristes accidens
« et les plus pressantes douleurs, on y peut tousjours
« estre content, pourvû qu'on sçache user de la
« raison ».

Enfin, dans la difficulté de « mesurer exactement
« jusques ou la raison ordonne que nous nous inte-
« ressions pour le public... il suffit de satisfaire à sa
« conscience, et on peut en cela donner beaucoup a
« son inclination... Comme c'est une chose plus
« haute et plus glorieuse, de faire du bien aux autres
« hommes que de s'en procurer à soy mesme, aussi
« sont ce les plus grandes ames qui y ont le plus

« d'inclination, et font de moins d'estat des biens
« qu'elles possedent. Il n'y a que les foibles et
« basses qui s'estiment plus qu'elles ne doivent, et
« sont comme les petits vaisseaux, que trois gouttes
« d'eau peuvent remplir ».

Elisabeth attend (28 octobre 1645) que Descartes
lui explique comment « les passions sont d'autant
« plus utiles, qu'elles panchent plus vers l'exces,
« lorsqu'elles sont soumises a la raison... je crois
« que vous éclaircirez ce doute, en prenant la peine
« de decrire comment cette agitation particulière des
« esprits sert a former toutes les passions que nous
« experimentons, et de quelle fasson elle corromt
« le raisonnement ».

Elle entreprend alors une dissertation serrée et
très bien développée sur le libre arbitre et l'immortalité de l'âme. Elle ne se sent pas persuadée à ce
sujet par les raisons tirées de l'existence de Dieu, et
n'admet pas qu'il soit, tout à la fois la cause immuable
de tous les effets qui ne dépendent point du libre
arbitre de l'homme, et aussi de ceux qui en dépendent. Etant souverainement parfait, il aurait pu
n'avoir pas donné à l'homme le libre arbitre, mais
puisque « nous sentons en avoir, il me semble qu'il
« répugne au sens commun de le croire dependant
« en ses opérations, comme il l'est dans son estre ».

Au sujet de l'âme immortelle, on ne peut « douter
« qu'elle ne sera plus heureuse (1) après la séparation

---

(1) L'un des points de ma morale, dit encore Descartes, est
d'aimer la vie sans craindre la mort. On sait ce que Spinoza a

« du corps (qui est l'origine de tous les déplaisirs
« de la vie, comme l'âme des plus grands conten-
« tements) », sans imaginer le purgatoire de
M. Digby (1) « ou les passions qui ont dominé sur la
« raison durant la vie de l'homme, laissent encore

tiré de cet axiome : « La chose du monde à laquelle un homme
libre pense le moins, c'est la mort ». Platon disait : « La mort
est la Muse de la philosophie » ; pour Socrate, « philosopher c'est
apprendre à mourir » ; pour les philosophes chrétiens la sagesse
consiste à se dégager de la prison du corps. Mais la vie de la
princesse était-elle agréable, le malheur n'avait-il pas été jusque-
là son maître ? En somme, Descartes se montre éclectique, il
n'est ni stoïcien, ni épicurien. Il ne se montre pas stoïcien, car
nous avons vu qu'il écrivait à son élève, à propos de ses souffrances, ces belles paroles : « Je ne suis point de ces philosophes
cruels qui veulent que leur sage soit insensible » ; il n'est pas épicurien non plus, car sa philosophie respire le plus pur spiritualisme. Il ne désespérait point de la nature humaine, il ne la voulait pas attristée et meurtrie par un système de privation, il ne
répudiait pas la maxime : *Naturam sequi*, qui est le fond de la
morale antique, pourvu qu'on l'interprétât dans un sens élevé
et presque chrétien, il conseillait à son élève cette vie douce,
ces plaisirs modérés et cette joie réglée par la loi de notre
utilité véritable qu'il connaissait par expérience. En un mot,
Descartes n'était pas un partisan de la morale de l'intérêt
et du bien-être, de l'*eudémonisme* enfin, mais il était opti-
miste.

(1) Digby (Kelhemn), né en 1603, philosophe anglais d'une rare
érudition ; on le compara à Pic de la Mirandole. Il fut gentilhomme de la Chambre, dès le début du règne de Charles Iᵉʳ ;
commissaire de la marine et gouverneur de l'Hôtel de la Trinité.
Il équipa à ses frais, en 1628, une escadre pour aller battre les
Vénitiens et les Algériens qui avaient eu quelque altercation
avec les Anglais. En 1636, il embrassa la religion catholique à
la suite d'un voyage en France et, dans son zèle de néophyte,
publia plusieurs écrits intitulés : *Conférences avec une dame sur
le choix de la religion* et *Correspondance entre lord George
Digby et sir Kelhemn Digby, concernant la religion* (Londres,

« quelques vestiges en l'ame, apres le decès du
« corps, qui la tourmentent d'autant plus qu'elles ne
« trouvent aucun moyen de se satisfaire dans une
« substance si pure. Je ne vois pas comment cela
« s'accorde a son immatérialité. Mais je ne doute

1651, in-12). Après avoir été enfermé dans la prison de Winchester par ordre du Parlement, à cause de sa fidélité au roi, il fut mis en liberté à la requête de la régente de France, Marie de Médicis, et vint à la Cour de France. Il connut à Paris Descartes, et publia, en 1644, son système philosophique sous les titres suivants : *Traité de la nature des corps* et *Traité où on expose les opérations et la nature de l'âme humaine et d'après lesquels l'immortalité des âmes raisonnables est démontrée.* En 1651, il écrivit un traité qui a pour titre : *Institutionum peripateticarum libri V.* Revenu en Angleterre pour tâcher de rentrer dans ses biens, le Parlement le condamna à un bannissement pépertuel, sous peine de mort, en raison de la part que son jeune fils Kelhemn, avait prise dans l'insurrection royaliste qui eut lieu en 1648, sous les ordres de lord Holland. Le jeune Kelhemn y avait perdu la vie. Il revint en France, fut reçu ensuite avec honneur dans plusieurs des Cours d'Italie et retourna en Angleterre en 1655, s'efforçant, sous Cromwell, dont il eut la confiance et la faveur, de réconcilier les catholiques avec le Protectorat. En 1656 et 1657, il résida dans le midi de la France; nous savons qu'il a lu dans une société de savants à Montpellier, un discours sur la guérison des blessures par la poudre de sympathie. Il vécut ensuite deux ans en Allemagne, revint à Paris en 1660, et était de retour en 1661, en Angleterre, où il publia un *Discours sur la végétation des plantes.* Il s'occupa beaucoup d'alchimie et explique tout par les corpuscules, les causes occultes, la fermentation, les émanations et les fluides. Il serait intéressant de voir en Digby un précurseur des théories microbiennes. Il engagea Descartes à découvrir le moyen de prolonger indéfiniment la vie. La mort de Descartes fut, du reste, annoncée en ces termes par la *Gazette d'Anvers* : « En Suède, un sot vient de mourir, qui disait qu'il pouvait vivre aussi longtemps qu'il voulait ». Digby avait épousé la belle Venezia Anastasia Stanley. Il fréquentait, à Londres, l'atelier de Van Dyck à Blackfriars, où le roi Charles Ier

« nullement, qu'encore que la vie ne soit point mau-
« vaise de soy, elle doit estre abandonnée pour une
« condition qu'on connoistra meilleure ».

Elle trouve que l'incarnation de Dieu s'applique à
« une partie du tout créé, si inconsidérable au prix
« du reste, comme vous nous représentez ce globe
« en vostre physique ; et cela, pour en estre glorifié,
« qui semble une fin fort indigne du créateur de ce
« grand univers ». Mais elle se reprend, faisant ironiquement la leçon à de graves docteurs et théologiens, et trouve « chose très impertinente, pour des
« personnes finies, de juger de la cause finale des
« actions d'un estre infini ». Elle termine cette lettre
en rappelant avec Descartes, qu'il n'est pas nécessaire d'avoir « besoin d'une cognoissance exacte, jus-
« qu'où la raison ordonne que nous nous intéressions
« pour le public, a cause qu'encore qu'un chacun

se rendait souvent, quittant White Hall et descendant la Tamise, dans sa gondole ; là se rencontraient les dames de la Cour, les favoris du Roi, les ministres, les chambellans et les pages. « Après la conversation, la musique et la comédie, et, à quatre heures, table ouverte, soirée et divertissements. On y rencon-trait lady Venezia Digby, celle que Van Dyck avait assez mala-droitement compromise, et qu'il représenta ensuite sous l'allé-gorie de la Prudence, tenant de la main gauche des colombes et, en la droite, un serpent ; elle terrassait le mensonge, la colère et l'envie ; on sait ce que nous pensons de cette peinture emblé-matique (galerie royale de Windsor) qui n'est généralement qu'un rébus solennel que Joseph Prudhomme est tout surpris et fier de comprendre, sans devoir attendre le numéro du dimanche sui-vant. Cette œuvre n'est pas pour nous réconcilier avec le genre ; combien plus belle et plus sentimentale devait être la peinture de Venezia morte, tenant en sa main une simple rose fanée ». (Victor de Swarte, Van Dyck. *Nouvelle Revue*, 1899, p. 214).

« raportast tout a soy, il travailleroit aussi pour les
« autres, s'il se servoit de prudence », et ajoute un
peu malicieusement « cette prudence est le tout,
« dont je ne vous demande qu'une partie ».

Descartes (3 novembre 1645) développe la pensée
qu'il avait exprimée sur les passions, en les considérant comme d'autant plus utiles qu'elles penchaient
plus vers l'excès; il rappelle qu'il avait ajouté
qu'elles devaient pour cela « estre sujettes à la raison ». « Il y a deux sortes d'excès, dit-il, l'un qui
« modifie absolument la nature de la chose et de
« bonne la rend mauvaise et empêche qu'elle
« demeure soumise à la raison ; l'autre, qui en
« augmente seulement la mesure et de bonne qu'elle
« était originairement la rend meilleure. Ainsy la
« hardiesse n'a pour exces la temerité, que lors-
« qu'elle va au dela des limites de la raison ; mais
« pendant qu'elle ne les passe point, elle peut encore
« avoir un autre excès, qui consiste a n'estre
« accompagnée d'aucune irrésolution ny d'aucune
« crainte. »

Au sujet de Dieu et du libre arbitre, il se contente
de répondre à la princesse que « la connoissance de
« l'existence de Dieu (1) ne nous doit pas empescher
« d'estre assurez de nostre libre arbitre, pour ce

(1) Voltaire, dans sa jolie pièce des « Systèmes », où il parodie
toutes les écoles de philosophie et les amène à comparaître devant
le trône suprême, ne manque pas de placer ce fameux argument
de Descartes s'adressant à Dieu : « Voici mon argument qui me
semble invincible :

Pour être, c'est assez que vous soyez possible.

« que nous l'experimentons et le sentons en nous
« mesme... Car l'indépendance que nous experimen-
« tons et sentons en nous, et qui suffit pour rendre
« nos actions louables ou blasmables, n'est pas
« incompatible avec une dépendance qui est d'autre
« nature, selon laquelle toutes choses sont sujetes a
« Dieu. »

En ce qui concerne l'état de l'âme après cette vie,
il déclare qu'il a « bien moins de connoissance que
M. d'Igby ». Avec la seule raison naturelle, en effet,
« nous pouvons bien faire beaucoup de conjectures
« a nostre avantage et avoir de belles espérances,
« mais non point aucune assurance ». Et, en dépit
de l'excédent des maux sur les biens, en cette vie,
qui nous empêche de craindre la mort, « nous ne
« devons aussy jamais la rechercher. »

Au sujet de la mesure à apporter dans le sacrifice de soi à autrui, il serait nécessaire de connaître, non seulement l'humeur de « tous ceux avec
« lesquels on a quelque chose a demesler; et encore
« ne seroit-ce pas assez, a cause qu'ils ont. outre
« cela, leur libre arbitre, dont les mouvemens ne
« sont connus que de Dieu seul »; mais, comme on
juge habituellement des gens en se mettant à leur
place « les esprits ordinaires et mediocres, estant
« semblables a ceux avec lesquels ils ont a traiter,
« penetrent mieux dans leurs conseils, et font plus
« aysement reussir ce qu'ils entreprennent, que ne
« font les plus relevez, lesquels, ne traitant qu'avec
« ceux qui leur sont de beaucoup inferieurs en con-
« noissance et en prudence, jugent tout autrement

« qu'eux des affaires. C'est ce qui doit consoler V. A.,
« lorsque la fortune s'oppose à vos desseins ».

Elisabeth exprime à Descartes (30 novembre
1645) la peine qu'elle éprouve d'avoir vu son frère
« Édouard (1) changer de religion pour se rendre
« catholique romain, sans faire la moindre grimasse
« qui pourroit persuader aux plus credules qu'il y
« alloit de sa conscience ».

Elle revient ensuite à la discussion relative au
libre arbitre où elle trouve deux choses contradic-
toires qu'elle ne peut « ajuster, estant autant impos-
« sible, pour la volonté, d'estre en mesme temps
« libre et attachée aux decrets de la Providence,
« que, pour le pouvoir divin, d'estre infini et limité
« tout ensemble. »

Envisageant les vicissitudes de la vie, elle constate
que les maux sont bien plus fréquents que les sujets
de bonheur « que l'homme a plus d'endroits, pour
« recevoir du déplaisir, que du plaisir; qu'il y a un
« nombre infini d'erreurs, pour une verité; tant de
« moiens de se fourvoyer, pour un qui mène le droit
« chemin; quantité de personnes en dessein et en
« pouvoir de nuire, pour peu qui ayent l'un et l'autre a
« servir. Enfin tout ce qui depend de la volonté et du
« cours du reste du monde, est capable d'incommo-
« der; et selon vostre propre sentiment, il n'y a rien
« que ce qui depend absolument de la nostre, suffi-
« sant pour nous donner une satisfaction reelle et
« constante ».

(1) Edouard épouse le 5 novembre 1645, Anne de Gonzague,
princesse de Mantoue.

Elle demande, en ce qui concerne l'humanité, quelle estime on donnerait « a celui qui, en vivant seule- « ment pour soy, en quelque profession qu'il aye, « ne larroit pas de travailler encore pour au- « truy ».

La lettre suivante d'Elisabeth, du 27 décembre 1645, nous montre, sous une forme très familière, quels liens d'amitié serviable l'unissent à son maître, qui lui avait recommandé le fils du professeur Schooten, pour lequel il sollicitait la chaire de mathématiques et d'architecture militaire, laissée vacante par la mort du père du jeune professeur.

On voit apparaître, dans ce récit, la silhouette un peu falote et légèrement effarouchée du timide solliciteur, qui devait se trouver plus à l'aise devant des figures de géométrie ou des profils de bastions, que sous le regard des princesses, car après avoir présenté sa lettre d'accréditation auprès de la Pala- tine « il eut tant de haste a se retirer, que je fus « contrainte de le suivre, dit-elle, jusqu'a la porte, « pour lui demander a qui je devois adresser mes « offices pour luy. Je say que, s'il m'avoit seulement « considérée comme vostre amie, sans songer aux « titres qui embarrassent ceux qui n'y sont point « accoutumés, il en auroit usé autrement, jugeant « bien que je ne saurois agir, en une affaire que je « connois vous estre agreable, avec des soins ordi- « naires ».

Descartes (janvier 1646) fait allusion au chagrin qu'exprime Elisabeth au sujet de la conversion de son frère Edouard, et lui dit, sans trop insister du reste, que, comme catholique, il se voit obligé de l'approuver.

Il revient ensuite à la discussion en cours sur le libre arbitre et s'efforce d'expliquer « la dépendance et la liberté par une comparaison ». Un roi qui a défendu les duels sait que deux gentilhommes, habitant deux villes différentes, sont animés l'un contre l'autre et se battront s'ils viennent à se rencontrer sur le même chemin. Or, il donne à l'un une commission pour la ville où l'autre demeure, et inversement, il charge le second de se rendre en la cité où réside le premier. Le roi ne peut douter qu'ils ne manqueront pas, au point de rencontre, de se heurter et de se battre et ainsi « de contrevenir à sa « défense, mais il ne les y contraint point pour cela ». D'autre part, c'est volontairement et librement qu'ils se battent, comme ils l'auraient fait dans toute autre occasion où ils se seraient rencontrés; « ils « peuvent aussy justement estre punis, pour ce « qu'ils ont contrevenu à la défense ».

Cet apologue philosophique peu concluant n'a pas persuadé Elisabeth et, en dépit du nom vénéré de Descartes, je crains bien que le vingtième siècle n'y soit pas plus sensible que le dix-septième.

Descartes considère, dans son apologue, que Dieu a la prescience, que c'est lui même qui a mis en nous nos inclinations, que c'est lui qui a disposé toutes les choses qui sont hors de nous « pour faire « que tels et tels objets se présentassent à nos sens « à tel et tel tems, a l'occasion desquels il a sceu que « nostre libre arbitre nous determineroit a telle ou

« telle chose ; et il l'a ainsi voulu, mais il n'a pas
« voulu pour cela l'y contraindre ». On peut distinguer dans le roi deux degrés de volonté « l'un par
« lequel il a voulu que ces gentilshommes se battis-
« sent, puis qu'il a fait qu'ils se rencontrassent, et
« l'autre par lequel il ne l'a pas voulu, puis qu'il a
« défendu les düels ; ainsi les theologiens distin-
« guent en Dieu une volonté absoluë et indepen-
« dante, par laquelle il veut que toutes choses se
« fassent ainsi qu'elles se font, et une autre qui est
« relative (??) et qui se raporte au merite ou deme-
« rite des hommes, par laquelle il veut qu'on
« obeïsse à ses lois. »

Après cette démonstration moins sûre en ses déductions que les élégants théorèmes de géométrie
exposés par le maitre, Descartes reprend la question
des biens et des maux, au sujet de son affirmation
qu'il est toujours plus de biens que de maux. Lorsqu'on considère l'idée du bien « on la compare à la
« ligne droite, qui est unique entre une infinité de
« courbes ausquelles on compare les maux..... Mais
« quand on considère les biens et les maux qui peu-
« vent estre en une mesme chose, pour sçavoir
« l'estime qu'on en doit faire..... on prend le bien
« pour tout ce qui s'y trouve dont on peut avoir
« quelque commodité, et on ne nomme mal que ce
« dont on peut recevoir de l'incommodité ; car pour
« les autres défauts qui peuvent y estre on ne les
« compte point ».

Il donne en exemple cette discussion intérieure
qui agite notre esprit lorsque, à propos d'une fonc-

tion qui nous est offerte, nous établissons la balance
entre l'honneur et le profit, c'est-à-dire les biens
que nous en pouvons tirer ; et, d'autre part, la peine,
le péril et la perte de temps, à savoir tous les
maux qui peuvent en résulter. Si la somme des biens
dépasse celle des maux, nous acceptons l'offre qui
nous est faite.

D'une manière générale, il estime qu'il y a plus de
biens que de maux, car il fait peu d'état des choses
« qui sont hors de nous, et qui ne dépendent point
« de nostre libre arbitre, à comparaison de celles
« qui en dépendent, lesquelles nous pouvons tous-
« jours rendre bonnes, lors que nous en sçavons
« bien user » à ce point que les maux ne doivent
pas plus affecter notre sensibilité que ne le font les
tragédies que nous voyons représenter sur la scène ;
mais il se trouve forcé de convenir « qu'il faut estre
« fort philosophe, pour arriver jusqu'à ce point ».
Tous les hommes jugent toujours en leur for intérieur « qu'il y a plus de biens que de maux en
« cette vie, encore qu'ils ne s'en aperçoivent pas eux
« mesmes », et c'est dans l'espérance que la mort les
aidera à porter leur fardeau (comme il est dit dans
la fable) qu'ils l'appellent à leur secours, et aussi
« par une erreur de leur entendement, et non point
« par un jugement bien raisonné, ny par une opi-
« nion que la nature ait imprimée en eux, comme
« est celle qui fait qu'on préfère les biens de cette
« vie à ses maux ». L'intérêt qui conseille, même aux
égoïstes, de faire le bien provient de ce que s'ils
« sont estimez officieux et prompts à faire plaisir,

« recoivent aussi quantité de bons offices des autres,
« mesme de ceux qu'ils n'ont jamais obligez ». Ce
qui se donne, coûte peu et rapporte beaucoup ; on
voit même en de certaines circonstances qu'il en
peut « importer de la vie ».

Les hommes politiques, ceux qui sont au pouvoir,
ou ceux qui désirent y atteindre, connaissent bien
ces préceptes de vie pratique, et ne manquent pas
d'en user, à leur grand profit, dans maintes circonstances. Parfois, il est vrai, on perd sa peine à
être généreux et prodigue, et il semblerait qu'il y
aurait plus d'avantages à se montrer moins désinté-
ressé, mais cette réflexion « ne peut changer la
« regle de la prudence, laquelle ne se raporte
« qu'aux choses qui arrivent le plus souvent ».
Descartes estime qu'il est toujours préférable de
« suivre seulement le grand chemin, et de croire
« que la principale *finesse* est de ne vouloir point
« du tout *user de finesse*, parceque les loix com-
« munes de la Société, tendent toutes à se faire du
« bien les uns aux autres, ou du moins à ne se
point faire de mal ». C'est aussi, nous le pensons, ce
qu'on pourrait déduire de l'opinion de Machiavel,
quand il dit que le prince doit être moitié homme,
moitié bête. La bonhomie et le parti pris d'éviter
l'abus des traits d'esprit sont de bonne tactique en
politique. C'est le moyen pour un gouvernant de se
montrer peu distant et de rendre l'air respirable
autour de lui. Cette simplicité nous semble supérieure aux artifices les plus savants et aux strata-
gèmes les mieux préparés.

En un mot, nous estimons qu'il est nécessaire d'avoir sur soi-même, ce grand empire de paraître parfois manquer d'esprit d'à propos, de ne pas prêter une oreille complaisante aux petites infamies qui se colportent, ni s'engager en aveugle dans les querelles personnelles et y prendre parti. Mieux vaut souvent avoir l'air de ne pas les remarquer. L'affront fait à notre esprit critique et à notre sagacité sera de courte durée et on ne tardera pas à remarquer que cette abstention était l'effet d'un système préconçu. L'indifférence simulée, en ces choses infimes dont se repaît la foule, paraîtra chez l'administrateur et le diplomate de bonne philosophie, et ils pourront, mieux que par un vain étalage de supériorité et par de prétendus bons mots, trouver le crédit et l'autorité qui leur sont nécessaires.

CHAPITRE VI

Le 25 avril 1646, Elisabeth écrit à Descartes :
« Le traité que mon frère Philippe (1) a conclu avec

(1) Nous relevons au sujet de ce traité, dans la correspondance
de Brasset à MM. de La Haye et Grémontville, 20 juin 1646, que
le prince Palatin avait été autorisé par les États, à faire traverser
le pays par des troupes qu'il devait lever à Hambourg et dans la
Hollande pour le service de la République de Venise. La formation
de ce régiment dont il prit le commandement, avait été décidée
au Congrès de Munster par le plénipotentiaire vénitien Contarini.

Philippe prit la route du Danemark pour faire sa levée ; mais
les Vénitiens ne semblèrent point persister dans leur résolution,
et le roi de Pologne jugea qu'il les avait abandonnés. (Lettre à
M. de La Thuillerie, 21 juillet 1646.)

« Il y a grande apparence que la levée du prince Philippe
s'en ira en fumée ; et ce qui me le fait d'autant plus croire est
que M. Contarini lui mesme, en a escrit, en ce sens, à quelqu'un
de ses amyz. » (A M. de Grémontville, 15 aout.)

« Les levées (du prince Philippe) pour Venise vont assez mal. »
(Lettre au marquis de Fontenay, ambassadeur de France à Rome,
22 aout 1647.)

Enfin, Brasset écrit le 21 septembre 1648, à Mazarin : « Un
écossais, qui a quitté le service de l'Espagne, se promet de faire
un régiment des deux que le prince Philippe Palatin a entrepris
pour Venise, et que cet écossais prétend passer en Angleterre ».
(Bibliothèque nationale, Mˢ fr. 17898.)

Philippe mourut à Rethel, dans l'armée d'Espagne, à la tête d'un
régiment de cavalerie.

« la République de Venise, m'a fait avoir, tout depuis
« vostre départ, une occupation beaucoup moins
« agréable que celle que vous m'aviez laissée ».
Elle fait allusion à une ébauche « un crayon » du
Traité des passions, que le philosophe lui avait ap-
portée en manuscrit, à La Haye, le 7 mars précédent.
Il y manquait encore, avait dit Descartes, « les couleurs et les ornements ». Elle a médité à loisir ces
savantes dissertations et elle développe son sentiment sur l'ordre, la définition et les distinctions
qu'il donne aux passions et sur la partie morale de
cette œuvre « qui passe tout ce qu'on a jamais dit
sur ce sujet ». Elle n'étudie que cinq *passions primitives*, alors que Descartes en énonce six : l'*étonnement*, l'*amour*, la *haine*, le *désir*, la *joie* et la *tristesse*.

« Comment analyser, dit-elle, les divers mouve-
« ments du sang qui causent les cinq passions pri-
« mitives puisqu'elles ne sont jamais seules? Par
« exemple, l'amour est toujours accompagnée de
« désir et de joye, ou de désir et de tristesse, et a
« mesure qu'il se fortifie, les autres croissent
« aussi... Comment est-il donc possible de remar-
« quer la différence du battement de poulx, de la di-
« gestion des viandes, et autres changements du
« corps, qui servent à découvrir la nature de ces
« mouvements? Aussi celle que vous notés, en cha-
« cune de ces passions, n'est pas de mesme en
« tous les temperaments : et le mien fait que la tris-
« tesse m'emporte toujours l'appetit, quoy qu'elle
« ne soit meslée d'aucune haine, me venant seule-
« ment de la mort de quelque ami ».

« L'admiration jointe à la joie, avait dit Descar-
« tes, fait enfler le poumon à diverses secousses,
« pour causer le rire. A quoy Élisabeth le supplie
« d'ajouter de quelle fasson l'admiration (qui selon
« vostre description, semble n'operer que sur le cer-
« veau) peut ouvrir si promptement les orifices du
« cœur, pour faire cet effet. Ces passions, que vous
« notez pour cause des soupirs, ne semblent pas
« toujours l'estre, puisque la coutume et la replé-
« tion de l'estomac les produisent aussi ».

Après cette explication physiologique qui pourrait ne plus satisfaire la science d'aujourd'hui, nous
constaterons, avec Elisabeth, qu'il semble difficile de
pratiquer les remèdes qu'ordonne Descartes contre
l'excès des passions ; comment, en effet, prévoir
« tous les accidents qui peuvent survenir en la vie,
« qu'il est impossible de nombrer ? » Comment nous
empêcher de désirer les choses qui tendent nécessairement à notre conservation, comme la santé et
les moyens pour vivre « qui néantmoins ne depen-
« dent point de (notre) arbitre ? » Le désir de la
« vérité est naturel à l'homme, mais pour savoir
« la juste valeur des biens et des maux qui ont cou-
« tume de nous émouvoir », il faudrait, ce semble,
connaitre toutes les choses qui sont au monde ; or,
une seule personne ne saurait les imaginer toutes.

La princesse, après avoir étudié les maximes concernant la vie ordinaire, désirerait bien aussi se
rendre compte de celles qui régissent « la vie civile,
« quoy que celle-là nous rende dépendants de per-
« sonnes si peu raisonnables, que jusqu'icy je me

« suis toujours mieux trouvée de me servir de l'ex-
« périence que de la raison, aux choses qui la con-
« cernent ».

C'est à la suite de cette question posée par la
Palatine, et d'une conversation qu'elle eut avec
Descartes, qu'ils convinrent d'étudier, à ce point de
vue, *Le Prince*, de Machiavel.

Descartes fait remarquer (mai 1646) qu'il n'a
pas jugé bon de mettre dans son traité tous les principes de physique qui constatent les mouvements du
sang relatifs à chaque passion; « c'est, dit-il, une
« chose si difficile que je ne l'oserois encore entre-
« prendre, bien que je me sois à peu près satisfait
« moy-mesme touchant la vérité des principes que
« j'ay supposez en cet écrit.... il y a une telle liaison
« entre nostre ame et notre corps, que les pensees
« qui ont accompagné quelques mouvemens du
« corps, dès le commencement de nostre vie, les
« accompagnent encore a présent, en sorte que si
« les mesmes mouvemens sont excitez de rechef
« dans le corps par quelque cause extérieure, ils
« excitent aussi en l'ame les mesmes pensées, et
« réciproquement, si nous avons les mesmes pen-
« sées elles produisent les mesmes mouvemens ».
Il convient qu'il est difficile, a priori, de distinguer
les mouvements qui appartiennent à chaque passion
« à cause qu'elles ne sont jamais seules... et
« changent parfois de compagnie ». Quand l'amour
est uni à la joie, il en résulte de la chaleur et de la
dilatation « mais comme lorsqu'elle est jointe (l'amour)
« à la tristesse, on sent encore cette chaleur et non

« plus, cette dilatation, j'ay jugé que la chaleur
« appartient à l'amour et la dilatation, à la joye ».
Quant à la tristesse qui enlève à la plupart l'appétit,
il estime que le premier sujet de tristesse ayant été
chez quelques-uns, au commencement de leur vie,
« qu'ils ne recevoient pas assez de nourriture, et que
« celuy des autres a esté que celle qu'ils recevoient
« leur estoient nuisible (1) (cette impression est de-
« meurée jointe) avec la passion de la tristesse (??).
« Nous voyons aussi que les mouvemens qui accom-
« pagnent les autres passions ne sont pas entière-
« ment semblables en tous les hommes, ce qui peut
« estre attribué a pareille cause ». Descartes convient
que « les mesmes signes extérieurs, qui ont coutume
« d'accompagner les passions, peuvent bien aussi
« quelquefois estre produits par d'autres causes ».
Faire l'exercice ou subir la chaleur du feu, font
aussi bien rougir le visage que ne le fait le sentiment
de la honte. Le rire « qu'on nomme sardonien n'est
« autre chose qu'une convulsion des nerfs du
« visage ». La tristesse et le désir n'en ont pas
moins pour signe extérieur les soupirs, encore bien
qu'ils puissent être causés « par la replétion de l'es-
« tomac » bien qu'il n'ait jamais ouï dire ni remarqué
en lui-même ce phénomène, ce serait « un mouve-
« ment dont la nature se sert pour faire que le suc
« des viandes passe plus promptement par le cœur,

(1) Comme nous sommes enfants avant que d'être hommes,
notre raison n'est que le composé d'une foule de jugements souvent contraires, qui nous ont été dictés par nos sens, notre
nourrice et par nos maîtres (Descartes).

« et ainsi que l'estomac en soit plutost déchargé ».

Quant aux remèdes contre les excès des passions,
« ils ne peuvent suffire pour empescher les désordres
« qui arrivent dans le corps, mais seulement pour
« faire que l'âme ne soit point troublée, et qu'elle
« puisse retenir son jugement libre ». Il est impossible d'avoir une connaissance exacte de la vérité de
chaque chose, ni d'avoir prévu tous les accidents
qui peuvent survenir; « mais c'est assez d'en avoir
« imaginé en général de plus fascheux que ne sont
« ceux qui arrivent, et de s'estre preparé à les
« souffrir ». Pour les désirs concernant les choses
nécessaires à la vie, ceux en un mot, qui ne tendent
qu'au bien, ils sont « d'autant meilleurs qu'ils sont
« plus grands; et quoy que j'aye voulu flater mon
« défaut, en mettant une je ne sçay quelle lan-
« gueur entre les passions excusables, j'estime
« neantmoins beaucoup plus la diligence de ceux
« qui se portent tousjours avec ardeur a faire les
« choses qu'ils croyent estre en quelque façon de
« leur devoir, encore qu'ils n'en espèrent pas beau-
« coup de fruit ».

Descartes préfère, en raison de la vie retirée qu'il
mène et de son éloignement du maniement des affaires, ne pas écrire les maximes « qu'on doit observer en la vie civile »; il craindrait de ressembler à ce
philosophe qui voulait enseigner les devoirs d'un ca-
pitaine, en la présence d'Hannibal. Il estime, avec
Elisabeth, qu'il vaut mieux se régler en cela « sur
« l'expérience que sur la raison, pource qu'on a
« rarement a traiter avec des personnes parfaite-

« ment raisonnables, ainsi que tous les hommes
« devroient estre, afin qu'on pust juger ce qu'ils fe-
« ront, par la seule consideration de ce qu'ils de-
« vroient faire ; et souvent les meilleurs conseils ne
« sont pas les plus heureux. C'est pourquoy on
« est contraint de hazarder, et de se mettre au pou-
« voir de la Fortune ».

Dans une autre lettre du même mois, il revient
sur la langueur « qui nous empesche quelquefois
« de mettre en exécution les choses qui ont esté
« approuvées par notre jugement ». Il compte cette
langueur au nombre des émotions de l'âme qui sont
excusables, et il convient « qu'on a grande raison de
« prendre du temps pour delibérer, avant que d'en-
« treprendre les choses qui sont d'importance ;
« mais lors qu'une affaire est commencée, et qu'on
« est d'accord du principal, je ne voy pas qu'on ait
« aucun profit de chercher des delais en disputant
« pour les conditions » ; en effet, si l'affaire réussit
nonobstant cela, il ne peut en résulter que « le
« degoust que causent ordinairement ces délais ; et
« si elle ne réussit pas, tout cela ne sert qu'à faire
« scavoir au monde qu'on a eu des desseins qui ont
« manqué ». Le plus souvent, si l'affaire est fort
bonne, elle s'échappe pendant qu'on en diffère
l'exécution ; il n'en va pas de même si elle est mauvaise. « La résolution et la promptitude sont donc
« des vertus très nécessaires pour les affaires déjà
« commencées. Et l'on a pas sujet de craindre ce
« qu'on ignore ; car souvent les choses qu'on a le
« plus apprehendées, avant que de les connoistre, se

« trouvent meilleures que celles qu'on a desirées ».

Elisabeth se dispose à quitter La Haye (lettre de juillet 1646). Elle voudrait bien voir Descartes avant de se rendre à Berlin, où elle résidera pendant six ou sept mois, pour se conformer à la volonté des amis de sa maison, qui ont prescrit cette absence après le meurtre de Jacques d'Epinay, seigneur de Vaux et de Mézières, par son frère Philippe (1). Ce

(1) Jacques d'Epinay, gentilhomme normand, seigneur de Vaux et de Mézières, avait dû quitter son pays en mai 1639, pour éviter les effets de la jalousie de Gaston, duc d'Orléans, dont il était le favori, et qu'il avait supplanté auprès de sa maîtresse, Louise Roger de la Marbelière, familièrement Louyson Roger.

Il était beau et spirituel, aussi s'attira-t-il des jalousies qui le firent assassiner en plein jour, à La Haye, par le prince Philippe, cadet de la maison Palatine.

Tallement des Reaux dans ses *Historiettes*, au chapitre intitulé *M. d'Orléans, Gaston*, t. II, p. 287-289, 3e édit. Monmerqué et Paulin Paris (Paris, Techener, 1854) raconte que « L'Espinay « chassé... cajolla d'abord la mère (la Reine de Bohême) et après, « la princesse Louyse, car les Louyses estoient fatales à ce « garçon. On dit que cette Louyse devint grosse, et qu'elle alla « pour accoucher à Leyde, où l'on en faisoit pas autrement la « petite bouche. La princesse Elisabeth, son aisnée, qui est une « vertueuse fille, une fille qui a mille belles cognoissances et qui « est bien mieux faite qu'elle, ne pouvoit souffrir que la Reyne « sa mère, vist de bon œil un homme qui avoit fait un si grand « affront à leur maison. Elle excita ses frères contre luy, mais « l'Electeur (Charles Louis) se contenta de luy jetter son chapeau « à terre, un jour qu'estant à la promenade à pied, il s'estoit « couvert par ordre de la Reyne, à cause qu'il pleuvoit un peu. « Mais, le plus jeune de tous, nommé Philippe, ressentit plus « vivement cette injure, et un soir, proche du lieu où on se pro- « mène à La Haye, il attaque L'Espinay, qui estoit accompagné « de deux hommes, et lui n'en avoit pas davantage. Ils se batti- « rent quelque temps ; il survint des gens qui les separèrent. « Tout le monde conseilla à L'Espinay de se retirer, mais il n'en

séjour « me seroit encore trop long, si je ne m'as-
« seurois que vous y continuerez la charité de me
« faire profiter de vos Meditations, par vos lettres,
« puisque, sans leur assistance, les froideurs du

« voulut jamais rien faire. Enfin, un jour qu'il avoit disné chez
« M. de La Thuillerie (Gaspard Coignet, comte de Courzon, sieur
« de la Thuillerie, mort en 1653) ambassadeur de France, il
« sortit avec des Loges. Si l'on eust creue que le prince Philippe
« eust osé le faire assassiner en plein jour, on eust pas manqué
« de le faire accompagner, et il s'en fallut peu que M. de La
« Vieuxville, qui avoit aussy disné chez l'ambassadeur ne prist
« le mesme chemin. Il fut donc attaqué par 8 ou 10 anglais, en
« présence du Prince Philippe. Des Loges ne mist point l'espée
« à la main, l'Espinay seul se défendit le mieux qu'il put ; mais
« il fut percé de tant de coups que les espées se rencontroient
« dans son corps. Il voulut tascher à se sauver, mais il tomba,
« toutefois il fit encore quelque résistance à genoux, et enfin il
« rendit l'esprit ».

Dans une lettre adressée par M. de La Salle, ancien chambellan du Roi de Suède, à M. Legrand (publiée dans la préface
de la *Vie de Descartes* par Baillet, t. 2, p. 233-234), nous lisons :
Le bruit courut « qu'une action si noire avait été concertée sur
« les conseils de la princesse Elisabeth. La reine, sa mère, qui
« prenait beaucoup de part à cette affaire (a) chassa sa fille et
« Philippe et ne voulut jamais les revoir de sa vie ».

Brasset, secrétaire de l'ambassade de France à La Haye, écrit,
de son côté (21 juin 1646) a MM. de Sabran, de Brégy, Chanut, de
Meulles et Hennequin, qu'on s'étonne que le prince Philippe
Palatin ait voulu être du nombre de ceux qui ont « tué en plaine
rue » un des plus honêtes et braves gentilshommes des troupes
françaises « ceux qui révèrent et ont à cœur l'honneur de cette
maison (Palatine) sont desplaisants que l'affaire se soit passée de
la sorte. (Bib. nat., Ms fr. 17398, F. 384).

À M. de Saumaise, Brasset écrivait le surlendemain : « j'en
apprehende les suittes, si le temps n'estanche un sang qui crye
vengeance (ib., F. 384 verso).

Il informa M. de Gremontville, 27 juin 1646, « il n'y a point de

(a) Le comte Foucher de Careil laisse entendre que la reine de Bohême
voyait d'un très bon œil d'Espinay.

« nord et le calibre des gens avec qui je pourrois
« converser, éteindroit ce petit rayon de sens com-
« mun que je tiens de la nature, et dont je recon-
« nois l'usage par vostre methode ».

valeur qui peust resister seule à 10 ou 12 espées, qui, après le
malheur d'une cheutte, le percèrent de 12 coupz, sans que luy
eust le moyen de tirer la sienne.... Le peuple s'en serait esmeu
sans la prudence du Magistrat qui mist toute la nuict, garde
bourgeoyse aux environs de la Cour de Bohesmes, pour la
seureté des dames ; car pour le Pr(ince), après le coup fait, il
monta à cheval et tira de longue (ib., F. 388 verso et F. 389).

Au même, il ajoutait le 4 juillet « hier fut proclamé à son de
cloche, le Prince Philippe et ceux de sa suite qui ont commis la
belle action mentionnée en ma précédente, il faudra voyr quel
suitte aura ce commencement de justice ». (Ib., F. 394 verso).

Une seconde proclamation contre Philippe eut lieu le 9 juillet.
« Ce ne sera pas aux siècles à venir un petit nota dans la cronique
de Hollande, d'y voir un fils de Roy presser comme un autre. Il
serait a désirer que les choses n'en fussent point venues à cette
extrémité et que chacun eust suivi de meilleurs conseils. » (Brasset
à M. de Morigny, ib., F. 396 verso.)

CHAPITRE VII

ÉLISABETH A BERLIN. — ANALYSE DU *PRINCE* DE
MACHIAVEL. — LES EAUX DE HORNHAUSEN.

Descartes (septembre 1646) a lu, sur la demande que
lui en a faite Elisabeth, « le Prince » de Machiavel (1).

(1) Ce Florentin, digne émule des vieux Romains, naquit
le 3 mai 1469 et mourut le 22 juin 1527. Il occupa, dès le
14 juin 1498, et pendant 14 ans, la fonction de secrétaire des
dix magistrats commis à la Liberté et à la Paix (*i dieci di li-
berta e di pace*); il remplit 23 légations, fut ensuite secrétaire
des *Nove delle Milizie* et, en 1526, secrétaire des *Cinque
procuratori delle mura*. On a souvent esquissé des parallèles
entre lui et Montesquieu : l'un et l'autre, en effet, embrassent,
dans leurs aperçus, de grandes étendues de temps, ils jugent
les formes de gouvernement et apprécient les princes qui diri-
gent les Etats. Mais l'auteur de « l'Esprit des Lois » ne prend
pas pour point de départ la corruption naturelle, comme le fait
Machiavel et l'impulsion vicieuse qui n'attend qu'une occasion
de se manifester et que doivent réprimer les lois civiles. Les
hommes souvent ne font le bien que lorsqu'ils ne peuvent faire
autrement, et l'espérance de l'impunité porte « partout la con-
fusion et le désordre ». Ils ne changent pas et lorsque certaines
occasions se reproduisent, on les retrouve absolument les mêmes.
Au dire de Sainte-Beuve, Montesquieu se trompe quand il
affirme au début de « l'Esprit des Lois », que les premiers
hommes, qui étaient d'abord sauvages, sont devenus aujourd'hui
timides, et ont besoin de la paix. Cette appréciation erronée de
Montesquieu vient de ce qu'il vivait dans une société éclairée,

Il trouve excellents les préceptes exposés aux xix° et xx° chapitres : qu'*un prince doit toujours éviter la haine et le mépris de ses sujets et que l'amour du peuple vaut mieux que des forteresses*, mais il en est qu'il ne saurait approuver, et il estime que Machiavel

où on avait oublié les luttes du temps de Richelieu et du début du règne de Louis XIV, alors qu'au temps de Machiavel, il y avait, par jour, pour les individus, comme pour les cités, plus de trente manières d'être détruits et de périr. L'auteur des *Landix* trouve qu'en politique Grimm se rapproche de Machiavel, en ce sens, qu'il croit surtout aux grands génies qui font faire à l'humanité des pas inespérés. De nos jours, Villari qualifie Machiavel : l'homme le moins compris et le plus inconnu. Il est intéressant de rapprocher avec M. Herman Ligier : *La Politique de Rabelais*, Paris, Sandoz, 1880 ; le chapitre I du livre III de Pantagruel, des chapitres 3 et 5 du *Prince* de Machiavel. Dans l'un, Machiavel reconnaît « une nécessité naturelle, qui fait que le prince est toujours forcé d'offenser ses nouveaux sujets, soit en les opprimant par gens de güerre, soit par mille avanies qui sont la conséquence de toute acquisition nouvelle ». Dans l'autre, il conclut que le meilleur moyen de conserver une ville qui se gouvernait librement, « c'est de la ruiner ». Rabelais est d'un avis opposé. Notre savant ami et collègue, Herman Ligier, termine sa belle œuvre philosophique par les mots suivants : « Machiavel qui les croit méchants (les hommes) leur a retiré son affection. Son style d'airain, glacial et tranchant comme un glaive, est la marque d'une âme endurcie contre tout sentiment humain, par cette désolante conviction, que l'humanité est perverse et le demeurera éternellement. Il ne connaît plus la pitié ; ceux qui souffrent valent-ils qu'on les plaigne ? Il disserte, sans s'émouvoir, sur le bon et le mauvais usage qu'on peut faire de la cruauté. Il ne s'indigne plus : est-ce que le mal n'est pas l'ordinaire et la règle ? Il admire les crimes bien conduits, il applaudit à leur succès ».

En faisant la comparaison entre Machiavel et Rabelais, nous tenons, comme Herman Ligier, en prédilection le règne de « douleur et débonnaireté » de Pantagruel qui n'est pas partisan des princes, « les peuples pillant, forçant, engariant,

« n'a pas mis assez de distinction entre les Princes
« qui ont acquis un Estat par des voyes justes, et
« ceux qui l'ont usurpé par des moyens illégitimes,
« et qu'il a donné à tous, généralement, les préceptes
« qui ne sont propres qu'à ces derniers... qui sont
« contrains de continuer à commettre des crimes, et
« ne se pourroient maintenir s'ils vouloient estre
« vertueux... C'est au regard (d'un prince usurpateur)
« qu'il a pu dire, au chapitre 3 : *Qu'ils ne sçauroient*
« *manquer d'estre haïs de plusieurs, et qu'ils ont*
« *souvent plus d'avantage a faire beaucoup de mal*
« *qu'à en faire moins, pource que les legeres offenses*
« *sufisent pour donner la volonté de se vanger, et*
« *que les grandes en ostent le pouvoir.* Puis, au
« chapitre 15 : *Que s'ils vouloient estre gens de bien,*

ruinant, malvexant et régissant avecques verges de fer ». Mieux
il estime que les sujets « comme enfant nouvellement né les
fault alaicter, berser, esjouir ; comme arbre nouvellement planté
les fault appuyer, asceurer, défendre de toutes vimeres, injures
et calamitez ; comme personne saulve de longue et forte maladie,
et venant a convalescence les fault choyer, espargner, restourer :
de sorte qu'ils conçoivent en soi ceste opinion, n'estre au monde
roy ne prince que moins voulsistent ennemy, plus optassent
amy ».

Je ne doute pas que son affection est tout entiere réservée
pour le grand roi des Egyptiens Osiris. De même, il doit concevoir aussi un roi « en bon traictement les gouvernant (les peuples),
en acquité et justice, les maintenant, en bénigne police et loix
convenentes à l'assiete des contrées les instituant.... pardonnant
tout le passé avecques oubliance sempiternelle de toutes les
offenses praecedantes ».

Rabelais ne conseille pas au conquérant les moyens de com-
pression pour se maintenir : « Ce sont les philtres, iynges et
attraictz d'amour, moienans lesquelz pacifiquement on retient ce
que péniblement on avoit conquesté ».

DE SWARTE.   7

« *il seroit impossible qu'ils ne se ruinassent parmy*
« *le grand nombre de mechans qu'on trouve par tout.*
« Et au chapitre 19 : *Qu'on peut estre hay pour de*
« *bonnes actions aussi bien que pour de mauvaises.*

« Sur lesquels fondemens il appuye des preceptes
« tres tyranniques, comme de vouloir *qu'on ruine*
« *tout un païs, afin d'en demeurer le maistre ;*
« *qu'on exerce de grandes cruautez, pourvû que ce*
« *soit promtement et tout à la fois ; qu'on tasche de*
« *paroistre homme de bien, mais qu'on ne le soit pas*
« *veritablement, qu'on ne tienne sa parole qu'aussi*
« *long-temps qu'elle sera utile ; qu'on dissimule,*
« *qu'on trahisse ; et enfin que, pour regner, on se*
« *depoüille de toute humanité, et qu'on devienne le*
« *plus farouche de tous les animaux* ».

Descartes déclare que ces mauvais préceptes ne
sauvegardent même pas les princes, car « *ils ne se*
« *peuvent garder du premier qui voudra negliger sa*
« *vie pour se vanger d'eux.* Au lieu que, pour ins-
« truire un bon prince, quoyque nouvellement entré
« dans un Estat, il me semble qu'on luy doit pro-
« poser des maximes toutes contraires, et supposer
« que les moyens dont il s'est servy pour s'établir
« ont esté justes ; comme, en effet, je croy qu'ils le
« sont presque tous, lorsque les princes qui les
« pratiquent les estiment tels ; car la justice entre
« les Souverains a d'autres limites qu'entre les par-
« ticuliers, et il semble qu'en ces rencontres, Dieu
« donne le droit à ceux ausquels il donne la force ».
Les opinions de Descartes en cette matière pourraient
nous mener loin en politique, il est vrai qu'il ajoute

que « les plus justes actions deviennent injustes,
« quand ceux qui les font les pensent telles ». Il
s'écarte moins de Machiavel lorsqu'il comprend sous
le nom d'ennemis tous ceux qui ne sont point amis
ou alliés; il accorde au Prince une « quasi permis-
« sion de tout faire, pourvû qu'on en tire quelque
« avantage pour soy ou pour ses sujets ».

Il est permis de constater qu'à l'époque belliqueuse
où écrit Descartes, on admettait généralement le
droit de guerroyer contre tous ceux qui devenaient
« suspects et redoutables ». Ce droit de défense était
peut-être plus impérieux encore au temps de Machiavel, alors que l'Italie se trouvait menacée d'être
absorbée par le pouvoir temporel des Papes, ou par
le césarisme étranger. On pourrait dire que Machiavel et Descartes n'ont fait que refléter, dans
leurs opinions sur la politique, les préjugés am-
biants.

Nous comprenons à merveille qu'il ne se range pas
à l'idée du diplomate florentin sur la « tromperie
« qui est si directement contraire à la Société » et
qu'il ne soit pas d'avis « de feindre d'estre amy de
« ceux qu'on veut perdre, afin de les pouvoir mieux
« surprendre. L'amitié est une chose trop sainte pour
« en abuser de la sorte; et celuy qui aura pû feindre
« d'aimer quelqu'un, pour le trahir, mérite que ceux
« qu'il voudra par après, aimer véritablement, n'en
« croyent rien et le haïssent ».

Ici, Descartes semble désapprouver les artifices et
les duplicités habituelles de la diplomatie, en assi-
milant le rôle du Prince, dans les actes de la poli-

tique avec les mœurs de la vie privée. Il a, en ceci du
moins, comme en tant d'autres matières, devancé son
siècle. Le prince, dit Descartes, doit tenir exactement
sa parole, même lorsqu'il y trouve un préjudice ; c'est
son intérêt bien compris qui doit le lui conseiller, il
ne peut, en effet, acquérir la réputation de fidélité en
ses promesses « que par de telles occasions, où il y
« va pour luy de quelque perte ». Noble pensée que
Descartes atténue ensuite quelque peu en disant que
« le droit des gens le dispense de sa promesse
« (lorsque cette promesse) le ruineroit tout a fait ».
Pour pouvoir tenir sa parole, le prince doit être prudent avant de promettre, « n'avoir d'étroites alliances,
« qu'avec ceux qui sont moins puissans » car les
plus puissants pourraient le tromper « toutes les fois
« qu'ils y trouveroient leur avantage ».

Il distingue entre les sujets, les grands et le peuple ;
les premiers sont « tous ceux qui peuvent former des
« partis contre le prince » ; pour ceux-là, il faut être
assuré de leur fidélité, ou les abaisser et les considérer comme ennemis « en tant qu'ils sont enclins à
« brouiller l'Estat ». Quant au peuple, le Prince doit
éviter sa haine et son mépris, en observant exactement
« la justice à la mode (c'est à dire suivant les loix
« ausquelles ils sont accoutumez) », qu'il ne soit ni
trop rigoureux ni trop indulgent « et qu'il ne se
« remette pas de tout à ses ministres, mais que leur
« laissant seulement la charge des condamnations
« plus odieuses, il témoigne avoir luy-même le
« soin de tout le reste ». Qu'il conserve sa dignité,
ne montre au public que ses plus sérieuses actions,

« réservant à prendre ses plaisirs en particulier, sans
« que ce soit jamais au depens de personne » et ne
pouvant avoir l'œil partout, « qu'il demande conseil,
« et entende les raisons de plusieurs, avant que de
« se résoudre, mais qu'il soit inflexible touchant les
« choses qu'il aura temoigné avoir resoluës, encore
« mesme qu'elles luy fussent nuisibles ; car mal-
« aisement le peuvent-elles estre tant que seroit la
« réputation d'estre léger et variable.

« Ainsi je désaprouve la maxime du chapitre 15 :
« *Que le monde estant fort corrompu, il est impos-*
« *sible qu'on ne se ruine, si l'on veut estre tousjours*
« *homme de bien; et qu'un Prince, pour se maintenir*
« *doit apprendre a estre méchant, lors que l'occasion*
« *le requiert;* si ce n'est peut-estre que, par un
« homme de bien » il entende un esprit superstitieux,
simple et inquiet; car si « un homme de bien est
« celuy qui fait tout ce que luy dicte la vraye raison,
« il est certain que le meilleur est de tascher a l'estre
« tousjours ».

Au sujet de la haine qui est la conséquence aussi
bien des bonnes actions que des mauvaises (chap. 19),
ce n'est pas, dit Descartes, le commun des sujets qui
est animé de ce sentiment, mais bien plutôt les
grands ou les peuples voisins « ausquels les mesmes
« vertus qui leur donnent de l'envie, leur donnent
« aussi de la crainte ; c'est pourquoy jamais on ne
« doit s'abstenir de bien faire, pour eviter cette forte
« haine; et il n'y en a point qui leur puisse nuire, que
« celle qui vient de l'injustice ou de l'arrogance que
« le peuple juge estre en eux ». Le prince n'est pas

haï lorsque ses sujets estiment qu'il est juste et qu'il
préfère l'utilité publique à celle des particuliers; la
difficulté n'existe que lorsqu'il faut contenter deux
partis, les citoyens et les soldats, par exemple, comme
il advenait au temps des Empereurs romains « auquel
« cas il est raisonnable d'accorder quelque chose aux
« uns et aux autres ». Quant au peuple, il souffre « tout
« ce qu'on luy peut persuader estre juste, et s'offense
« de tout ce qu'il imagine d'estre injuste; et l'arro-
« gance des princes, c'est à dire l'usurpation de
« quelque autorité, de quelques droits, ou de quel-
« ques honneurs qu'il croit ne leur estre point dûs,
« ne luy est odieuse, que pource qu'il la considère
« comme une espèce d'injustice ».

Descartes termine cette longue lettre en citant ces
mots de la préface du « Prince » : « *Que, comme il*
« *faut estre dans la plaine, pour mieux voir la*
« *figure des montagnes, lorsqu'on en veut tirer le*
« *crayon, ainsi on doit estre de condition privée,*
« *pour bien connoistre l'office d'un Prince*, car le
« crayon ne représente que les choses qui se voyent
« de loin ». Souvent on ne saurait imaginer les
motifs des actions des princes « si ce n'est qu'on soit
« Prince soy-mesme, ou bien qu'on ait esté fort long-
« temps participant de leurs secrets.... Je mérite-
« rois d'estre mocqué si je pensois pouvoir ensei-
« gner quelque chose à Vostre Altesse en cette
« matière; aussi n'est ce pas mon dessein, mais
« seulement de faire que mes lettres luy donnent
« quelque sorte de divertissement, qui soit différent
« de ceux que je m'imagine qu'elle a en son voyage »,

où il espère qu'elle met en pratique ses maximes,
« qui enseignent que la félicité d'un chacun dépend
« de luy-mesme, et qu'il faut tellement se tenir hors
« de l'empire de la Fortune, que bien qu'on ne
« perde pas les occasions de retenir les avantages
« qu'elle peut donner, on ne pense pas toutesfois
« estre malheureux, lors qu'elle les refuse » (1).

Elisabeth répond à son Maître (18 octobre 1646)
en l'assurant du « divertissement » que ses lettres
lui apportent à Berlin, où elle reçoit les marques
d'amitié et les « caresses » de ses proches qu'elle
« considère comme choses qui pourroient changer,
« au lieu que les vérités que (vos lettres m'appren-
« nent) laissent des impressions en mon esprit,
« qui contribueront toujours au contentement de ma
« vie ». Elle n'a malheureusement pas sous la main
l'ouvrage de Machiavel, depuis six ans elle ne l'a pas
relu (elle avait alors 22 ans seulement). « J'en
« approuvois alors quelques vues, non pour estre
« bonnes de soy, mais parce qu'elles causent moins
« de mal que ceux dont se servent une quantité
« d'ambitieux imprudens, que je cognois, qui ne
« tendent qu'à brouiller, et laisser le reste à la for-
« tune ; et celles de cet auteur tendent toutes à
« l'establissement ».

Elle défend Machiavel (2) qui a imaginé « l'Estat

(1) Cette lettre est incomplète ; elle avait tout au moins un
post-scriptum où Descartes proposait à la princesse « un chiffre »
pour correspondre avec elle (Adam et Tannery, IV, p. 493, en note).

(2) Il serait intéressant de rapprocher des appréciations
d'Elisabeth sur Machiavel celles que Christine de Suède a mises

« le plus difficile à gouverner, où le prince est un
« nouvel usurpateur, au moins en l'opinion du peu-
« ple ; et en ce cas, l'opinion qu'il aura luy mesme
« de la justice de sa cause, pourroit servir au repos
« de sa conscience, mais non a celuy de ses affaires,
« où les loix contrarient son autorité, où les
« grands la contreminent et où le peuple la
« maudit. Et lorsque l'Estat est ainsi disposé, les
« grandes violences font moins de mal que les pe-
« tites, parce que celles cy offensent aussi bien que
« celles la, et donnent sujet a une longue guerre ;
« celles la en ostent le courage et les moyens aux
« grands qui la pourront entreprendre. De mesme,
« lorsque les violences viennent promtement et tout
« a la fois, elles faschent moins qu'elles n'estonnent,
« et sont aussi plus suportables au peuple, qu'une
« longue suite de miseres que les guerres civiles
« apportent ».

Machiavel considérant comme un politique parfait
Cesar Borgia dit que « le Prince doit employer
« à ses grandes cruautés quelque Ministre qu'il
« puisse par après sacrifier à la haine du peu-
« ple ». Elisabeth se révolte de l'ingratitude du

en marge d'un exemplaire du « Prince », pendant son séjour à
Rome en 1684. Ces notes ont été publiées pour la première fois
au tome 2 de l'ouvrage de Villari, intitulé : *Niccolo Macchiaveli e
suoi tempe* (Firenze, 1877-1882, 3 vol. in-8°). Quelques-unes de
ces notes furent reproduites dans l'*Histoire de la Réfutation de
Machiavel*, par L. Derome (Le Correspondant, mai, octobre 1882),
elles figurent au complet dans l'édition que ce même auteur a
publiée sous le titre : *Machiavel. Le Prince*, traduction Guiraudet
(Paris, Garnier, 1884).

Prince et de la cruauté de ceux qui serviraient de
« bourreaux à tout un peuple ». Elle préférerait
« la condition du plus pauvre paisan d'Hollande, a
« celle du Ministre qui voudroit obéir a pareils
« ordres, ou a celle du Prince qui seroit contraint
« de les donner ». Oserai-je faire remarquer que
Descartes qui, à bon droit, désapprouvait Machiavel
d'avoir exprimé une pareille maxime, admet pourtant,
dans la lettre que nous avons analysée plus haut,
que le Prince doit laisser à ses ministres « seulement la charge des condamnations plus odieuses ».

Si Machiavel, dit Elisabeth, admet qu'on peut
« rompre sa parole à ceux qui ne la gardent qu'aussi
« long tems qu'elle leur est utile », c'est que le Florentin imagine tout au pire, à savoir « des alliez aussi
« mechans qu'ils peuvent estre, et les affaires en
« telle extremité, qu'il faut perdre toute une Repu-
« blique ».

Ces maximes trop générales, trop absolues, sont
habituelles à « tous les Saints-Peres » et aux « anciens philosophes » qui prenaient plaisir « à dire des
« paradoxes qu'ils peuvent après, expliquer à leurs
« escoliers ». La définition présentée par Machiavel
de l'homme de bien qui se ruine, ne vise point les
lois de la superstition, mais bien la loi commune
« qu'il faut faire à chacun, comme on voudroit avoir
« fait a soy : ce que les princes ne sauroient presque
« jamais observer à un particulier de leurs sujets,
« qu'il faut perdre toutes les fois que l'utilité publi-
« que le requiert ». Elle ne souscrit point à la
modestie de Descartes qui excipe de sa vie « privée

« et retirée hors de l'embarras du monde » pour s'excuser de discuter ces matières politiques ; elle ne trouve aucune personne si clairvoyante qui serait capable « d'enseigner aux princes comme ils doivent « gouverner ».

Elle termine sa lettre en dépeignant, avec une tendre effusion, cette maison d'où elle lui écrit ; où, elle a été chérie, depuis son enfance, et où, tout le monde conspire à lui « faire des caresses ».

Elle n'a pu encore voir la « fontaine miraculeuse » dont Descartes lui parla à La Haye (1). Les eaux de ces diverses sources ont une saveur différente ; deux d'entre elles seulement sont en vogue « la première « est claire, salée et une forte purge ; l'autre, un « peu blanchastre, gouste comme de l'eau meslée « avec du lait, et est, a ce qu'on dit, rafraîchis- « sante ». On fait grand bruit de guérisons qu'on qualifie de miraculeuses. (Elle reviendra sur ce sujet dans la lettre suivante où l'on verra que ce sont principalement les luthériens qui ont foi en ce breuvage.) De « nombreux pauvres, qui publient « avoir estés nés sourds, aveugles, boiteux, ou bos- « sus (ont) trouvé leur guérison en cette fontaine. « Mais puisque ce sont des gens mercenaires, et « qu'ils rencontrent une nation assez credule aux

(1) Il s'agit de la fontaine de Hornhausen, entre Oscherleben et Schœningen, à 40 kilomètres environ au sud-ouest de Magdebourg (à 180 kilomètres de Berlin). C'est aujourd'hui un lieu sans importance ; mais les sources salines qu'on y trouve eurent, au xviiᵉ siècle, une grande réputation, elles furent surtout utilisées pendant la guerre de Trente ans (Adam et Tannery, t. IV, p. 525, en note).

« miracles, je ne crois pas que cela doive persua-
« der les personnes raisonnables ». Elle cite pourtant
le grand écuyer de son cousin l'Electeur, qui, à la
suite d'une blessure sous l'œil droit, avait perdu
« la veue d'un costé, par le moyen d'une petite peau,
« qui lui est venue dessus cet œil » en a été guéri,
mais, « outre qu'estant homme de complexion forte
« et de mauvaise diete, une bonne purge ne luy pou-
« voit nuire, comme elle a fait a plusieurs autres ».

Quant au chiffre que lui a envoyé Descartes, elle
le « trouve fort bon, mais trop prolixe pour escrire
« tout un sens ; et si on n'escrit que peu de paroles,
« on les trouveroit par la quantité des lettres. Il
« vaudroit mieux faire une clef des paroles par l'al-
« phabet, et puis marquer quelque distinction entre
« les nombres qui signifient des lettres et celles qui
« signifient des paroles ».

Descartes est heureux (novembre 1646) de la savoir
« grandement estimée et chérie de ses proches » ; il
lui montre que ce serait trop « importuner la Fortune,
« scachant la condition des choses humaines, que
« d'attendre d'elle tant de grâces, qu'on ne pust pas,
« mesme en imaginant, trouver aucun sujet de
« fascherie. Lors qu'il n'y a point d'objets présens
« qui offensent les sens, ny aucune indisposition
« dans le corps qui l'incommode, un esprit qui suit
« la vraye raison peut facilement se contenter ».
C'est en cet état « qu'on peut souvent mieux trouver
« des remèdes aux maux qu'on examine sans passion,
« qu'à ceux pour lesquels on est affligé. Mais, comme
« la santé du corps et la présence des objets agréa-

« bles aydent beaucoup à l'esprit, pour chasser
« hors de soy toutes les passions qui participent de
« la tristesse, et donner entrée à celles qui parti-
« cipent de la joye, ainsi, réciproquement, lors que
« l'esprit est plein de joye, cela sert beaucoup à
« faire que le corps se porte mieux, et que les objets
« présens paroissent plus agréables.

« Et mesme aussi j'ose croire que la joye intérieure
« a quelque secrette force pour se rendre la Fortune
« favorable ». En effet, sans vouloir induire les
esprits faibles à la superstition, alors qu'il craint
seulement qu'Elisabeth se moque de le voir « devenir
trop crédule » il constate que les choses qu'il a
« faites avec un cœur gay, et sans aucune répu-
« gnance intérieure, ont coutume de (lui) succéder
« heureusement »; même les jeux de hasard « où il
« n'y a que la Fortune seule qui règne » lui réussis-
sent mieux les jours de joie que les jours de tristesse; et il estime que ce qu'on a nommé « le
« *Genie de Socrate* (1) (l'esprit familier), n'a sans
« doute esté autre chose, sinon qu'il avait accoutumé
« de suivre ses inclinations intérieures, et pensoit
« que l'évènement de ce qu'il entreprenoit seroit

(1) Cette idée du génie familier qui agit sur nous peut être
rapprochée du *Spectre* de Brutus, du *Fantôme* qui apparut à
César, au bord du Rubicon, et de *l'Abîme* qui était ouvert près
de Pascal. Descartes aussi eut ses *Visions*, et Baillet, son historien, raconte que les songes mystérieux qu'il fit en 1619, alors
qu'il était en quartiers d'hiver sur les frontières de la Bavière,
que les fantômes qu'il crut apercevoir alors et les voix qu'il
entendit, l'appelant à la recherche de la vérité, exercèrent une
influence sur sa vie.

« heureux, lors qu'il avoit, quelque secret, sen-
« timent de gayeté, et, au contraire, qu'il seroit
« malheureux, lors qu'il estoit triste ». Ce serait
superstition d'y croire, comme le faisait Socrate, qui,
au dire de Platon, demeurait au logis « toutes les
« fois que son génie ne luy conseilloit point d'en
« sortir ». Il n'en est pas moins vrai que dans les
actions douteuses, il est utile d'être persuadé que les
choses « que nous entreprenons sans répugnance,
« et avec la liberté qui accompagne d'ordinaire la
« joye, ne manqueront pas de nous bien reussir ».

Il exhorte Elisabeth dans la satisfaction qu'elle
éprouve maintenant, au milieu des sentiments d'affection que lui témoigne son entourage, à s'efforcer
de « se rendre contente », en ne s'arrêtant qu'au
présent et « ne pensant jamais aux affaires, qu'aux
« heures où le courrier est prest de partir ». Il se
félicite qu'elle n'ait pas à sa disposition, en ce
moment, le volume de Machiavel, où les cruautés et
les perfidies conseillées au Prince sont attristantes.
C'est bien en vue de César Borgia qu'il a établi des
maximes générales « pour justifier des actions
« particulières qui peuvent difficilement estre
« excusées ». Dans les discours de Machiavel sur la
première décade de Tite Live, dit Descartes, « je n'ai
« rien remarqué de mauvais. Extirper et détruire
« ses ennemis, ou bien se les rendre amis, sans
« suivre jamais la voye du milieu, est sans doute
« tousjours le plus sûr ; mais lorsqu'on n'a aucun
« sujet de craindre, ce n'est pas le plus généreux ».
Au sujet de la fontaine miraculeuse, il partage son

avis et ne croit point aux « remèdes qui puissent
« servir à tous les maux ». Il augure de la couleur
blanche et de la qualité purgative de l'une de ces
eaux, ainsi que du goût douceâtre et des propriétés
rafraîchissantes de l'autre « qu'elles passent par des
« mines d'antimoine ou de mercure, qui sont deux
« mauvaises drogues, principalement le mercure.
« C'est pourquoy je ne voudrois pas conseiller
« à personne d'en boire. Le vitriol et le fer des
« eaux de Spa sont bien moins à craindre, et
« pource que l'un et l'autre diminuë la rate et
« fait évacuer la mélancolie, je les estimes ».

Elisabeth (29 novembre 1646) rend justice au
bonheur présent qu'elle éprouve dans son entourage,
bonheur qui la met en état de pratiquer les leçons
de Descartes sur l'égalité d'humeur et la quiétude de
l'esprit. Elle n'espère pas toutefois en retirer les
bons effets que le philosophe a « expérimenté aux
« jeux de hasard » alors qu'il était disposé à la joie,
et que sans doute il tenait plus librement « toutes
« les parties qui font que l'on gaigne ordinaire-
« ment ».

Elle revient sur l'esprit familier de Socrate et
estime qu'il n'a pas sujet de se vanter beaucoup de
son « génie » qui n'a pu le soustraire à l'empri-
sonnement ni à la nécessité de boire la cigüe (1).
Elle aussi « observe que les choses où (elle) suivait

____

(1) En quatre traits de crayon, Rabelais dessine ainsi Socrate :
« rustiq en vestimens, pauvre de fortune, infortuné en femmes,
inepte à tous les offices de la République » (*Gargantua*,
prologue).

« (ses) propres mouvements se sont mieux succédées
« que celles où (elle) se laissait conduire par les
« conseils de plus sages... c'est, sans doute, pense-
« t-elle, qu' (elle) avait plus d'affection pour ce qui
« (la) touche que nul autre et qu'aussi elle avait
« mieux examiné les voies ».

Elle raille ensuite la superstition et le pédantisme
des plus doctes habitants du pays où elle se trouve,
lequel « est si pauvre que personne n'y estudie ou
« raisonne, que pour vivre ».

Ce n'est pas sans mal qu'elle put se soustraire au
zèle ignorant des médecins, qui, à la suite des conséquences d'un simple changement d'air « et pour
« quelques apostemes aux doits » se proposaient de
la purger et de la saigner « pour chasser la mauvaise
« matière cachée qui estoit trop grossière pour s'é-
« vacuer par la ».

Quant aux eaux de Hornhausen, on croit qu'elles
ne contiennent que du sel ordinaire, mais peu lui en
chaut, puisqu'elle a pris le parti, sur le conseil de
Descartes, de n'en point faire usage.

Revenant sur Machiavel, le « Docteur des Princes »; bien qu'elle répugne à la violence et au
soupçon, qui sont contraires à son naturel, elle ne
blâme dans l'acte de l'usurpateur que le coup d'État
lui-même. « Car après, la voye qui sert à les es-
« tablir, quelque rude qu'elle soit, fait toujours
« moins de mal au public qu'une souveraineté con-
« testée par les armes ». D'ailleurs, ce n'est point là
l'étude qui l'occupe; avant tout, elle relit les œuvres
de son maître dont sa raison tire plus de profit en

une heure, qu'elle n'en tirerait en toute sa vie, des
autres lectures. Elle a promis au vieux duc de
Brunswick (il avait alors soixante-sept ans) de les lui
« faire avoir pour orner sa bibliothèque. Je ne crois
« point, ajoute-t-elle malicieusement, qu'ils luy
« serviront pour orner sa cervelle catherreuse, déjà
« toute occupée du pédantisme ».

CHAPITRE VIII

Descartes (décembre 1646) approuve la princesse
de n'avoir pas donné « de l'employ » aux médecins ;
l'affection qu'elle éprouve et qui survient aux personnes jeunes est « comme une marque de santé, et
« un préservatif contre les autres maladies ». Il
exhibe, en cette circonstance, toutes ses connaissances médicales ; c'est à savoir qu'il ne se faut pas
purger à l'entrée de l'hiver, mais bien plutôt au printemps ; il est nécessaire, en cette saison, de prendre
de légers purgatifs ou « boüillons rafraichissans, où
« il n'entre rien que des herbes qui soient connuës
« en la cuisine ».

Il continue son cours de médecine en faisant
remarquer que lorsqu'on a subi la saignée « en
« mesme saison, trois ou quatre années de suite, on
« est presque obligé par après, de faire tous les ans
« de mesme... la chymie imparfaite fait souvent que
« certaines drogues, au lieu de medecines, soient
« des poisons ». Il compare cette science qui était,

alors encore, à l'état rudimentaire et d'une application si périlleuse « entre les mains de ceux qui la « veulent débiter sans la bien sçavoir… qui adjoutent « ou corrigent a ce qu'ils ont appris et la convertissent « en erreur », avec les écrivains comme Regius, ce professeur d'Utrecht, dont il avait entretenu le P. Mersenne, le 5 octobre précédent.

Regius (1), ce faux savant, avait amalgamé dans ses *Fundamenta physices*, d'une façon tout à fait confuse, certains préceptes qu'il avait tirés de la philosophie de Descartes, avec des hypothèses et des affirmations saugrenues, tirées de son propre fonds ; il en résultait tout un ensemble de systèmes de nature à jeter le ridicule sur les opinions du maître. Il était même allé plus loin en son exposé métaphysique, où, en quatre ou cinq endroits, il avait pris nettement le contre-pied des doctrines développées dans les « Méditations » de Descartes. Nous verrons plus tard, au cours de l'analyse de cette correspondance, toutes les tribulations causées à Descartes par la publication de Regius.

Pour répondre à la dernière lettre d'Elisabeth, Descartes ne s'étonne pas qu'elle ne « trouve aucun

(1) Henry de Royon Le Roy, plus connu sous le nom de Regius, né à Utrecht, où il enseignait la philosophie de Descartes dont il fut en 1639, à la mort de son collègue Reyneri, le principal disciple. A la suite du plagiat dont il est accusé dans les lettres de Descartes, il fut « désavoué entièrement » par celui-ci, dans la préface de l'*édition française des principes de philosophie* (1646). Il avait fourni des armes contre Descartes à Gilbert de Voet ou Voetius, et après la mort de son ancien maître il effaça le nom du grand philosophe des ouvrages qu'il avait publiés.

« doctes au païs où elle est, qui ne soient entiere-
« ment preoccupez des opinions de l'Ecole; car je
« voy, dit-il, que dans Paris mesme et en tout le
« reste de l'Europe, il y en a si peu d'autres, que, si
« je l'eusse sceu auparavant, je n'eusse peut-estre
« jamais rien fait imprimer ». Ce ne sont pourtant
pas les consolations qui lui manquent, puisqu'il
reçoit des « complimens des Peres Jesuites » (1),
alors qu'il avait toujours cru que ce seraient eux qui
lui « pardonneraient le moins une nouvelle philo-
« sophie ».

Elisabeth, après avoir annoncé que sa santé était
rétablie et qu'elle renonçait aux remèdes qu'on lui
avait ordonnés (lettre du 21 février 1647) fait part de
la maladie de sa sœur Henriette, si gravement
atteinte, qu'elle a pensé la voir mourir. Tous les
jours elle sort en traineau, et, le soir, elle assiste au
bal avec la reine-mère de Suède (2).

Elle espère que Descartes lui enverra le livre de
Regius, si son retour à La Haye, qui « dépend en
« partie de la volonté d'autry et des affaires
« publiques » était différé. « Toutes les fois que je
« lis vos escrits, je ne saurais m'imaginer que vous
« pouvez, en effet, vous repentir de les avoir fait
« imprimer, puisqu'il est impossible qu'enfin ils ne
« soient receues et apportent de l'utilité au public.

(1) Il s'agit du P. Noel et du P. Charlet. (*Deux lettres de Descartes du 14 décembre* 1646. — Adam et Tannery, t. IV, p. 584-
587.)

(2) Marie-Eléonore de Brandebourg, veuve de Gustave-Adolphe,
mère de Christine.

« J'ay rencontré depuis peu icy un seul homme
« qui en avoit veu quelque chose. C'est un docteur
« en médecine, nommé Weis, fort savant aussi. Il
« m'a dit que Bacon (1) luy a premierement rendu
« suspecte la philosophie d'Aristote, et que vostre
« méthode la luy a fait entierement rejetter, et l'a
« convaincu de la circulation du sang, qui détruit
« tous les anciens principes de leur médecine; c'est
« pourquoy il avoüe d'y avoir consenti à regret ».

Descartes (mars 1647) constatant qu'Elisabeth ne
doit pas être attendue avant la fin de l'été, à La

(1) A propos de Bacon, il paraît aujourd'hui établi que Descartes ne l'avait pas lu, et que ce n'est qu'assez tard qu'il a lu *Galilée*.

Bacon, dit M. Fouillée (*Descartes*, Hachette, 1893, p. 31), se défie des mathématiques, qui doivent être, dit-il, les servantes et non les maîtresses de la physique. Il combat aveuglément le système de Copernic, pour y substituer un système de sa façon, enfantin et burlesque. On lui a justement reproché d'admettre une masse de superstitions, de prêter aux corps une espèce « d'imagination »; de faire « reconnaître à l'aimant la proximité du fer »; de supposer la « sympathie » ou « l'antipathie » des « esprits » comme cause des phénomènes naturels; de croire à la suppression des verrues par la sympathie; d'admettre le « mauvais œil »; de mêler la « chaleur astrologique » d'un métal ou d'une constellation à la chaleur telle que l'entend la physique. Bacon, quand il est plus pénétré du véritable esprit de la science, ne cesse pas de se perdre dans des classifications incertaines qui se prêtent à toutes les imaginations; il nous décrit les « cas migrants », les « cas solitaires », les « cas clandestins », etc. Il met trop souvent des métaphores à la place de démonstrations.

C'est surtout de la réforme des sciences physiques, dit Francisque Bouillier (*Histoire critique de la Révolution cartésienne.* — Lyon, L. Boitel, 1842, p. 79 et 81), que s'est occupé Bacon, et cependant combien sur ce point n'est-il pas inférieur à Descartes!..

Haye, se propose de faire en France, un voyage
pour ses affaires particulières, avec dessein de revenir à l'époque de l'hiver, afin de recevoir les commandements de la princesse, qui auront toujours
plus de pouvoir sur lui « qu'aucune autre chose
« qui soit au monde ». Il lui conseille « une bonne
« diète, n'usant que de viandes et de breuvages qui
« rafraîchissent le sang, et qui purgent sans aucun
« effort ». Il ne l'approuve pas de négliger les remèdes, encore bien que le mal qu'elle éprouvait
aux mains soit passé; il lui conseille toutefois de

Il en a appelé à l'observation, il a protesté avec beaucoup d'esprit et de bon sens contre les formes substantielles et les qualités
occultes à l'aide desquelles on chercherait des explications particulières pour chaque phénomène, mais en réalité il n'a rien
mis à la place de ces formes substantielles et de ces qualités
occultes, et c'est à Descartes qu'il était réservé de les bannir à
jamais de la science en ramenant aux lois générales de l'étendue
du nombre et de la figure l'explication de tous les phénomènes
de l'univers.

. . . .

Descartes continue l'œuvre de Pomponat, de Ramus, de Giordano Bruno, de Vanini et de tous ceux qui, depuis le commencement du moyen âge, avaient réclamé sous une forme ou sous
une autre, l'indépendance de la raison humaine. Il est inspiré
de leur esprit, mais il en est inspiré sans le savoir; il ignore
jusqu'aux noms de la plupart de ses devanciers, ou, s'il les
connaît, c'est pour les renier et les maudire avec la foule. Il ne
sait pas quels flots d'un sang généreux ont coulé à travers le
moyen âge tout entier, pour préparer la révolution qu'il vient
d'accomplir. Il est loin de se douter de ce qu'il doit aux bûchers
de Giordano Bruno et de Vanini. Mais si Descartes ignore le lien
qui le rattache au passé, ce lien n'en est pas moins réel. Il est
l'héritier direct, peu importe qu'il le sache ou qu'il l'ignore, de
tous ceux qui, avant lui, dans un ordre d'idées quelconque, avaient
protesté, au nom de la raison, contre l'autorité.

s'abstenir des drogues des apothicaires et des empiriques qu'il tient en très petite estime.

Revenant sur le livre de Regius il constate « qu'il « ne contient rien, touchant la physique, sinon « mes assertions mises en mauvais ordre et sans « leurs vrayes preuves, en sorte qu'elles paroissent « paradoxes, et que ce qui est mis au commence- « ment ne peut estre prouvé que par ce qui est vers « la fin ».

Regius, qui avait fait « profession d'amitié » avec Descartes, n'en avait pas moins, contre son assentiment, divulgué la *description de l'animal* et décrit les *mouvements des muscles chez les animaux* (1), reproduisant en son livre le « mot à mot » de la note de Descartes où est exposé le mécanisme de

(1) Il nous paraît intéressant de constater ici que Descartes avait distingué « deux différents principes de nos mouvements; l'un tout à fait mécanique et corporel qui ne dépend que de la seule force des *esprits animaux* et de la conformation des parties, et que l'on pourrait appeler *âme corporelle*, et l'autre incorporel, c'est-à-dire l'esprit ou l'âme. » (*Lettre à Morus* Édit. Cousin, t. X, p. 204.)

« Les *esprits animaux* (Discours de la Méthode, V. 8) sont comme un vent très subtil, ou plutôt comme une flamme très vive et très pure qui monte en grande abondance du cœur dans le cerveau, pour se rendre de là, par les nerfs, dans les muscles et donner le mouvement à tous les membres ».

D'autre part, Bossuet dans la *Connaissance de Dieu et de soi-même*, p. 370, expose, après saint Thomas et toute l'École, cette doctrine, que l'âme des bêtes n'est ni un esprit ni un corps, mais « une nature mitoyenne ».

Le P. Bougeont avait imaginé, lui, dans son *Amusement philosophique sur le langage des bêtes* (1739) la transformation des diables en bêtes.

Le bon philosophe La Fontaine appelle à son secours très sou-

« deux muscles qui meuvent l'œil » en omettant de
dire que « les esprits animaux qui coulent du cer-
« veau dans les muscles, ne peuvent retourner par
« les mesmes conduits par où ils viennent... Il n'a
« pas entendu ce qu'il écrivoit pour ce qu'il n'avait
« pas ma figure, (et) il en a fait une qui monstre

vent, dans ses fables, l'esprit des animaux. Dans *Les Lapins*, il
dit que :

> . . . . la nature
> A mis dans chaque créature
> Quelques grains d'une masse où puisent les esprits ;
> J'entends les *esprits corps*
> Et pétris de matière.

Dans la *Souris métamorphosée en fille*, en parlant du bramin,
il écrit :

> Car il faut, selon son système,
> Que l'homme, la souris, le ver, enfin chacun
> Aille puiser *son âme en un trésor commun.*

Il dit encore dans le *Discours à Mme de la Sablière*, vers 220
et sq. :

> . . . .
> J'attribuois à l'animal,
> Non point une raison en notre manière,
> Mais beaucoup plus aussi qu'un modeste ressort.
> . . . .

Parlant des hommes, il dit :

> . . . .
> Nous aurions un double ressort.

Il y fait allusion encore, en de picturales et philosophiques
images (Victor de Swarte, *Éloge de La Fontaine.* Fête des roses,
1900), où il dépeint d'un trait sûr, après le *Curial,* d'Alain Char-
tier, les airs des courtisans :

> Tristes, gais, prêts à tout, à tout indifférents.
> . . . .
> Peuple caméléon, peuple singe du maître,
> On dirait qu'un esprit anime mille corps.
> C'est bien là que les gens sont de simples ressorts.

Quel profond dédain en cette dernière comparaison ; lui qui
n'admet pas, comme Descartes, les animaux machines, et leur

« clairement son ignorance ». Il a de plus publié un exposé de « la Métaphysique, de quoy je l'avais « prié de n'en rien escrire… j'étois assuré qu'il ne « pouvoit en rien écrire qui ne fust mal. Mais je « n'ay rien obtenu de luy, sinon que, n'ayant pas « dessein de me satisfaire en cela, il ne s'est plus « soucié de me désobliger aussi en autre chose ».

Descartes envoie donc, par l'intermédiaire de la princesse Sophie, le livre de Regius, auquel il joint l'ouvrage de son « bon amy M. de Hogelande (*Co-*

donne, dans sa lettre à Mme de la Sablière, une raison ou, en tous cas, plus que de l'instinct… : les courtisans sont ravalés plus bas.

Dans la fable : *Les Souris et le Chat-huant*, il prend de nouveau à parti Descartes :

> Puis, qu'un cartésien s'obstine
> A traiter ce hibou de monstre et de *machine?*
> Quel *ressort* y pouvait donner
> Le conseil de tronquer un peuple mis en meue?

Citons aussi ce quatrain :

> Descartes, ce mortel dont on eût fait un dieu
> Chez les païens, et qui tient le milieu
> Entre l'homme et l'esprit, comme entre l'huître et l'homme,
> Le tient tel de nos gens franche bête de somme.

Pour terminer ces appréciations, citons, sur ce même sujet, Montaigne (de l'*Industrie des animaux*, livre 2, ch. XII, t. 2, p. 189-190) qui prête des raisonnements aux renards que les habitants de la Thrace lâchaient devant eux quand ils voulaient passer quelque rivière glacée : « Quand nous le verrions (le renard) au bord de l'eau, approcher son aureille bien prez de la glace, pour sentir s'il orra, d'une longue ou d'une voisine distance, bruire l'eau courant au-dessoubs, et selon qu'il treuve par là qu'il y a plus ou moins d'espesseur en la glace, se reculer, ou s'advancer, n'aurions-nous pas raison de juger qu'il lui passe par la teste ce même discours qu'il feroit en la nostre, et que c'est une ratiocination et conséquence tirée du sens naturel : « Ce qui faict bruit se remue ; ce qui se remue n'est pas gelé ; ce qui n'est pas gelé est liquide ; et ce qui est liquide plie soubs le faix ? »

« *gitationes quibus Dei existentia, item animæ*
« *spiritualitas, et possibilis cum corpore unio, de-*
« *monstrantur... Amstelodami, apud Ludovicum*
« *Elzevirium*, 1646. Ouvrage dédié à Descartes),
« lequel, dit-il, a fait tout le contraire de Regius, en
« ce que Regius n'a rien écrit qui ne soit pris de
« moy, et qui ne soit avec cela contre moy, au lieu
« que l'autre n'a rien écrit qui soit proprement de
« moy (car je ne croy pas mesme qu'il ait jamais lû
« mes escrits), et toutesfois il n'a rien qui ne soit pour
« moy, en ce qu'il a suivy les mesmes principes ».

Il se propose également d'envoyer à la Princesse
un exemplaire de ses *Méditations* : il y a déjà
longtemps qu'on lui a mandé que cet ouvrage était
imprimé.

Élisabeth craint bien (11 avril) qu'elle ne puisse
voir Descartes, que lorsqu'il reviendra de France.
Après Pâques, elle compte passer trois semaines à
Crossen sur les frontières de la Silésie, dans le domaine de Madame l'Electrice. Elle mettra à profit ce
séjour pour s'adonner à la lecture des livres qu'elle
remercie son Maitre de lui promettre. « J'ay eu plus
« d'envie, dit-elle, de voir le livre de Regius, pour ce
« que je say qu'il y a mis du vostre, que pour ce qui
« est du sien. Puisqu'outre qu'il va un peu vite, il
« s'est servi de l'assistance du docteur Jonson, à ce
« que luy mesme m'a dit, qui est capable de l'em-
« brouiller encore davantage, ayant l'esprit assez
« confus de soy, et il ne luy donne point la patience de
« comprendre les choses qu'il a leu ou entendu. Mais
« quoy que j'excuserois toutes les autres fautes dudit

« Regius, je ne saurois lui pardonner l'ingratitude
« dont il use envers vous, et le tiens tout à fait
« lasche, puisque vostre conversation ne luy a pu
« donner d'autres sentiments ».

L'espérance de retrouver la Princesse vers la fin
de l'été, à La Haye, est, pour Descartes (10 mai 1647)
« la principale raison qui (lui) fait préferer la de-
« meure de ce païs à celle des autres ». Ce ne sont
pas toutefois des jours de repos qu'il aura en Hollande, car, il n'a pas encore « tiré toute satisfaction
« qu'il devait avoir des injures qu'il a reçues à
« Utrecht » où depuis trois ou quatre mois, un certain régent du Collège des théologiens de Leyde a
fait disputer quatre thèses diverses contre lui pour
pervertir « le sens de (ses) méditations, et faire croire
« (qu'il y a) mis des choses fort absurdes, et con-
« traires à la gloire de Dieu, comme, qu'il faut
« douter qu'il y ait un Dieu, et mesme, ajoute-t-il,
« que je veux qu'on nie absolument pour quelque
« temps qu'il y en ait un, et choses semblables ».
Les écoliers « se moquaient de ses médisances »,
aussi, ses amis dédaignaient-ils de l'avertir lorsque
Triglandius, leur premier professeur en théologie,
leur fit d'autres thèses où il a mis ces mots :
††† (*Eum esse blasphemum, qui Deum pro deceptore
habet, ut male Cartesius.*) C'était le faire accuser
de blasphème (1) et amener les théologiens à sou-

<hr>

(1) Au cours de toute sa vie, les catholiques l'accusérent d'être
calviniste, les calvinistes d'être pélagien. Sur son doute, on l'ac-
cusa d'être sceptique, plusieurs le qualifièrent de déiste, et l'honnête Voetius, d'être athée.

mettre à quelque synode, où ils seraient les plus
forts, l'ensemble de ses opinions « comme très per-
« nicieuses » lui réservant « des affronts par les
« Magistrats, qui croyent en eux ». Il a donc écrit
une longue lettre au curateur de l'Académie de
Leyde, pour demander justice contre les calomnies
de ces deux théologiens. Quelle réponse recevra-t-il
des hommes de ce pays, où on révère, « non pas la
« probité et la vertu, mais la barbe, la voix et le
« sourcil des théologiens, en sorte que ceux qui sont
« les plus effrontez, et qui sçavent crier le plus haut,
« ont icy le plus de pouvoir (comme ordinairement
« en tous les états populaires), encore qu'ils ayent
« le moins de raison, je n'en attens que quelques
« emplastres, qui, n'ostant point la cause du mal, ne
« serviront qu'à le rendre plus long et plus impor-
« tun ». Il craint bien, qu'il soit pour l'avenir, s'il
ne peut obtenir justice, forcé « de se retirer tout à
« fait de ces Provinces. » Descartes tient Élisabeth au
courant de tout ce qui le touche parce qu'elle lui a
fait la faveur de lire les livres de MM. de Hogelande et
de Regius « outre, dit-il, que l'obéissance et le respect,
« que je vous dois, m'oblige à vous rendre conte de
« mes actions ». Il se félicite ensuite que le Docteur à
qui elle a prêté le livre de ses « Principes » soit demeuré si longtemps avant de retourner la voir; cela
prouve « qu'il n'y a point du tout de malades à la
« cour de Madame l'Electrice, et il semble qu'on a
« un degré de santé plus parfait, quand elle est
« generale au lieu où l'on demeure, que lors qu'on
« est environné de malades. Ce médecin aura eu

« d'autant plus de loisir de lire le livre qu'il a plû à
« Vostre Altesse de luy prester, et vous en aura pû
« même dire depuis son jugement ».

En écrivant les dernières lignes de cette lettre, il
apprend que l'assemblée des curateurs de Leyde a
été différée; « qu'on fait d'une broüillerie une
« grande affaire ». Les théologiens veulent être ju-
ges, ils se proposent de le « mettre icy en une inqui-
« sition plus severe que ne fut jamais celle d'Es-
« pagne ». On voudrait le faire recourir au crédit
de l'ambassadeur de France, non pas pour obtenir
justice, mais pour intercéder en sa faveur; tel n'est
point son avis, il préférerait « se préparer tout
« doucement à la retraite ».

A la fin du mois de mai 1647, Elisabeth lui rend
compte du tumulte qui eut lieu à l'Académie, lorsque
ses amis qui, en aucune façon, n'avaient été vaincus
par la raison, furent contraints de se taire, alors
que le professeur Stuard, « homme de grande lec-
« ture, mais d'un jugement fort médiocre, faisoit
« dessein de refuter vos *Meditations metaphysi-*
« *ques...* Pourquoi quitteriez-vous la Hollande et ce-
« deriez-vous la place à vos ennemis, cela paroîtroit
« comme une espèce de bannissement, qui vous ap-
« porterait plus de prejudice que tous ce que Mes-
« sieurs les theologiens peuvent faire contre vous,
« puisque la calomnie n'est point considérable en
« un lieu où ceux qui gouvernent ne s'en peuvent
« exemter eux mesmes, ni punir ceux qui les font ».
Elle l'approuve de ne pas recourir à l'influence de
l'ambassadeur, ni à celle du Prince d'Orange, cette

résolution « estant mieux seante à un homme libre « et asseuré de son fait ». S'il en était autrement, elle abandonnerait aussi la résolution qu'elle avait prise de retourner en Hollande et attendrait l'issue des traités de Munster, en ce pays « qui ne revient « pas mal à (sa) complexion ».

Au sujet du livre de M. Hogelande, elle estimerait fort les preuves de l'existence de Dieu qui y sont données « si vous ne m'aviez accoutumée de les de- « mander des principes de nostre connoissance ».

Le médecin, à qui elle a prêté les livres de Des- cartes, voudrait bien faire quelques objections tou- chant les minéraux, mais « il n'oseroit vous les en- « voyer, avant qu'avoir encore une fois examiné vos « principes. Mais la pratique l'empesche beaucoup. « Le peuple d'icy a une croyance extraordinaire en « sa profession ; et n'estoit la grande saleté de la « commune et de la noblesse, je crois qu'il en auroit « moins besoin que peuple du monde, puisque l'air « y est fort pur ».

CHAPITRE IX

En traversant La Haye pour se rendre en France, Descartes écrivit le 6 juin 1647, à Elisabeth : « Ne « pouvant avoir l'honneur de recevoir vos comman- « demens, et vous faire la reverence, il me semble « que je suis obligé de tracer ces lignes, afin d'as- « surer Vostre Altesse que mon zéle et ma dévotion « ne changeront point, encore que je change de « terre ». Il lui annonce qu'il a reçu de Chanut, son ami, résident de France en Suède, une lettre où une question lui est soumise, de la part de la Reine. Le portrait que Chanut trace de Christine et « les discours qu'il raporte d'elle, me la font telle- « ment estimer, qu'il me semble que vous seriez « dignes de la conversation l'une de l'autre ; et « qu'il y en a si peu au reste du monde qui en soient « dignes, qu'il ne seroit pas mal-aisé à Vostre « Altesse de lier une fort étroite amitié avec elle, et « qu'outre le contentement d'esprit que vous en au-

« riez, cela pourroit estre à desirer pour diverses
« considerations ». Déjà dans sa réponse à Chanut,
il lui avait mandé que les éloges qu'il faisait de la
Reine de Suède, ne lui semblaient pas incroyables, à
cause de l'honneur qu'il avait de connaître la Palatine. Auprès d'elle, il avait « appris combien les
« personnes de grande naissance pouvoient surpas-
« ser les autres ». Il se propose, dans les lettres
qu'il écrira à Chanut et qui seront sans doute montrées
à Christine, d'y « mettre quelque chose qui luy donne
« sujet de souhaitter l'amitié de Vostre Altesse, si
« ce n'est que vous me le deffendiez ».

La lecture de cette lettre nous laisse sous une
impression de peine. Que devait-il se passer dans
l'esprit si délicat et très particulariste, à coup sûr,
d'Elisabeth, à la pensée de la correspondance que
son Maître, son ami, allait entretenir avec Christine,
la reine toute-puissante et heureuse ?

Le sentiment de sa propre valeur, celui-là même
que Descartes invoque à maintes reprises, et trouve
si naturel et si légitime, dut, ce semble, être meur-
tri, au point peut-être, de lui faire pour un instant,
regretter le noble abandon de ses lettres, où elle
dépeint sa mélancolie et les malheurs de la maison
Palatine.

Toutefois, nous ne verrons pas un seul jour se
manifester cet état d'esprit de la princesse, dans les
correspondances qui vont suivre. Nous remarquons
bien que Descartes devine la torture de cette âme
qu'il a pétrie et qui est unie à la sienne par une
admiration profonde. Il lui plairait peut-être de

voir Elisabeth formuler sa pensée intime, pour lui
fournir l'occasion de l'adoucir et d'en atténuer l'aigreur ; mais la Palatine sait trop bien que des sentiments de cette nature ne se peuvent exprimer.
D'ailleurs, elle ne doute pas que Descartes aurait à
sa disposition maints arguments persuasifs, elle
n'en sentirait pas moins qu'elle ne règne plus seule
sur cette âme altière et que les mêmes termes, les
mêmes raisonnements, qui ont attaché son esprit à
celui du Maître, serviront peut-être demain, pour
exciter l'enthousiasme dans l'esprit de Christine.

En finissant cette lettre, Descartes revient sur les
dissentiments qui ont surgi entre lui et les théologiens de Leyde, il annonce qu'on les a fait taire
« en se gardant de les offenser le plus qu'on a pû,
« ce qu'on attribuë maintenant au tems ; mais j'ay
« peur que ce temps durera tousjours, et qu'on leur
« lairra prendre tant de pouvoir, qu'ils seront
« insupportables », et il termine, en annonçant qu'il
envoie à Elisabeth l'épitre dédicatoire de l'édition
française des *Principes* (1) « afin, que s'il y a quelque

(1) Ci-dessous nous reproduisons l'épitre dédicatoire :

A LA SÉRÉNISSIME PRINCESSE

ÉLISABETH

PREMIÈRE FILLE DE FRÉDÉRIC, ROI DE BOHÊME,

COMTE PALATIN ET PRINCE ÉLECTEUR DE L'EMPIRE.

MADAME,

Le plus grand avantage que j'aie reçu des écrits que j'ai ci-
devant publiés a été qu'à leur occasion j'ai eu l'honneur d'être
connu de Votre Altesse, et de lui pouvoir quelquefois parler,
ce qui m'a procuré le bonheur de remarquer en elle des qualités

« chose qui ne lui agrée pas, et qu'elle juge devoir
« estre mis autrement, il luy plaise d'en avertir
« celuy qui sera toute sa vie, etc. ».

En juillet 1647, Descartes ayant appris qu'Elisabeth avait été éprouvée encore par la maladie, la
félicite du remède qu'elle a employé; à savoir la diète
et les exercices du corps qui « sont les meilleurs de

si rares et si estimables, que je crois que c'est rendre service au
public de les proposer à la postérité pour exemple. J'aurois mauvaise grâce à vouloir flatter, ou bien à écrire des choses dont je
n'aurois point de connoissances certaines, principalement aux premières pages de ce livre, dans lequel je tacherai de mettre les
principes de toutes les verités que l'esprit humain peut savoir.
Et la généreuse modestie que l'on voit reluire en toutes les
actions de Votre Altesse m'assure que les discours simples et
francs d'un homme qui n'écrit que ce qu'il croit lui seront plus
agréables que ne seroient des louanges ornées de termes pompeux et recherchés par ceux qui ont étudié l'art des compliments.
C'est pourquoi je ne mettrai rien en cette lettre dont l'expérience
et la raison ne m'ait rendu certain ; et j'y écrirai en philosophe
ainsi que dans le reste du livre. Il y a bien de la différence entre
les vraies vertus et celles qui ne sont qu'apparentes ; et il y en a
aussi beaucoup entre les vraies qui procèdent d'une exacte connoissance de la vérité, et celles qui sont accompagnées d'ignorance ou d'erreur. Les vertus que je nomme apparentes ne sont,
à proprement parler, que des vices, qui, n'étant pas si fréquents
que d'autres vices qui leur sont contraires, ont coutume d'être
plus estimés que les vertus qui consistent en la médiocrité, dont
ces vices opposés sont les excès. Ainsi, à cause qu'il y a bien
plus de personnes qui craignent trop les dangers qu'il n'y en a
qui les craignent trop peu, on prend souvent la témérité pour
une vertu ; et elle éclate bien plus aux occasions que ne fait le
vrai courage. Ainsi les prodigues ont coutume d'être plus loués
que les libéraux ; et ceux qui sont veritablement gens de bien
n'acquièrent point tant la réputation d'être dévots que font les
superstitieux et les hypocrites. Pour ce qui est des vraies vertus,
elles ne viennent pas toutes d'une vraie connoissance, mais il y

« tous, après toutesfois ceux de l'âme, qui a sans
« doute beaucoup de force sur le corps, ainsi que
« monstrent les grands changemens que la colère,
« la crainte et les autres passions excitent en luy.
« Mais ce n'est pas directement par sa volonté qu'elle
« conduit les esprits dans les lieux où ils peuvent
« estre utiles ou nuisibles ; c'est seulement en vou-

en a qui naissaient aussi quelquefois du défaut ou de l'erreur : ainsi la simplicité est souvent la cause de la bonté, souvent la peur donne de la dévotion, et le désespoir du courage. Or les vertus qui sont ainsi accompagnées de quelque imperfection sont différentes entre elles, et on leur a aussi donné divers noms. Mais celles qui sont si pures et si parfaites qu'elles ne viennent que de la seule connoissance du bien, sont toutes de même nature, et peuvent être comprises sous le seul nom de la sagesse. Car quiconque a une volonté ferme et constante d'user toujours de sa raison le mieux qu'il est en son pouvoir, et de faire en toutes ses actions ce qu'il juge être le meilleur, est véritablement sage autant que sa nature permet qu'il le soit ; et par cela seul il est juste, courageux, modéré, et a toutes les autres vertus, mais tellement jointes ensemble qu'il n'y en a aucune qui paraisse plus que les autres : c'est pourquoi, encore qu'elles soient beaucoup plus parfaites que celles que le mélange de quelque défaut fait éclater, toutefois, à cause que le commun des hommes les remarque moins, on n'a pas contume de leur donner tant de louanges. Outre cela, de deux choses qui sont requises à la sagesse ainsi décrite, à savoir que l'entendement connoisse tout ce qui est bien et que la volonté soit toujours disposée à le suivre, il n'y a que celle qui consiste en la volonté que tous les hommes puissent également avoir, d'autant que l'entendement de quelques uns n'est pas si bon que celui des autres. Mais encore que ceux qui n'ont pas tant d'esprit puissent être aussi parfaitement sages que leur nature le permet, et se rendre très agréables à Dieu par leur vertu, si seulement ils ont toujours une ferme résolution de faire tout le bien qu'ils sauront, et de n'omettre rien pour apprendre celui qu'ils ignorent ; toutefois ceux qui avec une constante volonté de bien faire et un soin très particulier de

« lant ou pensant à quelqu'autre chose. Car la con-
« struction de nostre corps est telle, que certains
« mouvemens suivent en luy naturellement de cer-
« taines pensées : comme on voit que la rongeur du
« visage suit de la honte, les larmes de la compas-
« sion et le ris de la joye » Il estime que la forte
persuasion que nous avons de la bonne « architecture

s'instruire ont aussi un très excellent esprit, arrivent sans doute à
un plus haut degré de sagesse que les autres. Et je vois que ces
trois choses se trouvent très parfaitement en Votre Altesse. Car
pour le soin qu'elle a eu de s'instruire il paroît assez, de ce que
ni les divertissements de la cour, ni la façon dont les princesses
ont coutume d'être nourries, qui les détournent entièrement de
la connoissance des lettres, n'ont pu empêcher que vous n'ayez
étudié avec beaucoup de soin tout ce qu'il y a de meilleur dans
les sciences : et on connoit l'excellence de votre esprit en ce que
vous les avez parfaitement apprises en fort peu de temps. Mais
j'en ai encore une autre preuve qui m'est particulière, en ce que
je n'ai jamais rencontré personne qui ait si généralement et si
bien entendu tout ce qui est contenu dans mes écrits. Car il y
en a plusieurs qui les trouvent très obscurs, même entre les
meilleurs esprits et les plus doctes ; et je remarque presque en
tous que ceux qui conçoivent aisement les choses qui appartiennent
aux mathématiques ne sont nullement propres à entendre celles
qui se rapportent à la métaphysique, et au contraire que ceux à
qui celles-ci sont aisées ne peuvent comprendre les autres : en
sorte que je puis dire avec verité que je n'ai jamais rencontré que
le seul esprit de Votre Altesse auquel l'un et l'autre fût également
facile ; ce qui fait que j'ai une très juste raison de l'estimer
incomparable. Mais ce qui augmente le plus mon admiration,
c'est qu'une si parfaite et si diverse connoissance de toutes les
sciences n'est point en quelque vieux docteur qui ait employé
beaucoup d'années à s'instruire, mais en une princesse encore
jeune, et dont le visage représente mieux celui que les poëtes
attribuent aux Grâces que celui qu'ils attribuent aux Muses ou à
la savante Minerve. Enfin je ne remarque pas seulement en Votre
Altesse tout ce qui est requis de la part de l'esprit à la plus

« de nos cors..... que les excez seuls rendent mala-
« des..... et qu'on peut aisement se remettre par la
« seule force de la nature » sont des pensées très
propres à la conservation de la santé et plus raisonnables « que celle de certaines gens, qui, sur le
« raport d'un astrologue ou d'un médecin, se font
« accroire qu'ils doivent mourir en certain temps,
« et par cela seul deviennent malades, et mesme en
« meurent assez souvent ».

Après cette dissertation d'une saveur si prenante,
Descartes annonce qu'il va partir en Poitou et en
Bretagne pour donner ses soins à quelques affaires,
« ne souhaitant rien tant, dit-il, que de retourner
« vers les lieux ou j'ay esté si heureux que d'avoir
« l'honneur de parler quelquefois à Vostre Altesse ».
Quatre mois après, le 20 novembre 1647, Descartes raconte à la Palatine qu'à la suite d'une confé-

haute et plus excellente sagesse, mais aussi tout ce qui peut être
requis de la part de la volonté ou des mœurs, dans lesquelles on
voit la magnanimité et la douceur jointes ensemble avec un tel
temperament que, quoique la fortune, en vous attaquant par de
continuelles injures, semble avoir fait tous ses efforts pour vous
faire changer d'humeur, elle n'a jamais pu tant soit peu ni vous
irriter ni vous abattre. Et cette sagesse si parfaite m'oblige à
tant de vénération, que non seulement je pense lui devoir ce
livre, puisqu'il traite de la philosophie qui en est l'étude, mais
aussi je n'ai pas plus de zèle à philosopher, c'est-à-dire à tacher
d'acquérir de la sagesse, que j'en ai à être

Madame

de Votre Altesse

Le très humble, très obeissant
et très dévot serviteur,

DESCARTES.

rence que Christine a entendue à Upsal, où le professeur estimé « pour le plus habile et le plus rai-« sonnable de cette académie » a discouru sur le *Souverain bien* de cette vie, la reine a manifesté le désir d'avoir, à ce sujet son opinion. Il se propose de la lui exposer sommairement. Il joindra à cette thèse, pour que Chanut les lui communique au besoin, toutes les lettres qu'il a adressées à Elisabeth, touchant le livre de *Sénèque, de vitâ beatâ*, jusqu'à la moitié de la sixième lettre, où après avoir défini les passions en général, il éprouve des difficultés à les dénombrer; il transmet de plus, à Chanut, une copie du *Traité des passions*, transcrit sur le brouillon très confus qu'il en avait gardé.

Il peut sembler, à notre avis, quelque peu surprenant que Descartes s'excuse auprès de Chanut d'envoyer des lettres qu'il avait «faites pour une autre». Comment ne songe-t-il pas à s'excuser surtout auprès de la Palatine, de divulguer ainsi une correspondance intime? Il se borne, en effet, à faire valoir que Christine « pourra s'assurer davantage (qu'il n'y a) rien « changé ou déguisé en sa considération ».

L'ambassadeur de France n'a pas cité le nom d'Elisabeth dans les réponses qu'il a adressées à Descartes, alors qu'en toutes ses lettres, le philosophe lui a parlé de la Palatine (1). Descartes explique

---

(1) Il nous semble intéressant de publier ci-dessous les extraits des deux lettres adressées par Descartes à Chanut, où il l'entretient d'Elisabeth.

Le 1er novembre 1646, Descartes écrit : « J'ai vu M. de la

qu'il « faisoit peût estre scrupule d'en parler à la
« reyne, pourcequ'il ne sçait pas si cela plairoit ou
« déplairoit à ceux qui l'ont envoyé » et il ajoute « si
« j'ay d'oresnavant occasion de luy ecrire à elle-
« même, je n'auray pas besoin d'interprete; et le
« but que j'ay eu cette fois, en luy envoyant ces
« écrits, est de tascher à faire qu'elle s'occupe
« davantage à ces pensées, et que, si elles luy plai-
« sent, ainsi qu'on me fait espérer, elle ait occasion
« d'en conférer avec Vostre Altesse ».

Elisabeth, dans sa lettre du 5 décembre 1647, ne
fait aucune allusion à la reine de Suède, elle remercie Descartes de l'envoi de la traduction française des
Méditations métaphysiques (1) qu'elle avait déjà lues
en latin et croyait bien avoir « comprises auparavant », elle lui témoigne sa reconnaissance pour les

Thuillerie, depuis son retour de Suède lequel m'a decrit ses qualitez (de Christine) d'une façon si avantageuse que celle d'estre
Reine, me semble une des moindres, et je n'en aurois osé croire
la moitié, si je n'avois vu par expérience, en la Princesse à qui
j'ay dédié mes « Principes de philosophie », que les personnes de
grande naissance, de quelque sexe qu'elles soient n'ont pas
besoin d'avoir beaucoup d'âge pour surpasser de beaucoup en
érudition et en vertu les autres hommes ».

Le 20 novembre 1647, Descartes adresse le « Traité des passions »
et les lettres qu'il a écrites à Elisabeth, et ajoute « si j'avois
aussi osé y joindre les réponses que j'ay eu l'honneur de recevoir de la princesse, à qui ces lettres sont adressées, ce recueil
auroit esté plus accomply... Mais j'aurois du luy en demander
permission, et elle est maintenant bien loin d'icy ».

(1) Ces méditations avaient paru en latin en 1641. Le duc de
Luynes les traduisit en français et en donna le manuscrit à
Descartes pendant son séjour à Paris. C'est ce manuscrit sans
doute qu'il communiqua à la princesse, car les méditations ne
furent publiées qu'en 1645.

réponses qu'il veut bien faire à ses lettres « qui le
« detournent si souvent de méditations utiles, pour
« des sujets qui, sans la partialité d'amy, ne (lui)
« scauroient estre considerables ». Elle s'étonne des
objections du sieur Gasendus (1) « qui est en la plus
« grande réputation pour son savoir » et n'a pas
compris des choses si simples et si claires ; elle men-
tionne aussi les objections de l'anglais Thomas
Hobbes (2).

(1) Gassendi (1592-1655), philosophe français, écrivit, en 1624,
cinq ans après le supplice de Vanini, les *Exercitationes para-
doxicæ adversus Aristotelos*, où il expose la morale d'Epicure. Il
dit dans sa préface : « Comment le bien suprême se trouve dans
la volupté et comment le mérite des vertus et des actions
humaines se mesure d'après ce principe ». Sur le conseil de ses
amis, il brûla cinq livres de son ouvrage dans lequel la vieille
autorité d'Aristote est battue en brèche, comme il advint plus
tard, au moyen de raisonnements différents, dans le « Discours
de la méthode ».

(2) Thomas Hobbes (1588-1679), philosophe anglais, ami et disciple de Gassendi, encore que plus âgé que son maitre. Il pro-
fessait la doctrine épicurienne, laquelle tend à la *paix*. Pour jouir,
dit Guyau (*Morale d'Épicure*, p. 195), il faut d'abord posséder,
pour posséder il faut acquérir et conserver ; or, on ne peut guère
acquérir et encore moins conserver que dans l'état de paix, et
dans la sécurité. Mais Hobbes n'entendait pas le mot paix dans
le même sens qu'Epicure. Ce dernier le faisait synonyme de la
sérénité de l'âme et ramenait cette paix intérieure à l'indépendance absolue, à la liberté complètement indifférente ; cette
sécurité dans la liberté étant au fond toute spirituelle, il ne faut
pour l'obtenir que des moyens spirituels aussi ; il suffit de se
détacher des choses par la volonté indifférente et de se retirer
en soi. Hobbes, au contraire, prend le mot de *paix*, dans un
sens tout matériel et tout extérieur : être en paix, c'est simplement, à ses yeux, n'avoir rien à craindre des autres hommes,
c'est acquérir sans rivaux, c'est conserver sans envieux ; tout le
bonheur est là. A cette paix matérielle, il faudra des moyens

« Vous estes trop charitables », lui dit elle en terminant, pour refuser au public de publier le traité de l'*Erudition* « dont le monde a besoin ».

En dépit de cette invitation, Descartes (31 janvier 1648) se refuse à mettre au jour son Traité et développe les motifs de son abstention. Il sent d'abord qu'il animerait trop contre lui les gens de l'Ecole, et il estime qu'il ne se trouve point en telle condition qu'il puisse entièrement fouler aux pieds leur haine ; de plus, il a « déjà touché quelque chose » de ce qu'il avait envie d'écrire, dans la préface de la traduction française des « Principes » ; enfin, il destine à Elisabeth un Traité qui lui sera sans doute plus agréable, et qui comporte la description des fonctions de l'animal et de l'homme. Il a remis plus au net, depuis dix jours seulement, ce travail ; il y explique la façon « dont se forme l'animal dès le com- « mencement de son origine ». Il consacrera à cette étude les loisirs de l'hiver, qui deviendra ainsi pour lui une des périodes les plus tranquilles de sa vie, car ses affaires domestiques et plusieurs autres raisons le forceront à passer l'été et l'hiver suivant en France.

matériels, la liberté intérieure d'Epicure ne pourrait, en effet, établir l'équilibre entre des forces physiques ennemies. Cette prétendue liberté devient, dans la philosophie de Hobbes, une force, se revêt de chair, entre dans le domaine des luttes physiques : cette paix se conquiert les armes à la main ; pour en assurer la conquête, il faut la puissance matérielle ; d'où, la *puissance* comme moyen de la paix et la paix comme moyen de jouissance.]

Hobbes est l'auteur des *Troisièmes objections*.

Le roi lui a fait offrir une pension sans qu'il l'ait demandée, « ce qui, dit-il, ne sera point capable de « m'attacher (1), mais il peut arriver en un an beau- « coup de choses. Il ne scauroit toutesfois rien « arriver qui puisse m'empescher de préferer le « bonheur de vivre au lieu où seroit Vostre Altesse, « si l'occasion s'en présentoit, à celuy d'estre en ma « propre patrie, ou en quelque autre lieu que ce « puisse estre ».

Il n'a pas encore reçu de réponse de Christine, parce que la lettre qu'il a envoyée a attendu près d'un mois à Amsterdam ; dès qu'il aura des nou- velles, il les lui fera connaître. Il juge, par des lettres reçues de Suède, que Christine « doit estre extrême- « ment portée à la vertu, et capable de bien juger « des choses ». Elle se dispose, en effet, à lire la première partie de la traduction qu'on lui a faite des Principes qu'elle apprécierait mieux encore, sans doute, « si les affaires ne lui en ostaient le loisir ». Il termine cette lettre en annonçant à Elisabeth l'en- voi d'un livre où il répond aux injures de Regius. C'est contre son gré qu'on a mis en tête de cette

(1) Nous avons trouvé, en effet, dans la correspondance échan- gée entre Chanut et Descartes, que ce dernier lui écrivait, le 31 mars 1649, au sujet de la pension que l'ambassadeur de France en Suède avait demandée pour le philosophe, au cardinal Maza- rin. Il raconte plaisamment, en cette lettre, que le diplôme de cette pension avait été envoyé à un de ses parents, qui en avait acquitté les droits, et qu'il avait été obligé de les lui rembourser ensuite. « Ce parchemin, dit-il, est le plus cher et le plus inutile qui aura jamais esté entre mes mains ». N'avait-il pas dit déjà : « Je mets ma liberté à si haut prix, que tous les rois du monde ne pourraient l'acheter ».

réplique, une préface et des vers de M. Hey (danus).

La Palatine lui écrit le 30 juin 1648 : « L'enflure
« que j'ay eu au bras droit, par la faute d'un chi-
« rurgien qui m'a coupé partie d'un nerf en me
« seignant, m'a empesché de respondre plutost à
« vostre lettre du 7e de may, qui me represente un
« nouvel effet de vostre parfaite generosité, au regret
« que vous avez de quitter l'Hollande pour y pouvoir
« esperer de m'y faire jouir de l'utilité de vostre
« conversation qui, véritablement, est le plus grand
« bien que j'y attendois et l'unique sujet qui m'a fait
« songer aux moyens d'y retourner, a quoy l'accom-
« modement des affaires d'Angleterre m'auroit autant
« servi que le desespoir d'en voir en celles d'Alle-
« magne ».

C'est incidemment qu'Elisabeth a appris qu'il par-
tait en Suède ; l'indiscrétion commise à ce sujet
vient, lui écrit-elle, de « la Mère de la personne (1)
« à qui vostre ami a donné vos lettres... On a mal
« choisi la bonne femme pour ménager un secret,
« elle qui n'en eut jamais. Toutesfois, elle fait
« le reste de sa commission avec beaucoup de
« passion ».

A deux reprises, dans cette lettre, Elisabeth parle
de cette « bonne femme » sur un ton de persiflage,
et nous le comprenons de reste.

Elle fait allusion ensuite à l'envoi de la Version

(1) Le comte Foucher de Careil explique que la mère de Christine avait entamé une négociation secrète avec la Suède, en faveur
du Palatinat, négociation dont la princesse Elisabeth avait pris
l'initiative avec l'agrément de sa famille.

française des *Principes* de Philosophie : « Combien
« qu'il y ait quelque chose dans la préface, sur quoy
« j'ay besoin de votre explication. je ne l'ajoute pas
« icy, parce que cela engrossiroit trop ma lettre.
« Mais je pretens vous en entretenir une autre fois,
« et me promets qu'en changeant de demeure vous
« conserverez tousjours la mesme charité pour
« Vostre très affectionnée amie a vous servir ».

CHAPITRE X

DESCARTES A PARIS. — LA FRONDE. — MORT DE
CHARLES 1ᵉʳ. — CONSÉQUENCES POUR LE PALATINAT
DES TRAITÉS DE WESTPHALIE.

Descartes (juin-juillet 1648) est arrivé à Paris, au
moment où le Parlement réuni aux autres cours
souveraines s'assemblait, tous les jours, pour déli-
bérer sur le rétablissement du bon ordre à mettre
dans les finances. On espérait trouver de l'argent
pour continuer la guerre « et entretenir de grandes
« armées, sans pour cela fouler le peuple », c'est le
moyen d'en venir à une paix générale, « mais, en
« attendant, que cela soit, j'eusse bien fait de me tenir
« au païs où la paix est déjà ; et si ces orages ne se
« dissipent bien tost, je me propose de retourner vers
« Egmond dans six semaines ou deux mois, et de m'y
« arrester jusques à ce que le ciel de France soit
« plus serain » (1). Il estime qu'ayant un pied en un
pays et la facilité d'en habiter un autre, sa condition

(1) Il s'aperçut qu'on aurait voulu l'avoir en France « à peu
près comme les grands seigneurs veulent avoir dans leur ména-
gerie un éléphant, un lion, ou quelques autres animaux rares.
On vouloit m'avoir à diner... mais en arrivant, je trouvais leur
cuisine en désordre et leurs marmites renversées ».

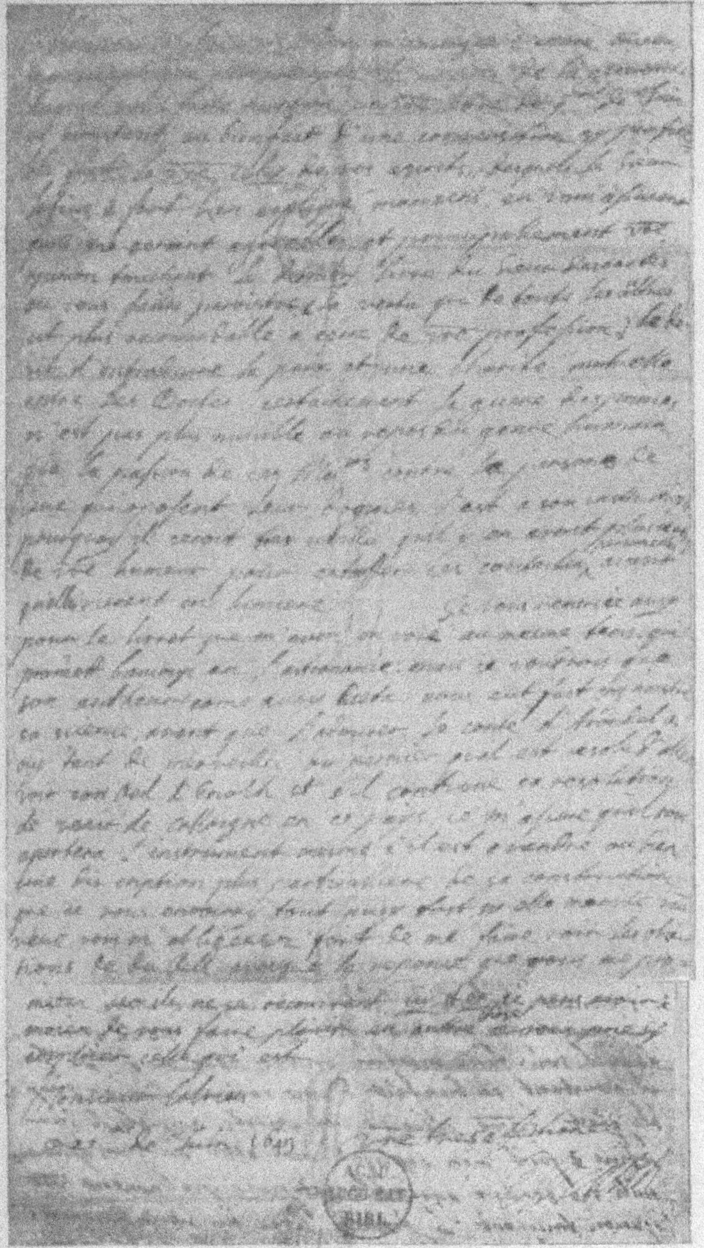

LETTRE AUTOGRAPHE D'ÉLISABETH
adressée à Colvius, le 21 juin 1643

est très heureuse et son indépendance y trouve
son compte.

Ceux qui sont en « grande fortune diffèrent
« davantage des autres, en ce que les deplaisirs qui
« leur arrivent, leur sont plus sensibles, que non
« pas en ce qu'ils jouïssent de plus de plaisirs, à
« cause que tous les contentemens qu'ils peuvent
« avoir, leur estant ordinaires, ne les touchent pas
« tant que les afflictions, qui ne leur viennent que
« lors qu'ils s'y attendent le moins, et qu'ils n'y sont
« aucunement préparez ».

La lettre qu'Elisabeth écrit au mois de juillet est
consacrée au projet de voyage de Descartes en Suède,
et au rôle de la Reine mère de Suède qui sert d'intermédiaire pour la correspondance échangée entre
Descartes et Chanut et qui est « la bonne femme »
coupable de *l'indiscrétion* (1).

Peu de jours après (le 23 août 1648), elle insiste à
nouveau sur le rôle de la Reine mère, qui avait
préparé le voyage de Descartes ; elle « estoit en
« danger de perdre la bonne opinion et peut estre

(1) Elisabeth, toujours au sujet des négociations secrètes
entamées en faveur de la famille Palatine, dit que la Reine
mère « ne pourra point estre preste. Et d'un costé elle aura
« mauvais gré d'avoir manqué de parole ; de l'autre, ses amis
« croiront qu'elle n'avoit pas la volonté ou le courage de sacri-
« fier sa santé et son repos pour l'interest d'une maison, pour
« laquelle elle voudroit encore abandonner la vie s'il estoit requis.
« Cela la fasche un peu, mais ne sauroit surprendre, puisqu'elle
« est bien accoutumée de souffrir le blame des fautes d'autruy
« (mesme en des occasions où elle ne s'en vouloit purger) et de
« chercher sa satisfaction seulement au tesmoignage que sa
« conscience luy donne d'avoir fait son devoir ».

« la bienveillance de la pluspart de ses amis.
« Maintenant elle s'en trouve délivré d'une fasson
« assez extraordinaire, puisque cett'autre, à qui elle
« avoit mandé le tems qu'il lui falloit pour se
« rendre auprès d'elle, luy répond qu'elle l'auroit
« bien attendue, si sa fille n'eut changé de résolution,
« jugeant qu'on trouveroit mauvais qu'elle seroit
« approchée de si près par gens de différente
« religion. C'est un procédé qui, à mon avis, ne
« répond pas aux louanges que vostre ami, donne
« à celle qui s'en sert, au moins s'il est entièrement
« sien et ne vient pas, comme je le soupçonne de
« l'esprit foible de sa mère qui a esté accompagnée,
« depuis que cette affaire est sur le tapis, d'une
« sœur (1) qui tient sa subsistance du parti contraire
« à la maison de la personne susmentionnée ». Elle
entre, à ce sujet, dans des détails assez mystérieux
pour Descartes lui-même, puisqu'elle juge bon de
conseiller à son maître de questionner, sur cette
affaire, Chanut qui « pourrait l'éclaircir, si (Descartes)
« trouvait a propos de luy en mander quelque
« chose, ou, peut estre, ajoute-t-elle, qu'il vous en
« écrira de son propre mouvement, puisqu'on dit qu'il
« gouverne entièrement l'esprit auquel il donne tant
« de louanges. Je ne saurois rien ajouter à cecy, si ce
« n'est que je n'estime pas cet accident susdit au

(1) Sans doute Anne Sophie, née le 17 mars 1598, qui avait
épousé le 4 septembre 1614, Frédéric Ulric, duc de Brunswick et
de Wolfenbuttel, lequel mourut le 11 août 1634; il avait suivi pendant la guerre de Trente ans le parti du roi de Danemark, puis
celui de l'Empereur.

« nombre des malheurs de la personne à qui il
« arrive, puisqu'il la retire d'un voyage ou le mal
« qui luy en reviendroit (comme la perte de santé et
« de repos, joint aux choses facheuses qu'il lui eust
« fallu souffrir d'une nation brutale), estoit très
« asseuré, et le bien que d'autres en pourroient
« espérer, fort incertain. Et s'il y a de l'affront dans
« le procédé, je trouve qu'il retombra entierement
« sur ceux qui l'ont fait, puisque c'est une marque
« de leur inconstance et legereté d'esprit, et que tous
« ceux qui en ont connaissance savent aussi qu'elle
« n'a point contribué à aucune de ces boutades.

« Quant à moy, je prétens demeurer encore icy
« jusqu'à ce que j'apprenne l'issue des affaires
« d'Allemagne et d'Angleterre, qui semblent estre
« maintenant en une crise ».

Elle raconte pour finir qu'en se promenant sous
un bois de chênes, Madame l'Electrice, elle et toute
leur suite ont été saisies, en un instant « comme
« d'une sorte de rougeolle, partout le corps, hors au
« visage, sans fièvre ni autre mal qu'une déman-
« geaison insupportable. Les superstitieux se
« croyoient ensorcelés ; mais les paisans nous
« disoient qu'il y avoit parfois une certaine rosée
« venimeuse sur les arbres, qui, descendant en
« poussière, infecte ainsi les passans... ni les bains,
« ni la saignée, ni les ventouses, ni la purge, ny ont
« servi de rien ».

Descartes en sa lettre du commencement d'octobre
1648, ne veut pas accuser, au sujet de la transmis-
sion de ses messages, la personne a qui on attribue

« un procédé injurieux ». Sa correspondance n'a
pas passé « en de mauvaises mains »; sa lettre du
30 juin a seulement subi un retard, parce qu'on a
voulu attendre son retour en Hollande pour la lui
remettre « Quoy qu'il en soit, dit-il, je n'estime pas
« qu'on doive estre fasché de ne point faire un
« voyage, où, comme Vostre Altesse remarque fort
« bien, les incommoditez estoient infaillibles et les
« avantages fort incertains ».

Il est heureux d'être revenu de France, tout en ne
se trouvant « pas marry d'y estre allé ». Il n'y a vu
personne dont la condition lui ait semblé « digne
« d'envie, et ceux qui y paroissent avec le plus
« d'éclat m'ont semblé estre les plus dignes de
« pitié. Je n'y pouvois aller en un temps plus
« avantageux pour me faire bien reconnoistre la
« felicité de la vie tranquille et retirée, et la richesse
« des plus mediocres fortunes ».

Bien qu'Elisabeth ait été jetée dans le port par un
naufrage, elle doit s'estimer plus heureuse que les
reines et autres princesses de l'Europe, qui sont
agitées, en pleine mer par la tempête. « Les fas-
« cheuses rencontres qui arrivent aux personnes qui
« sont dans l'action, et dont la felicité dépend toute
« d'autruy, penetrent jusqu'au fond de leur cœur,
« au lieu que cette vapeur venimeuse, qui est des-
« cendue des arbres sous lesquels se promenoit
« paisiblement Vostre Altesse, n'aura touché, comme
« j'espère, que l'extérieur de la peau, laquelle si on
« eust lavée sur l'heure avec un peu d'eau de vie, je
« croy qu'on en auroit osté tout le mal ».

Il n'a pas reçu de nouvelles de Chanut qui éprouve peut-être, dit-il, « quelque honte de n'en avoir point à « m'envoyer, ainsi qu'il s'estoit imaginé. Je me « retiens aussi de luy ecrire le premier, afin de ne « luy sembler point reprocher cela par mes lettres, « et je ne laissois pas de sçavoir souvent de ses nou- « velles, lors que j'estois à Paris, par le moyen de « ses proches, qui en reçevoient tous les huit jours. « Mais lors qu'ils luy auront mandé que je suis icy, « je ne doute point qu'il ne m'y écrive, et qu'il ne me « fasse entendre ce qu'il sçaura du procedé qui tou- « che Vostre Altesse, pour ce qu'il sçait que j'y prens « beaucoup d'interest ».

A une date qu'on peut fixer au 22 février 1649 (Adam et Tannery, t. V, p. 280), Descartes apprenant que pendant la maladie qui l'avait accablée, elle avait éprouvé « une inclination à faire des vers », lui rappelle que, au dire de Platon, Socrate (1) avait été pris d'une « pareille envie pendant qu'il estoit en « prison... je croy, ajoute-t-il, que cette humeur de « faire des vers, vient d'une forte agitation des « esprit animaux, qui pourroit entierement troubler « l'imagination de ceux qui n'ont pas le cerveau bien « rassis, mais qui ne fait qu'échaufer un peu plus « les fermes, et les disposer à la poesie (2). Et je

____

(1) Mme de Stael a appelé cet état de Socrate le côté nocturne de l'âme humaine, c'est-à-dire une sorte de manifestation psychologique qui n'était accordée qu'aux esprits d'une trempe supérieure.

(2) Descartes lui-même, au cours de son séjour en Suède, se livra au plaisir de la poésie.

« prens cet emportement pour une marque d'un
« esprit plus fort et plus relevé que le commun.

« Si je ne connoissois le vostre pour tel — lui
« écrit-il, sans aucune autre transition — je crain-
« drois que vous ne fussiez extraordinairement
« affligée d'aprendre la funeste conclusion des Tra-
« gedies d'Angleterre, mais je me promets que Vostre
« Altesse, estant acoutumée aux disgrâces de la
« Fortune, et s'estant veuë soy-mesme depuis peu en
« grand péril de sa vie, ne sera pas si surprise, ny
« si troublée, d'aprendre la mort d'un de ses pro-
« ches, que si elle n'avoit point receu auparavant
« d'autres afflictions. Et bien que cette mort si vio-
« lente semble avoir quelque chose de plus affreux
« que celle qu'on attend en son lit, toutesfois, à le
« bien prendre, elle est plus glorieuse, plus heu-
« reuse et plus douce, en sorte que ce qui afflige par-
« ticulièrement en cecy le commun des hommes,
« doit servir de consolation à Vostre Altesse, car
« c'est beaucoup de gloire de mourir en une occa-
« sion qui fait qu'on est universellement plaint,
« loüé et regretté de tous ceux qui ont quelque sen-
« timent humain. Et il est certain que, sans cette
« épreuve, la clemence et les autres vertus du Roy der-
« nier mort n'auroient jamais esté tant remarquées
« ny tant estimées qu'elles sont et seront à l'avenir
« par tous ceux qui liront son histoire. Je m'assure
« aussi que la conscience luy a plus donné de satis-
« faction, pendant les derniers momens de sa vie,
« que l'indignation, qui est la seule passion triste
« qu'on dit avoir remarqué en luy, ne luy a causé

« de fascherie. Et pour ce qui est de la douleur, je
« ne la mets nullement en conte; car elle est si
« courte, que, si les meurtriers pouvoient employer
« la fièvre, ou quelqu'autre des maladies dont la
« nature a coutume de se servir pour oster les
« hommes du monde, on auroit sujet de les estimer
« plus cruels qu'ils ne sont, lorsqu'ils les tuent d'un
« coup de hache ».

La résignation philosophique dont Descartes se
fait l'apôtre, devait être, semble-t-il, pour la Palatine,
une bien faible consolation, même avec l'appui de
cette sentence par laquelle il conclut ses réflexions
sur la mort de Charles Ier « qu'il vaut beaucoup mieux
« estre entierement delivré d'une fausse esperance
« que d'y estre inutilement entretenu ».

Il a reçu « de la personne » à qui il avait envoyé
le Traité des passions, une lettre écrite de sa main,
pour l'en remercier. Il espère qu'elle répondra aux
lettres d'Élisabeth, il sait qu'elle a chargé quelqu'un
d'étudier le livre des « Principes » pour lui en faci-
liter la lecture, mais aura-t-elle le loisir de s'y appliquer, encore bien qu'elle semble en avoir la
volonté. Christine — dont il ne prononce même pas
le nom, tant il se rend compte de l'impression
qu'Élisabeth doit en ressentir — n'a glissé dans sa
lettre aucune allusion à la Palatine, et Descartes,
par un raisonnement un peu artificiel, s'efforce
d'attribuer ce silence aux conséquences de la paix
d'Allemagne, si peu favorable au Palatinat, cette
paix, dont Élisabeth doit garder le ressentiment,
unissant dans sa rancœur, tous les vainqueurs

heureux de la funeste guerre. Il estime que Christine aurait deviné cette impression et se serait tenue sur la réserve « pour ce sujet de (lui) témoigner de « l'amitié ».

L'Électeur Palatin n'a pas accepté la paix (1). Descartes ignore « les raisons particulieres qui le « peuvent mouvoir » et estime que, de sa part, « ce « seroit témérité... d'en faire aucun jugement », il ajoute : « Je puis seulement dire, en général, que, « lors qu'il est question de la restitution d'un Estat « occupé ou disputé par d'autres qui ont les forces « en main, il me semble que ceux qui n'ont que « l'équité et le droit des gens qui plaide pour eux, « ne doivent jamais faire leur conte d'obtenir toutes « leurs pretensions, et qu'ils ont bien plus de sujet « de scavoir gré à ceux qui leur en font rendre « quelque partie, tant petite qu'elle soit, que de vou- « loir du mal à ceux qui leur retiennent le reste. Et

---

(1) Après la longue et ardente opposition des Princes Palatins à la maison d'Autriche, durant la guerre de Trente ans, la paix de Westphalie laissa le Palatinat amoindri, mais en partie rétabli en les dignités dont il jouissait dans l'Empire par la création d'une huitième voix en sa faveur. Absorbé par le réglement des droits que lui créait sa nouvelle situation et par ses contestations avec la Bavière, au sujet de l'exercice du vicariat de l'Empire, l'Électeur Charles-Louis, aussitôt après la conclusion de la paix, chercha à ramener sur lui la faveur de l'Autriche. Il accepta, il est vrai, en 1656 et 1659, les subsides de la France, lui promit son aide et s'entendit avec elle et la Bavière, pour porter Louis XIV à l'Empire, alors que, par contre, il vota, à la diète d'élection de 1658, pour l'archiduc Léopold, et lorsque éclata la guerre de Hollande, il finit par s'allier à la cour de Vienne. Ces virevoltes ne l'empêchèrent point de marier sa fille Elisabeth-Charlotte avec le duc d'Orléans, frère de Louis XIV.

« encore qu'on ne puisse trouver mauvais qu'ils dis-
« putent leur droit le plus qu'ils peuvent, pendant
« que ceux qui ont la force en deliberent, je croy
« que, lors que les conclusions sont arrestées, la
« prudence les oblige à témoigner qu'ils en sont con-
« tens, encore qu'ils ne le fussent pas ; et a remer-
« cier non seulement ceux qui leur font rendre
« quelque chose, mais aussi ceux qui ne leur ostent
« pas tout, afin d'acquerir, par ce moyen, l'amitié
« des uns et des autres, ou du moins d'éviter leur
« haine : car cela peut beaucoup servir, par après,
« pour se maintenir. Outre qu'il reste encore un
« long chemin pour venir des promesses jusqu'à
« l'effet ; et que, si ceux qui ont la force s'accordent
« seuls, il leur est aisé de trouver des raisons pour
« partager entr'eux ce que peut-estre ils n'avoient
« voulu rendre à un tiers que par jalousie les uns
« des autres, et pour empescher que celuy qui s'en-
« richiroit de ses dépoüilles ne fust trop puissant. La
« moindre partie du Palatinat vaut mieux que tout
« l'Empire des Tartares ou des Moscovites, et après
« deux ou trois années de paix, le sejour en sera
« aussi agréable que celuy d'aucun autre endroit de
« la terre ».

On se représente combien devaient tomber à faux
ces conseils trop sages et trop diplomatiques, au
lendemain de la mort de Charles Ier, où semblaient
s'effondrer les dernières espérances des Stuarts,
alors surtout que l'esprit de Descartes se dirige vers
les choses de Suède, depuis si longtemps ennemie
du Palatinat.

Le cœur d'Élisabeth devait en ressentir une impression très douloureuse en dépit même des derniers mots de cette lettre où il dit : « Pour moy, « qui ne suis attaché à la demeure d'aucun lieu, je « ne ferois aucune difficulté de changer ces provinces, ou mesme la France, pour ce pays-là, si « j'y pouvois trouver un repos aussi assuré, encore « qu'aucune autre raison que la beauté du païs ne « m'y fist aller ; mais il n'y a point de sejour au « monde, si rude ny si incommode, auquel je ne « m'estimasse heureux de passer le reste de mes « jours, si Vostre Altesse y estoit, et que je fusse « capable de luy rendre quelque service ; pour « ce que je suis entierement, et sans aucune re- « serve, etc... ».

Descartes a été convié par la reine de Suède (31 mars 1649) à faire à Stockholm « un voyage à « ce printemps, afin de pouvoir revenir avant « l'hyver ». Il ne compte toutefois partir que vers le milieu de l'été et aller prendre, avant ce départ, les commandements de la Palatine. « J'ay dejà, dit-il, si « publiquement déclaré le zèle et la devotion que « j'ay à vostre service, qu'on auroit plus de sujet « d'avoir mauvaise opinion de moy, si on remar- « quoit que je fusse indifferent en ce qui vous tou- « che, que l'on n'aura, si on voit que je recherche « avec soin les occasions de m'acquitter de mon « devoir ». Il assure Elisabeth qu'elle a sur lui « autant de pouvoir que (s'il avait) esté toute (sa) « vie son domestique ».

Que devra-t-il répondre, s'il arrive qu'on se sou-

vienne des lettres qu'il a reçues de la Palatine touchant le souverain bien, lettres dont il avait « fait
« mention l'an passé et qu'on ait la curiosité de
« les voir? » « Il reviendra, lui dit-il, l'année sui-
« vante, alors que la paix sera en toute l'Allemagne
« et il prendra au retour son chemin par le lieu
« où vous serez ».

En son message du 4 juin 1649 (date approximative),
Descartes écrit que Chanut, de passage en France, lui
« a parlé si avantageusement de cette merveilleuse
« Reine, que le chemin ne (lui) semble plus si long
« ny si fascheux qu'il faisoit auparavant » ; il
compte toutefois recevoir encore des nouvelles de la
Suède et s'efforcera « d'attendre le retour de
« M. Chanut pour faire le voyage avec luy... Au reste,
« je m'estimerois extrêmement heureux, si, lors que
« j'y seray, j'estois capable de rendre quelque ser-
« vice à Vostre Altesse. Je ne manqueray pas d'en
« rechercher avec soin les occasions, et ne craindray
« point d'ecrire ouvertement tout ce que j'auray fait
« ou pensé sur ce sujet, à cause que, ne pouvant
« avoir aucune intention qui soit préjudiciable à
« ceux pour qui je seray obligé d'avoir du respect,
« et tenant pour maxime que les voyes justes et
« honnestes sont les plus utiles et les plus sures,
« encore que les lettres que j'ecriray fussent vûes,
« j'espère qu'elles ne pourront estre mal interpre-
« tées, ny tomber entre les mains de personnes qui
« soient si injustes, que de trouver mauvais que je
« m'acquitte de mon devoir et fasse profession ou-
« verte d'estre, etc. ».

CHAPITRE XI

Descartes est arrivé en Suède au commencement
d'octobre, et il écrit de Stockholm, le 9 de ce mois,
à Elisabeth, pour lui faire les offres de son « très
« humble service... afin qu'elle puisse connoistre
« que le changement d'air et de païs ne peut rien
« changer ny diminuer de (sa) devotion et de (son)
« zèle ». Il n'a vu encore que deux fois la reine
Christine qui n'a pas « moins de mérite et (a) plus
« de vertu que la renommée luy en attribuë. Avec
« la générosité et la majesté qui éclattent en toutes
« ses actions, on y voit une douceur et une bonté,
« qui obligent tous ceux qui aiment la vertu et qui
« ont l'honneur d'aprocher d'elle, d'estre entière-
« ment devoüez à son service. Une des premières
« choses qu'elle m'a demandées a esté, si je sçavois
« de vos nouvelles, et je n'ay pas feint de luy dire
« d'abord ce que je pensois de Vostre Altesse; car,
« remarquant la force de son esprit, je n'ay pas
« craint que cela luy donnast aucune jalousie,
« comme je m'assure aussi que Vostre Altesse n'en
« sçauroit avoir, de ce que je luy écris librement
« mes sentimens de cette reine ».

LETTRE AUTOGRAPHE D'ÉLISABETH

adressée à Colvius, le 15/25 novembre 16

Phot. Delphin Petit

Christine, dit Descartes, est portée à l'étude des
lettres, elle recueille beaucoup de livres anciens;
la langue grecque elle-même l'intéresse, mais
comme elle n'a encore « rien vu de la philosophie »,
il ne peut juger du « goût qu'elle y prendra ». Peut-
être y viendra-t-elle, mais, en tout cas, « la vertu
« que je remarque en cette princesse, m'obligera
« tousjours de preferer l'utilité de son service au
« desir de luy plaire; en sorte que cela ne m'em-
« peschera pas de luy dire franchement mes senti-
« mens; et s'ils manquent de luy estre agreables,
« ce que je ne pense pas, j'en tireray au moins
« cet avantage que j'auray satisfait à mon devoir,
« et que cela me donnera occasion de pouvoir d'au-
« tant plutost retourner en ma solitude, hors de
« laquelle il est difficile que je puisse rien avancer
« en la recherche de la vérité; et c'est en cela que
« consiste mon principal bien en cette vie. Monsieur
« Freinshemius a fait trouver bon à sa majesté
« que je n'aille jamais au Chasteau, qu'aux heures
« qu'il luy plaira de me donner pour avoir l'hon-
« neur de luy parler; ainsi je n'auray pas beaucoup
« de peine à faire ma cour, et cela s'acommode fort
« à mon humeur. Après tout néantmoins, encore
« que j'aye une très grande veneration pour sa
« majesté, je ne croy pas que rien soit capable de
« me retenir en ce païs plus long-temps que jus-
« ques à l'esté prochain; mais je ne puis *ab-*
« *solument répondre de l'avenir* » (1). Je puis

(1) En recherchant, dans les t. IV et V de l'édition d'Adam et
Tannery, les lettres des différents correspondants de Descartes,

« seulement vous assurer que je seray toute ma
« vie, etc. ».

Cette lettre terminée par une réflexion si mélancolique est la dernière que Descartes écrivit à Elisabeth; il mourut, en effet, à Stockholm, le 11 février 1650. La princesse, de son côté, lui avait écrit,
sous la date du 4 décembre 1649, les dernières
lignes qui vont clore cette correspondance. Elle lui
mande que sa lettre du 9 octobre lui a été très
agréable; elle y trouve, dit-elle, une preuve « fort
« obligeante de la continuation de vostre bonté pour
« moy, qui m'asseure aussi de l'heureux succès de
« vostre voyage, puisque le sujet en merite la peine
« et que vous trouvez encore plus de merveilles en la
« reine de Suède que sa réputation n'en fait éclater.
« Mais il faut avouer que vous estes plus capable de
« les connoistre que ceux qui se sont meslés jusqu'icy
« de les proclamer. Et il me semble en savoir plus,
« par ce peu que vous en dites, que par tout ce que
« j'en ay appris d'ailleurs. Ne croyez pas toutefois
« qu'une description si avantageuse me donne ma-
« tière de jalousie, mais plutost de m'estimer un
« peu plus que je ne faisois avant qu'elle m'a fait

où il est question de son voyage en Suède, nous relevons celle
que Descartes écrivit à l'abbé Picot, le 30 août 1649, où il
le tient au courant de divers emprunts qu'il avait contractés
et de sommes qui lui étaient dues. Il l'entretient, dit-il, de ces
questions « estant sur le point de partir pour aller à Stockholm
et *considérant que je puis mourir dans le voyage...* ». Devons-
nous y voir la trace d'un pressentiment ou seulement une de
ces précautions familières à nos grands-parents chaque fois
qu'ils devaient prendre le coche pour un assez long voyage?

« avoir l'idée d'une personne si accomplie, qui af-
« franchit nostre sexe de l'imputation d'imbécilité
« et de faiblesse que MM. les pedants lui vouloient
« donner. Je m'asseure, lorsqu'elle aura une fois
« gousté vostre philosophie, elle la préferera a leur
« philologie. Mais j'admire qu'il est possible a cette
« princesse de s'appliquer à l'étude comme elle
« fait, et aux affaires de son royaume aussi, deux
« occupations si différentes, qui demandent cha-
« cune une personne entière. L'honneur qu'elle
« m'a fait, en vostre présence, de se souvenir de
« moy, je l'attribue entierement au dessein de vous
« obliger, en vous donnant sujet d'exercer une cha-
« rité que vous avez témoigné d'affecter en beau-
« coup d'autres occasions, et vous dois cet avan-
« tage, comme aussi, si j'obtiens celuy d'avoir
« quelque part en son approbation, que je pourray
« conserver d'autant mieux que je n'auray jamais
« l'honneur d'estre connue de sa majesté autrement
« que vous me représentez. Je me sens toutefois
« capable d'un crime contre son service, estant
« bien aise que vostre extreme veneration pour elle
« ne vous obligera pas de demeurer en Suède. Si
« vous en partez cet hyver, j'espère que ce sera en
« la compagnie de M. Kleist, où vous trouverez la
« meilleure commodité pour donner le bonheur de
« vous revoir à vostre très affectionnée à vous servir ».

Cette lettre, avec ce rendez-vous si bien précisé,
pour un avenir tout prochain, devait être à peine
parvenue en Suède, si toutefois elle y est arrivée à
temps, quand mourait Descartes.

C'est Chanut qui eut la cruelle mission d'informer Elisabeth de cet événement, dans les termes que nous reproduisons ci-dessous (1) :

19 février 1650.

« A Madame Elisabeth Palatine.

« Le devoir que je rends présentement à Vostre
« Altesse Royale est le dernier de tous ceux par
« lesquels j'aurois desiré luy tesmoigner mon tres
« humble respect ; mais je pense estre obligé a luy
« rendre compte d'une personne qu'elle estimoit
« pour son rare mérite, et vous dire, Madame, avec
« une douleur incroyable, que nous avons perdu
« Monsieur d'Escartes. Nous fusmes, luy et moy,
« atteints quasi en mesme temps d'une pareille
« maladie (2) de fiebvre continue avec inflamation
« de poulmon ; mais pour ce que sa fiebvre fut au
« commencement plus interne, il ne la jugea pas si
« dangereuse et ne souffrit pas qu'on luy tirast du
« sang pendant les premiers jours, ce qui rendit le

(1) Bibliothèque Nationale, m⁵ fonds français, 1862, cinquième volume, année 1650. Ce recueil contient six volumes cotés 17962-17967. Il est intéressant, pour la consultation de ces volumes, de se référer à un manuscrit (vol. 17961) qui a pour titre : « Extrait des principales matières contenues dans les lettres de M. Chanut, résident de France à la cour de Suède, écrites à M. le comte de Brienne ». Cinq cahiers en un volume relié. Provient de la Bibliothèque de Coislin, 1732.

(2) Descartes fut atteint de fluxion de poitrine le 2 février ; il n'était que depuis quatre mois en Suède.

Ce ne fut que seize ans après, en 1666, que ses amis et ses disciples, de plus en plus nombreux, firent revenir de Suède à Paris

« mal si violent, que toutes nos peines et le soing
« continuel que la Reine de Suède a pris de luy
« envoyer ses medecins, n'ont point empesché qu'il
« ne soit decedé le neufiesme jour de sa maladie. Sa
« fin a esté douce et paisible et pareille à sa vie.

« Pour ce qu'il me faisoit l'honneur de vivre avec
« moy, j'ay esté obligé d'avoir soing de ce qu'il a
« laissé, et faire dresser un inventaire de tout ce qui
« s'est trouvé dans ses coffres ».

Le 16 avril suivant, Chanut écrivit de nouveau à la
princesse Elisabeth :

« Madame,

« J'obéis à l'ordre qu'il a pleu à Vostre Altesse
« Royalle me donner, et je mets entre les mains de
« M. l'Ambassadeur de Brandebourg ce paquet, dans

ses restes mortels et honorèrent sa mémoire par de magnifiques
funérailles, en l'église Saint-Etienne-du-Mont.

Nous reproduisons ci-dessous l'épitaphe de Descartes par
Ch. Huyghens :

> Sous le climat glacé de ces terres chagrines,
> Où l'hiver est suivi de l'arrière-saison,
> Te voici sur le lieu que couvrent les ruines
> D'un fameux bastiment qu'habita la Raison.
>
> Par la rigueur du sort et de la Parque infame,
> Cy gist Descartes au regret de l'Univers.
> Ce qui servoit jadis d'interprète à son ame,
> Sert de matière aux pleurs et de pâture aux vers.
>
> Cette ame qui tousjours, en sagesse féconde,
> Faisait voir aux esprits ce qui se cache aux yeux,
> Après avoir produit le modèle du monde,
> S'informe désormais du mystère des cieux.
>
> Nature, prends le deuil, viens plaindre la première,
> Le grand Descartes, et monstre ton désespoir ;
> Quand il perdit le jour, tu perdis la lumière :
> Ce n'est qu'à ce flambeau que nous t'avons pu voir.

« lequel j'ay enfermé tout ce qui s'est trouvé de
« lettres de Vostre Altesse Royale entre les papiers
« de feu M. Descartes, ainsy confusement comme
« elles se sont rencontrées, sans que je les aye veües
« ny touchées autrement que pour leur donner un
« mesme ply, afin de les joindre commodement. Ce
« n'est point, Madame, que je ne croye qu'en cela
« vous commettez une injustice, non seullement
« pour ce que les proches de cet homme illustre
« auroient interest qu'il restast en leur maison quel-
« ques marques de l'honneur qu'il a eu d'estre en
« vostre approbation, mais aussy pour ce qu'il eust
« esté à propos que quelques-unes de ses lettres
« paroissans justifiassent au monde ce qu'il a escrit
« en l'Espitre dedicatoire de ses Principes à Vostre
« Altesse Royale ; car il arrivera un jour que, l'envie
« estant esteinte, on ne doutera plus des fondemens
« qu'il a descouverts en la structure du monde ; le
« temps et les experiences affermiront cette doctrine,
« qui nous sembloit extraordinaire ; mais il sera
« tousjours incroyable à la posterité qu'une per-
« sonne de l'aage et de la condition de Vostre Altesse
« Royale ayt esté la première et longtemps quasi la
« seulle qui a compris ces veritéz. C'est pourquoy,
« Madame, il me semble que, pour descharger la
« memoire de mon amy de tout soupçon de flatterie,
« il estoit juste que vous permissiez que quelques
« unes de vos lettres fussent veües pour servir comme
« d'une demonstration geometrique de ce qu'il a
« escrit en cette Epistre ; car, bien qu'elles ne soient
« pas estudiées a dessein d'y faire paroistre l'es-

« tenduë des lumières de vostre esprit, elles en sont
« pourtant des images d'autant plus naifves, qu'elles
« représentent avec pureté vostre raison agissante
« en la recherche de la verité. Ce qui m'en fait juger
« ainsy est que, M. Descartes me donnant, il y a deux
« ou trois ans, la copie de six lettres qu'il avoit
« escrites a Vostre Altesse Royale, sur le suject du
« Souverain Bien, il me fit sçavoir en mesme temps
« qu'il en avoit encore quelques autres sur le mesme
« dessein, qu'il ne m'envoyoit pas, pour ce qu'elles
« ne pouvoient estre entendues sans celles de Vostre
« Altesse Royalle, qu'il ne me pouvoit communiquer
« que par sa permission; mais qu'il vous la deman-
« deroit quelque jour, et qu'alors j'en pourrois offrir
« la lecture à la Reine de Suède, pour laquelle j'avois
« principallement désiré ces lettres sur cette matière.
« Je ne doute point qu'entre ses papiers, je ne trouve
« les minuttes de celles qu'il differa lors de me
« donner. Ce nous sera neamoins un bien inutile,
« puisque leur intelligence depend de celles de
« Vostre Altesse Royale; au lieu que, si nous avions
« la suitte de ce que vous avés pensé sur cette
« haute meditation, et les responses qu'il a faites,
« il y auroit de quoy en faire un très utile present,
« sinon au public, au moins à la Reine de Suede,
« qui sçait bien donner le juste prix aux ouvrages
« de ce merite, et qui, voyant partout la vertu sans
« envie, serait très aise d'estre confirmée par son
« propre jugement dans l'estime singulière qu'elle
« fait de la personne de Vostre Altesse Royale. Nous
« pourrions adjouster a ces rares lettres celles qu'il

« m'escrivit aussy, il y a deux ans, en reponse de
« cette mesme question du Souverain Bien et de
« deux autres presque aussy importantes que je luy
« avoit proposées, Sa Majesté l'ayant ainsy desiré.
« Vostre Altesse Royale voit que, sans entreprendre
« jusqu'icy de l'en prier, je luy represente des rai-
« sons assés considérables pour la persuader de
« nous donner la copie de ces lettres qui concernent
« ce particulier entretien du Souverain Bien, qui ne
« peut avec raison demeurer particulier, puisque
« tous les hommes ont droit de pretendre leur part
« en la chose dont il traicte.

« Mais, après les raisons publiques, j'oseray,
« Madame, vous supplier de me faire cette mesme
« grace sous telles conditions qu'il plaira a Vostre
« Altesse Royale, afin que l'obeissance que je luy
« rends avec une si exacte fidelité, soit recompensée
« par la chose mesme où je l'exerce; et que mon
« esprit, privé des lumières qu'il attend de ces
« bonnes lettres, ne reproche point à ma volonté
« qu'elle s'est donnée des loix trop severes, et que
« j'ay observées avec d'autant plus de peine qu'apres
« avoir receu la lettre dont il a peu a Vostre Altesse
« Royale m'honorer, je connois mieux la valeur du
« bien qui m'eschappe. Je soumets pourtant ma sup-
« plication a ce qu'il plaira a Vostre Altesse Royale
« d'en resoudre, et je luy demande mesme pardon
« d'avoir osé l'importuner jusqu'a ce point.

« Il me reste, Madame, a satisfaire a ce que vous
« avez desiré sçavoir touchant les derniers jours de
« M. Descartes. La fievre luy monta d'abord au cer-

« veau et luy osta le jugement de son mal, sans
« qu'il y eust autre égarement en son discours jus-
« qu'a la fin, sinon qu'il ne creut point les sept
« premiers jours avoir la fievre. Sur la fin du sep-
« tiesme, la chaleur quittant un peu la teste et
« s'estendant partout, il reconnut incontinent qu'il
« s'estoit abusé, en marqua luy mesme la cause et
« se fit tirer du sang deux fois en peu d'heures, ce
« qu'il avoit tousjours refusé. Mais il jugea bien qu'il
« estoit tard, et le huictiesme il me dit que pendant la
« nuict il avoit fait son compte et s'estoit resolu a sortir
« du monde sans peine et avec assurances aux mise-
« ricordes de Dieu. Il adjousta quelques autres dis-
« cours fermes et pieux, et dignes d'un homme non
« seulement philosophe, mais religieux, qui nous
« donnoit a tous un exemple de pureté et de probité
« dans la vie, et qui un mois auparavant avoit faict
« les devoirs d'un veritable catholique. Nous fusmes
« neantmoins bien trompez, luy et moy, dans l'estime
« de ses forces; car il fut plus pressé que nous
« n'avions pensé : la nuict suivante, l'oppression de
« sa poictrine augmenta jusqu'a luy oster la respira-
« tion. Il se sentit finir sans trouble et sans inquie-
« tude; et n'aiant pas la parolle libre, il nous donna
« des signes plusieurs fois repetez qu'il se retiroit
« content de la vie et des hommes, et confiant en la
« bonté de Dieu. Je crois, Madame, que s'il eust
« pensé le jour précedent estre si proche de sa fin,
« ayant encore la parolle libre, il m'eust recommandé
« plusieurs choses de ses dernieres volontez, et
« m'eust en particulier ordonné de faire sçavoir a

« Vostre Altesse Royale qu'il mouroit dans le mesme
« respect qu'il a eu pour elle pendant sa vie, et qu'il
« m'a souvent tesmoigné par des parolles plaines de
« reverence et d'admiration. Et puisque je sçay qu'il
« m'auroit chargé de rendre pour luy a Vostre Altesse
« Royale, autant qu'il me seroit possible, tous les
« respects et les obeissances qu'il luy debvoit, je me
« tiens engagé, plus que tout le reste des hommes, a
« estre toute ma vie avec ardeur et affection,
« Madame, de Vostre Altesse Royale, le très hum-
« ble, etc..... »

Chanut avait écrit le 12 février à M. de Brienne :
« Nous sommes affligéz en cette maison par le décès
« de M. Descartes, duquel je ne doute point, Mon-
« sieur, que vous n'ayez connu la réputation. C'es-
« toit un homme rare dans le siecle; la reine de
« Snède avait desiré de le voir avec passion ; il estoit
« venu cet automne, et sa majesté le voyoit deux ou
« trois fois la semaine dans son cabinet d'estude à
« cinq heures du matin. Il tomba malade, quinze
« jours après moy, d'un mal tout pareil et qui le
« saisit avec les mesmes simptomes ; mais, qu'il fust
« plus violent, ou que la difficulté qu'apporta le dict
« sieur Descartes à se laisser tirer du sang les pre-
« miers jours, ait augmenté l'inflammation, il n'a
« point passé le neufiesme. C'estoit un homme d'un
« sçavoir exquis; mais l'intime amitié qui estoit entre
« luy et moy me rend encore plus sensible ».

On sait que Christine voulut faire enterrer Descartes à côté du tombeau des rois de Suède.

Van Ceulen, px.   Phot. Delphin Petit.

ANNA DE SCHURMANN

Musée de Lille.

CHAPITRE XII

ÉLISABETH, ABBESSE D'HERFORD. — MORT
D'ÉLISABETH (1680).

Dix-sept ans après la mort de Descartes, le 27 mars
1667, la princesse Élisabeth fut intronisée abbesse
d'Herford (1), où elle exerçait, sous le protectorat
des ducs de Brandebourg et de l'Empereur, un véritable gouvernement civil, troublé parfois par les
émeutes de la vieille cité hanséatique. Le clergé et
les serviteurs d'Herford demeuraient en des habita-
tions isolées qui avaient appartenu jadis aux che-
valiers. Cette abbaye, située non loin du tombeau de
Witikind, remonte, dit Foucher de Careil, au temps
du héros saxon (2).

(1) Avant de se fixer à l'abbaye d'Herford, Élisabeth avait pendant quelque temps continué ses voyages à Berlin, où sa cousine
Julianne et son cousin le grand Électeur aimaient à la retenir
(lettre de la duchesse d'Orléans à la Raugravine Louise; Versailles, 21 décembre 1710). Sa sœur l'Électrice Sophie la reçut
plus tard en ce même palais. Elle se rendait aussi souvent à
Heidelberg, auprès de son frère l'Électeur palatin Charles-
Louis.

(2) Herford est située au confluent du Were et de l'Aa, dans le
centre de l'ancienne Saxe de Westphalie, entre Minden et Pater-

La Palatine fit, de cette abbaye, non un sévère couvent, mais une libre académie, une retraite pour tous les gens de lettres de quelque nation, de quelque religion, de quelque secte qu'ils fussent.

En cette demeure était venue la rejoindre Anna de Schurmann. Elle portait maintenant la robe de laine (1) et se comparait, dans son zèle pour les saints du Seigneur, aux Pola et aux Eustochia.

Anna s'était attachée à Jean de Labadie que, ni les Jésuites qu'il avait abandonnés, ni Port-Royal,

born. Dans la visite que j'ai faite, avec mon excellent ami, Maxime Ducrocq, à cette intéressante cité (septembre 1903), nous avons pu reconstituer le plan de l'ancienne abbaye qui est devenue un établissement d'enseignement, et nous avons vu, dans l'église, le tombeau d'Elisabeth, que nous décrirons plus loin. Le petit musée nous a fourni aussi de précieuses indications iconographiques. Dans les promenades que nous fîmes au bord de l'Au, où des moulins donnent au paysage une poétique animation, nous cheminions sous de belles frondaisons, dans des sites de verdure tout à fait exquis. Nous avons retrouvé le quartier de Hollande (souvenir des Labbadistes) et la Freiheit strasse, qui rappelle l'ancien asile (Freiheit) au temps de la ville libre.

Le Directeur de l'Ecole royale d'agriculture, M. Droysen, nous a montré une peinture murale peinte en 1896, par Conrad Astfalk, de Berlin, représentant l'empereur de Saxe, Henri Ier, venant à l'abbaye d'Herford chercher sa fiancée, la princesse Mathilde de Henger, à peine âgée de 16 ans. Cette descendante de Wittkind était élevée dans l'abbaye par sa grand'mère, abbesse d'Herford. (Cf. *de Lille à Berlin*, Dusseldorf, Herford, Hanovre, Cassel.) Conférences faites à la Société d'Economie politique et de statistique de Lille, par MM. Maxime Ducrocq et Victor de Swarte. Lille, Dubar, 1904.

(1) Que nous voilà loin du temps où Balzac enflait ses hyperboles à l'adresse de la jeune poétesse, et où les poètes rimaient pour elle d'amoureux versiculets, que nous reproduisons ci-des-

avec qui il avait tant de points communs, n'avaient
pu rappeler à eux (1).

sous, sans les traduire toutefois. C'est un poète qui adresse à un
autre amoureux d'Anna quelques vers d'une tournure étrange :

> Serus amas : sero nimium tibi poscitur Anna.
> Prœvertit stimulos nostra libido tuos
> Hanc tetigi, hanc pupugi : sed non ut Phillida Mopsus.
> Jupiter Asterien, Cynthius Antiopam
> Et tetigi tamen et pupugi, sed carmine blando ;
> Inque vicem blando carmine me pupugit.
> Succuba nemo fuit, nemo fuit incubus, insons
> Virginitas, insons flamma thorusque fuit ;
> Ergo sumus gemini, verum sine crimine mœchi
> At mea laus hæc est : me coiisse priùs.

Après ce langage tout à la fois grivois et entortillé, nous
croyons intéressant de reproduire encore, dans cette note, les
vers que le jésuite Janus, recteur de l'école latine de Bère,
adressa à Anna ; ce ne sont que de fades et prétentieux compliments, il l'appelle une virago, une Minerve masculine.

> Aurea virgo jacet, virgo admiranda virago est
> Lingua virum loquitur, loquitur lingua unica linguas.
> Quatra charis, decima est musarum, mascula Pallas.

Berlœus, qui a la palme de l'exagération prétentieuse dans ce
tournoi, écrit à Huygens, en un style pompeusement précieux,
que, comme elle n'aime que le *divin* et l'excellent, elle ne peut
épouser un simple mortel, et qu'elle attend que les dieux la
courtisent : *Deos amasios expectat.*

Un autre lui écrit :

> Quod sequiore viris memoretur femina sexu.

Et finit ainsi :

> Si nullus : sexu cur meliore viri ?

De toutes parts éclate un concert de louanges grotesques et am-
poulées, dont le moindre tort est de la comparer aux hommes,
de dire qu'elle a vaincu son sexe, qu'elle surpasse le nôtre :

> Mascula mens aliis torpet, premiturque virilis
> Fœmineo tandem pondere victa manus ;
> Ille superat natura fidem : Schurmania sexum
> Egregio vincit corpore, mente viros.

(1) A la suite de *la vie, mort et doctrine de Jean Calvin, autrefois ministre de Genève,* escrite par Hierosme Hermes Bolsec,

Après des prédications éloquentes à Bordeaux et
dans le Midi, après des essais de vie commune dans
la Picardie, toujours persécuté, toujours luttant, il
abjura la religion catholique parce que, disait-il, sa
corruption lui paraissait si profonde, qu'il désespérait du remède ; il embrassa alors la religion réformée, qu'il délaissa ensuite, entrevoyant la nécessité d'une nouvelle réforme. Il enseignait, dit Foucher
de Careil, la régénération intérieure, la révélation
continue de Dieu à l'esprit de l'homme, la vanité du
culte extérieur et de l'idolâtrie biblique, la doctrine
de saint Augustin sur la prédestination et celle de
Jansénius sur la grâce. Il rêvait une nouvelle forme
de vie et de Société chrétienne, plus pure et plus
libre, et qui se rapprochât davantage de la primitive
église. On lui reprochait de s'éloigner de la
religion réformée, sur plusieurs dogmes. On disait
qu'il renouvelait l'hérésie décriée des millénaires(1);
on l'accusait, enfin, dans ses rêves de régénération
sociale, trop tôt suivis d'effet, de formuler des doc-

docteur-médecin, 30 pages signées de François Mauduit sont
consacrées à Jean Labadie, sous le titre : « Advis charitable à
Messieurs de Genève », touchant la vie du sieur Jean Labadie,
cy-devant jésuite dans la province de Guyenne, et après chanoine
à Amiens, puis janséniste à Paris ; de plus, illuminé et adamite
à Tholose, et ensuite carme et hermite à La Graville, au diocèse
de Bazas, et à présent ministre audit Genève. (Lyon, Antoine
Offroy, 1664.)

(1) Sectaires chrétiens qui croyaient qu'après le jugement universel les élus demeureraient mille ans sur la terre à jouir de
toutes sortes de plaisirs. Pascal, dans ses *Pensées*, parle
XXV, p. 159. Ed. Havet) des extravagances des apocalytiques,
adamites, millénaires, etc.

trines dangereuses et de pratiquer la communauté
des biens. Il prêcha en Suisse, à Middelbourg, puis
à Amsterdam, tant contre l'église établie que contre
la philosophie, et surtout contre la philosophie cartésienne, qu'il dénonça et attaqua en la personne du
mathématicien Louis de Wolzogen.

M⁽ˡᵉ⁾ de Schurmann vécut avec Labadie et quelques
autres disciples des deux sexes, dans une sorte de
communauté religieuse, et elle partagea son exil,
lorsqu'à la suite des troubles qu'excitaient ses prédications, il fut expulsé de Hollande, par un édit du
Conseil d'Amsterdam.

Le souvenir de sa vie passée avait réveillé en elle
l'amitié qu'elle avait eue pour Elisabeth, et celle-ci
ne pouvait la rendre responsable des menées cou-
pables, susceptibles de nuire à la tranquillité
publique. « Il nous parut évident, écrit-elle à Elisa-
« beth, que c'était Dieu qui nous procurait cette
« occasion tant désirée de mener une vie religieuse,
« et nous résolûmes d'envoyer près de la princesse,
« à Herford, notre cher ami et frère en J.-C., le
« pasteur du Lignon, célèbre par sa connaissance
« des choses divines et humaines, et dont la can-
« deur était pareille à celle des saints. Il accepta
« cette négociation. Tout réussit selon nos vœux, et
« les conditions furent agréées de part et d'autre ».

Elisabeth, en son âme généreuse, n'envisageant
que l'infortune des proscrits, n'aurait pas hésité à
recevoir dans son abbaye, sous l'impression du
malheur qui le frappait, Labadie, l'ennemi de la
philosophie de Descartes. Le duc de Brandebourg,

sollicité par elle, y avait même tout d'abord souscrit,
mais il hésita devant les clameurs des Hollandais.
L'abbesse, de son côté, menaça de faire occuper
la ville militairement par mille dragons, et elle
écrivit à nouveau au grand-duc pour lui rappeler
l'autorisation qu'il avait donnée. Elle démontrait que
la révolte de conscience des Hollandais ne pouvait, en
aucune façon, se justifier, puisque les doctrines de
Labadie avaient été jugées par le ministre du duc lui-
même, et aussi par quelques prédicateurs comme
tout à fait conformes, dans les points essentiels, à
la croyance réformée. Labadie, du reste, avait
adhéré « au synode de Dordrecht, aux institutions
« de Calvin, et au catéchisme d'Heidelberg ».

« Ils n'ont pas, disait-elle, occasionné le moindre
« scandale en ces lieux », ils vivent « dans la crainte
« de Dieu, et leur conduite est exemplaire. ..... Mon
« unique intention est donc, en cette affaire, de
« rendre à Dieu l'honneur qui lui est dû, puis d'aider
« ces personnes dans leurs bonnes et chrétiennes
« résolutions.

« ..... Les bourgeois de la ville, négociants et
« ouvriers, qui profiteront, sous tous les rapports,
« de leur présence, n'ont rien de dommageable à
« attendre de leur part ». Le duc, indisposé par des
rapports défavorables, crut devoir ordonner une
enquête, tout en ménageant les droits et les désirs
d'Elisabeth, qui, le 20 novembre 1670, plaida, auprès
de lui, leur cause, en disant : « le magistrat sait bien
« que ce ne sont pas des *quakers*, mais de vrais
« réformés. Les bourgeois ont déjà formé le projet

« de les faire mourir de faim en leur refusant des
« vivres, mais j'ay assez de moyens d'y pourvoir et
« de les nourrir sans eux ».

En ne les voulant pas confondre avec les quakers,
cette secte de *trembleurs*, qui faisait alors tant de
bruit, de l'autre côté de la mer du Nord, Elisabeth
dont la renommée de sainteté et de grandeur était
parvenue jusqu'en Angleterre, éveillait ainsi les
espérances de Georges Fox, pour le succès du qua-
kerisme, en Allemagne. Quelques quakeresses,
Isabella Fella, belle sœur de Fox, la femme de Keith
et une Hollandaise, se rendirent à Herford, attirées
par la réputation de l'abbesse.

L'austère Fox, si rude d'habitude, lui écrivit une
lettre toute en douceur et en flatterie et la Palatine
lui répondit : « .... votre lettre, et la visite de vos
« amies, m'a été egalement agréable, je suivrai leurs
« conseils tant que Dieu m'accordera sa lumière et
« sa grâce ».

Plus tard, en 1676, William Peen, accompagné de
Robert Barclay, de Norden, vint passer trois jours à
Herford, après avoir prononcé dans diverses réunions
en Allemagne, des discours où « la Sainte Ecriture
« était prêchée, les morts réveillés et les vivants for-
« tifiés ».

Dans le journal inédit de son voyage, il raconte
qu'au dernier service divin célébré à Herford,
le jour de leur départ, Dieu « fit retentir à leurs
oreilles ses trompettes éclatantes, et les força de
reconnaître que c'était lui qui leur parlait, et que
personne ne lui était égal.... Il répandit sur nous sa

vie divine, plus douce que le plus pur encens, plus
suave que la myrrhe la plus odorante qui vient des
pays lointains ».

Elisabeth troublée demanda à Peen, au moment de
son départ : « Ne reviendrez-vous plus jamais ici? —
Je vous en prie, à votre retour, revenez ».

Peen lui répondit : « Nous sommes aux ordres du
Seigneur, et comme nous dépendons de lui, nous ne
pouvons rien promettre avec certitude ».

Il reparut à Herford, quelques mois après et, à
son départ, Elisabeth le remercia des « heures si
douces » de son séjour auprès d'elle, et ajouta : « je
suis persuadée que, bien que ma position m'expose à
bien des tentations, mon âme sent une forte inclination pour le bien ». Peen tomba à genoux et supplia
Dieu de bénir et de conserver sa protectrice et amie.

Elisabeth entretint avec lui une correspondance.
Le 2 mai 1677, elle lui écrit « .... Ce que j'ai fait
pour ces vrais disciples (du Christ) n'est pas autant
qu'un verre d'eau froide, puisque cela ne leur apporte
pas le rafraîchissement ». Le 29 octobre de la même
année, elle le remercie des conseils qu'il lui donne ;
« avant tout, il faut que je sente Dieu régner dans
mon cœur, et ensuite que je fasse ce qu'il me demande ; mais je suis incapable d'enseigner, puisque
je ne reçois pas mes instructions directement de
Dieu même ». Peen lui répond : « Salut à la Princesse Elisabeth, au nom de la Croix! chère et esti-
mable amie, mon âme désire avec ardeur ton (1)

____

(1) Les quakers avaient adopté dans leurs paroles et dans leurs
écrits la formule du tutoiement.

Herfordia um 1600.
Verlag von Reymann Wolff, Herford
Lith. Anstalt v. Joh. Herford
HERFORD
Nach dem im Museum befindlichen Kupferstich.
1) Der Berg und die Kirche. 2) Die Neustädter Kirche. 3) Die Schulkirche. 4) Die Münster- und Altstädter- Kirche. 5) Der Markt-Thurm. 6) Die Radewiger Kirche

salut en ce monde et dans l'autre ». Faisant allusion au bienveillant accueil dont il avait été l'objet, il ajoute : « le Seigneur Jésus t'en récompensera. Il réserve certainement pour toi quelque chose de sa bénédiction, persévère, sois constante, triomphe, et tu hériteras ».

William Peen, qui allait apprendre les lois d'amour et de justice aux peuples de la Pensylvanie, était bien digne de succéder à Descartes dans les affections de la princesse Elisabeth ; l'émancipateur des esclaves remplaçait cet autre émancipateur qui avait, avec tant de force, brisé les chaînes de la raison.

Nous croyons utile de mentionner, avec toutes les réserves qu'il est indispensable de faire en pareille matière, quand il s'agit d'une épistolière aussi fantaisiste, les appréciations que formulait, sur sa tante « Lisbeth », la duchesse d'Orléans, mère du Régent, qui préféra toujours l'électrice Sophie à l'abbesse d'Herford. Elle trouvait Lisbeth « engouée de science » (1) alors que l'Électrice avait un esprit agréable, naturel et gai (lettre à sa sœur Louise, datée de Saint-Cloud, 1718).

Elisabeth avait eu à réformer les mœurs de l'abbaye d'Herford, qui étaient fort relâchées, paraît-il,

____

(1) Les frères et sœurs d'Elisabeth l'avaient surnommée « La Grèce », en raison de l'étendue de son savoir. L'Electrice Sophie, dans ses mémoires, disait qu' « elle était ennuyeuse avec sa philosophie ».

au temps de la princesse de Courlande, que la duchesse d'Orléans qualifie de « tête folle et capricieuse, femme très coquette ». (Lettre à Louise ; Marly, 27 juillet 1700.)

Sa sœur Louise-Hollandine (1) eut aussi à rétablir

(1) N'est-il point curieux de rapprocher la vie d'Élisabeth, abbesse protestante d'Herford et amie de Descartes, de celle de sa sœur Louise-Hollandine, abbesse catholique de Maubuisson, amie de Bossuet.

Elle naquit à La Haye, le 28 avril 1622, et eut pour parrains les États de Hollande (d'où son prénom de Hollandine) et Christian, duc de Brunswick, qui lui avait donné 10,000 écus dans une cassette d'or, alors que les États lui constituèrent une pension viagère de 1,200 livres. Elle aimait les arts et eut pour maîtres les meilleurs peintres. Elle n'était pas, au dire de la duchesse de Longueville, d'une beauté remarquable. La malignité publique lui attribua, comme nous l'avons vu plus haut, certaine aventure galante, on prétendit même qu'elle avait eu plusieurs enfants.

Bornons-nous à constater que Tallement des Réaux, dont la griffe ne ménageait guère qui que ce soit, dit d'elle : « Pour ce qui est de la princesse Louise... elle mène une vie exemplaire ». A l'âge de trente-cinq ans, elle s'évada à Anvers, où elle fit abjuration (25 janvier 1658) ; s'embarqua en Zélande et se rendit au Havre, où son frère Édouard, devenu aussi catholique, vint à sa rencontre et la conduisit à Maubuisson, pour lui présenter ses trois filles qui y étaient élevées (Marie, qui devint la princesse de Salm ; Anne, qui épousa le prince de Condé, et Benedite, qui fut la femme du duc de Brunswick). Elle alla ensuite retrouver aux Visitandines sa tante Henriette de France, reine d'Angleterre, puis vint à la Cour, où elle fit bonne figure. Louis XIV lui assigna une pension de 12,000 écus, et la reine lui fit don d'un service de vaisselle d'argent.

Elle prit le voile à Maubuisson et fut admise à la profession le 19 décembre 1660. A son tour de roulement elle balayait l'église, avait supprimé ses armoiries, portait la chemise de serge et buvait dans un godet de terre.

Sa nièce, la duchesse d'Orléans, écrit qu' « elle était aimable et plaisante... je ne m'ennuyais pas un instant avec elle... »

La peinture était sa distraction favorite, elle avait commencé à

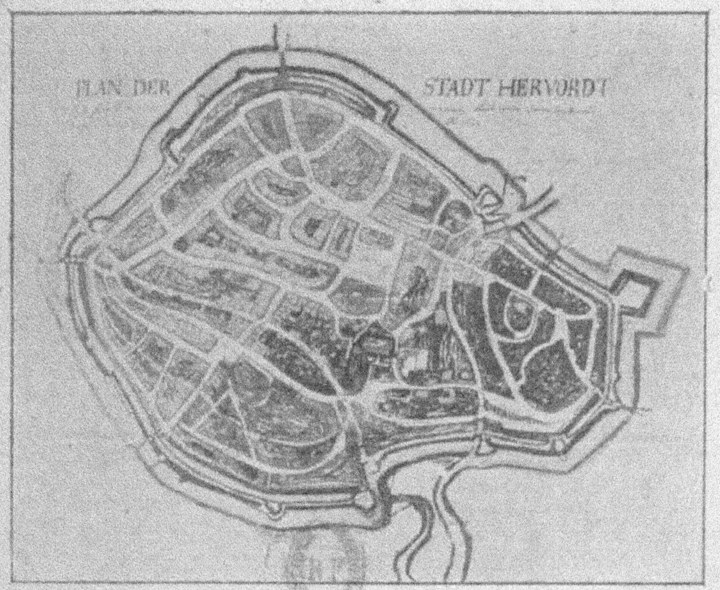

PLAN DE LA VILLE D'HERFORD EN 1638.

la discipline, dans l'abbaye catholique de Maubuisson (1) qui, au temps d'Henri IV, avait une allure très mondaine.

L'Electeur Charles-Louis qui était quelque peu caustique, plaisante « l'austérité » de la dévotion d'Elisabeth « qui n'a pu, lui écrit-il, empêcher le retour de (son) embonpoint » (16 mars 1678). Dans une autre lettre (Fridrich Bon, 5 mars 1677), il plaisante les extases de Mlle de Harington et raille Robert Barclay et son apologie de la religion chrétienne, qu'elle lui avait envoyée : « Il me semble, lui dit-il, que l'auteur n'est pas assez régénéré, puisqu'il se vante d'être le parent du feu roi Jacques » (2).

Elisabeth avait eu, avec son frère l'Electeur, quelques difficultés au sujet de questions d'intérêt, notamment à propos des revenus du cloître de Liberano, près de Worms, et la correspondance

peindre à l'âge de sept ans ; on lui devait les tableaux de la chapelle Saint-Michel, ceux de l'aile gauche du chœur et les *Scènes de la vie de la Vierge*, placées dans la chapelle du dortoir (1667). Une toile représentant la *Justice avec ses attributs*, entourée de *plusieurs génies*, fut offerte par elle à la Chambre des comptes ; sauvée lors de l'incendie de 1734, elle fut retrouvée ensuite dans quelque grenier, et orna, jusqu'à l'incendie de 1871, la grande salle de la Cour des comptes (M. de Guilhermy, Inscriptions de la France, t. II). A l'exposition rétrospective de Versailles (juin-juillet 1881), n° 1399 du livret, on exposa un de ses tableaux, la *Résurrection*, avec cette mention : « Fait et donné par Mme Marie-Louise Palatine, abbesse de Maubuisson, pour lors âgée de soixante-dix-sept ans (1695) ». C'était une peinture assez médiocre et en mauvais état.

(1) Cette abbaye avait été fondée par Blanche de Castille.

(2) Foucher de Careil. *Descartes et la princesse Elisabeth*, p. 178 et suivantes.

(lettre datée de Frederickbourg, 7 mars 1674)
s'envenima même à ce point qu'il la menaça d'un
procès ; « on pourra bien trouver, disait-il, un juge
sur terre qui décidera touchant vos prétentions,
puisque la justice divine s'en meslera immédiatement
devant nos derniers jours, ou j'espère qu'elle fera
grâce aux repentents, et la récompense de votre
moderation suppleera au defaut de vous pouvoir
tesmoigner plus satisfactoirement que je suis, Charles-Louis ».

Les embarras que l'Electeur palatin avait avec
Mayence et avec l'Electeur de Brandebourg l'avaient
rendu très irritable, et il écrivait à sa sœur, le 25
décembre 1677 « ni mon humeur, ni l'estat de ma
fortune avant cette guerre, n'auront pu persuader
aux gens de sens, que c'est par gaieté de cœur et
sans necessité inevitable que je m'en suis meslé ».

Toutefois, à l'annonce de sa dernière maladie,
une nuance d'émotion se dessine dans ses lettres. « Je
ne croyais pas ni n'esperois que votre mal devien-
droit au point que vous le mandez à ma sœur d'Os-
nabrugue. J'en suis bien touché et peut-être plus
que vous ne pensez ». (Lettre datée de Freiderisburg,
28 octobre 1679.)

Il lui envoya son médecin. Il paraît que la malade
lisait avec plaisir ces lettres d'un frère d'un caractère
si éloigné du sien ; Charles-Louis lui écrit encore
(juin 1680) : « Je ne vous aurois point importuné de
ma réponse si je n'avois appris de ma sœur d'Osna-
brugue, que mes lettres vous divertissois. J'ai ouï dire
que c'est un bon signe de vie, quand un médecin

condamne à la mort, et que son admonition est moins
fatale que celle du ministre ».

On comprendra mieux maintenant le contraste
piquant de ces deux natures : Elisabeth, un peu
aigrie par l'adversité, et le Palatin demeuré longtemps
gai et de joyeuse humeur, malgré ses infortunes. Il
semble que Descartes n'aurait pas eu grand'peine
à lui enseigner ses principes d'optimisme comme
il essaya vainement de les inculquer à Elisabeth.

Les dernières années de la Palatine furent attris-
tées par la maladie; l'exaltation religieuse, que l'on
voit percer dans ses relations avec William Peen,
avec Labadie et avec Anna de Schurman, avait peut-
être jeté le trouble dans son esprit qui s'était affaibli
peu de temps avant sa mort, si l'on en croit la duchesse d'Orléans.

On peut considérer comme son testament religieux, la lettre ci-dessous, qu'elle adressa à la fin
d'octobre 1679 à sa sœur l'abbesse de Maubuisson :

« Je vis encore, ma chère sœur, mais c'est pour
« me préparer à la mort. Les médecins n'entendent
« plus rien dans ma maladie : aussi je ne me sers
« plus de leurs remèdes. Mais ils s'accordent en cela
« qu'elle procède du défaut de chaleur naturelle et
« d'esprits vitaux, qu'ils ne sauraient suppléer avec
« toute leur science; le ministre dont je me suis
« servie, a dit a mes gens que je devais mettre mes
« affaires en ordre, de peur d'être surprise; ce que
« j'ai fait pour le monde.

« Il ne me reste plus à cette heure qu'à me pré-
« parer pour livrer à Dieu mon âme lavée dans le

« sang de mon Sauveur. Je la connois souillée de
« beaucoup de péchés, et particulièrement d'avoir
« préféré la créature au Créateur, et d'avoir bien
« vécu pour ma propre gloire, qui est une espèce
« d'idolatrie. C'est ce qui me fait souffrir les dou-
« leurs que je sens presque tous les jours avec joie,
« sachant qu'il est juste que ce corps souffre pour les
« péchés qu'il m'a fait commettre. C'est la croix que
« je m'ordonne de prendre pour le suivre jusqu'à sa
« gloire, en renonçant à moi même, pour me sou-
« mettre entièrement à sa volonté ».

Un an après, en 1680, mourut dans la vieille cité
d'Herford, cette Princesse d'une exquise sensibilité,
d'un esprit élevé et philosophique, qui aurait, à coup
sûr, laissé dans l'histoire des Reines une trace im-
périssable, si elle eût daigné partager avec le roi
des Romains, Ferdinand IV, le trône impérial, ou la
royauté de Pologne avec Wladislas VII. Elle ne nous
apparaît pas moins, sous son dédain des grandeurs,
puisqu'elle eut cet honneur incomparable d'être
l'élève et la confidente de Descartes.

Sébastien Bourdon, px.   Phot. Braun.

LA REINE CHRISTINE

Musée de Versailles.

DEUXIÈME PARTIE

DESCARTES ET CHRISTINE DE SUÈDE

CHAPITRE XIII

PORTRAIT DE CHRISTINE, PAR CHANUT

Parmi les nombreux documents qui nous sont passés par les mains, nous livrant quelques traits physionomiques de la reine de Suède, il nous a semblé qu'il importait de mettre en vedette le portrait de Christine, dessiné par Chanut, dans la lettre qu'il adressa, de Stockholm, le 1er février 1648, à M. de Brienne, secrétaire d'État, publiée et commentée par Baillet dans son *Histoire de la Vie de Descartes* (1). Nous en reproduisons de larges extraits, encore bien que l'admiration passionnée du sujet se développe, dans le style de Chanut, en des superlatifs inquiétants pour celui qui recherche avant tout une psychologie vraie. Est-il besoin d'ajouter que nous

(1) Adam et Tannery, *op. cit.* V, p. 538.

n'avons nul motif de suspecter la parfaite sincérité
de l'ambassadeur de France; ce n'est point, en
effet, seulement, en ce document, en quelque sorte
diplomatique, mais aussi dans les lettres qu'il adressait à Descartes, que s'épanouissent ses formules
dithyrambiques.

Il n'en est pas moins qu'après avoir reproduit
ce premier portrait, où le diplomate est dans l'éblouis-
sement d'un personnage presque phénoménal, il
nous a paru utile de mettre en balance des appréciations d'un ordre plus intime où Christine se révèle
elle-même, nous donnant la vision d'un caractère
moins uniformément élevé, d'une nature plus inquié-
tante, plus complexe, plus contradictoire. Chanut
nous représente la reine dissertant en latin, en
français, ou encore en allemand, en flamand, en
suédois, voire même parfois en grec, et faisant sa
partie, avec une égale facilité, dans toutes les discussions de la politique et de la philosophie. Quelle
était, dans tout cet étalage, la part de son jugement
propre et de ses facultés personnelles d'appréciation? Jusqu'à quel point n'était-elle pas le brillant
reflet de connaissances acquises et admirablement
emmagasinées? Cette distinction ne semble pas avoir
donné le moindre souci à Chanut; il est, si j'ose dire,
envoûté, en dépit de son habituelle sagacité, par le
côté prestigieux de cette reine si peu féminine, à
qui de doctes précepteurs ont donné, sur les conseils
de Gustave-Adolphe, l'éducation et l'instruction
réservées d'habitude aux jeunes princes appelés à
gouverner les hommes.

Avec cette légère restriction, et le désir de contrôler l'opinion de Chanut, à l'aide de nouveaux et très précieux renseignements, mis récemment à jour, nous estimons que l'appréciation de l'ambassadeur de France, qui a suggéré à Descartes l'idée du voyage en Suède et celle du philosophe à qui il a été donné d'apprécier, en des entretiens d'une trop courte durée, le caractère de Christine, représentent un ensemble de traits de caractère, qui avait sa place bien marquée au début de cette étude. Ils ont entrevu Christine dans la fascination de son étourdissante érudition, sans se laisser impressionner par le côté étrange et impulsif de la reine.

Car, il faut bien en convenir, dès les années qui ont précédé l'abdication, divers symptômes permettaient déjà de juger cette nature inquiète et agitée. Bien avant qu'elle soit lancée dans les aventures de sa vie errante, il était facile de constater chez elle une certaine activité maladive, un besoin immodéré de se produire, qui auraient dû atténuer quelque peu l'admiration accordée, à juste titre, à son étonnante précocité et à l'étendue de ses multiples connaissances.

« Elle savait, dit l'ambassadeur, mettre sa couronne sous ses pieds » lorsqu'elle traitait avec des personnages très familiers, « mais elle n'oublioit pas longtemps qu'elle etoit Reyne. Elle reprenait incontinent cette couronne, elle en reconnaissoit le poids et mettait le principal exercice de sa vertu à bien faire son devoir ».

Il dépeint cette jeune reine de dix-neuf ans, pré-

sidant, avec une remarquable entente des choses, le
Sénat ou le Conseil des Ministres, et, pour faire
contraste, il nous la montre chevauchant à la chasse
pendant dix heures durant, vêtue d'une hongreline
masculine à petit collet, et coiffée d'un chapeau
empanaché de plumes « tirant un lièvre en courant
d'une balle seule »; insensible aux injures du froid
comme aux ardeurs du soleil.

« Le visage de cette jeune Reine changeoit si
« subitement, selon les mouvemens de son esprit,
« que souvent d'un moment à l'autre elle n'etoit pas
« connoissable. Son état le plus ordinaire étoit de
« paroitre assez affable et un peu pensif. Delà il
« passoit très facilement aux nuances des impres-
« sions qu'y formoient les autres pensées ; mais
« dans toutes ces variations, il gardoit toujours
« quelque chose de serein et d'assez agréable. Lors
« neanmoins qu'elle desaprouvoit quelque chose
« extraordinairement, son visage se trouvoit d'un
« certain air troublé, qui sans se defigurer ne lais-
« soit pas de donner de la terreur à ceux qui le
« regardoient. Le ton de sa voix etait pour l'ordinaire
« assez doux, pour que l'oreille pût juger aisément
« que c'etoit la voix d'une fille, quoy que ses paroles,
« en quelque langue qu'elle parlàt, eussent une fer-
« meté tout à fait mâle et extraordinaire. Mais il luy
« arrivoit quelquefois de changer ce ton, et cela sans
« affectation ou cause apparente. Souvent elle en
« prenoit un plus robuste et plus fort que celuy de
« son sexe, qui revenoit pourtant peu à peu à sa
« mesure ordinaire. Elle avoit la taille un peu au

« dessous de la médiocre ; ce qui n'auroit point
« paru, si elle avoit voulu se servir de la chaussure
« ordinaire des Dames. Mais pour sa liberté, soit
« dans son Palais, soit dans la campagne, à cheval
« et à pied, elle portoit des souliers à simple semelle,
« d'un petit maroquin noir, tout semblables à ceux
« des hommes ».

Passant du domaine extérieur à celui de la pensée,
Chanut nous la dépeint férue d' « un grand sen-
« timent de la divinité et d'un attachement fidelle
« au Christianisme, n'approuvant jamais que, dans
« les entretiens des sciences, on mît à part la
« doctrine de la Grace, pour philosopher à
« l'antique. Ce qui n'étoit pas conforme à l'Evangile
« passoit dans son esprit pour reverie. Sur le
« fait des questions qui divisent les Evangeliques
« et les Reformez d'avec nous, elle n'avoit point
« d'aigreur dans la contestation. Mais il ne
« paroissoit pas qu'elle eût pris un si grand soin de
« s'informer de ces difficultez comme de celles qui
« nous sont faites en général par les Philosophes,
« les Gentils et les Juifs, sur lesquelles son raisonne-
« ment clair et pressant étoit une marque de l'appli-
« cation qu'elle avoit eûë à s'en faire instruire, et a
« faire un fondement ferme pour le reste de sa vie,
« avec cet esprit équitable dont elle traitoit toutes
« les questions de religion. On peut dire que des
« lors elle n'etoit Lutherienne que par éducation, et
« par le défaut de connaissance qu'elle avoit de
« nôtre créance dans sa pureté. Elle etoit quelquefois
« surprise, lorsque, reprochant à M. Chanut les

« erreurs dont les Protestans accusent les Catho-
« liques, il demeuroit d'accord de les condamner,
« parce qu'en effet, ces erreurs étoient faussement
« imputées à l'Eglise catholique. Pour les Calvinistes,
« elle ne les pouvoit souffrir sur leur doctrine
« de la prédestination ; et elle leur disoit souvent,
« en présence de M. Chanut, que les Evangéliques
« (ou Luthériens) étoient au fonds moins éloignez
« des Catholiques que des Reformez (ou calvinistes).
« Sa dévotion envers Dieu paroissoit plus encore
« dans la confiance qu'elle temoignoit avoir en sa
« protection qu'en toute autre chose, n'étant pas du
« reste scrupuleuse aux demonstrations d'une
« dévotion cérémonieuse et affectée ».

« Après la piété, elle n'avoit rien de plus présent
« dans l'esprit que l'amour incroyable d'une haute
« vertu, et elle méditoit avec plaisir les moyens d'y
« parvenir ; mais elle n'en separoit pas le désir de
« la gloire, de sorte qu'on peut dire qu'elle souhaitoit
« la vertu, accompagnée de l'honneur qui la suit.
« Elle parloit, quelquefois en Stoïcienne de cette
« éminence de la vertu qui fait nôtre souverain
« bonheur en cette vie. Elle étoit forte en raisonne-
« ment sur ce sujet... Elle (avait) de grands
« avantages du côté de la nature pour s'acquitter
« dignement (de ses devoirs de reine) : une facilité
« merveilleuse à comprendre et a pénétrer les
« affaires, une mémoire qui la servoit si fidèlement
« qu'elle abusoit quelquefois de sa facilité.... ».

Elle lisait chaque jour des fragments des *annales*
de Tacite. « Cet auteur, qui donne de l'exercice

« aux plus scavans, luy étoit très familier... Elle
« évitoit pourtant, ou du moins se soucioit-elle peu
« de paraître avoir lu et sçavoir. Lorsque les
« scavans traitoient en sa présence quelque question
« où ils se trouvoient de différens sentiments (ce
« qui étoit un de ses plaisirs), elle écoutoit fort atten-
« tivement, et ne donnoit son opinion que sur la
« fin, et en peu de paroles, mais si bien entenduës,
« qu'elles pouvoient être reçues pour un jugement
« décisif, parce qu'elle pénétroit les choses avec
« lumière sans précipitation ; et par tout elle obser-
« voit de ne point former son avis à la hâte. Cette
« retenuë paroissoit plus dans les affaires, que dans
« les entretiens des sciences.

« Rarement pouvoit-on decouvrir de quelle part
« elle inclinoit. Elle se gardoit à elle même le secret
« avec fidelité, et elle ne se prévenoit pas d'opinions
« sur les premiers rapports. D'où il arrivoit que
« ceux qui l'abordoient avec quelque discours
« etudié, ne trouvant pas qu'elle les reçût avec un
« acquiescement aussi prompt qu'ils eussent sou-
« haité, jugeoient aussi-tôt que cette Princesse étoit
« défiante et difficile à persuader. A dire vray, elle
« panchoit un peu vers l'humeur soupçonneuse, elle
« paroissoit quelquefois un peu trop lente à s'assurer
« de la verité, et trop facile à presumer de la finesse
« dans autruy. Cette retenue à former ce qu'elle
« vouloit croire et résoudre, n'empêchoit pas une
« promptitude raisonnable dans l'expedition des
« affaires. Pour celles de sa maison, et qui dépen-
« doient purement de son autorité absoluë, elle n'en

« faisoit part à personne ; et quant au gouverne-
« ment de l'Etat, elle en deliberoit avec le Senat,
« dans lequel il était incroyable combien elle avoit
« élevé son autorité, ajoûtant à la qualité de Reine
« la grace, la force de persuader, le crédit, et
« l'humeur bien faisante. Les Senateurs eux mêmes,
« etant hors du Conseil, paroissoient étonnez du
« pouvoir que cette jeune Princesse avoit sur leurs
« sentimens, lorsqu'ils étoient assemblez.... Un
« jeune Roy avec les mesmes vertus auroit peut-
« être été aussi absolu dans son Senat ; mais la
« chose auroit été moins singulière que de voir une
« jeune fille tourner adroitement les esprits des plus
« anciens et des plus sages conseillers. Ce n'étoit
« pas merveille qu'elle fit paroître une prudence
« mâle dans son Senat, vû que dans les actions exté-
« rieures mêmes, qui semblent plus attachées aux
« differences du sexe que celles de l'esprit, la nature
« ne luy avoit refusé aucune des qualitez dont un
« jeune cavalier se picqueroit.... Les affaires publi-
« ques et ses etudes particulières la separoient telle-
« ment de la conversation des femmes qu'elle leur
« parloit assez rarement, et les quittoit ordinaire-
« ment après les premiers complimens de leurs
« civilitez, pour aller s'entretenir avec les hommes
« dans les discours sérieux. Ceux de la conversation
« desquelles elle esperoit tirer quelque utilité etoient
« traitez avec toute la complaisance imaginable ;
« mais elle tranchoit court avec les autres, et lors-
« qu'il n'y avoit rien a apprendre avec eux, elle ne
« s'etendoit point en discours plus avant que la né-

« cessité le demandoit. Ainsi tous ses domestiques
« avoient peu de paroles avec elle; mais ils ne lais-
« soient pas de l'aimer, parce qu'elle les traitoit
« toujours avec douceur. Elle leur étoit d'ailleurs
« bonne maîtresse. Elle etoit liberale, même au delà
« des moyens de son etat; elle etoit pleine de cha-
« rité et de compassion dans les maux d'autruy. Il
« est vray qu'elle railloit assez volontiers les gens
« sur leurs défauts; mais quoique ce fût toujours
« sans aigreur et de la meilleure grace du monde, il
« auroit peut-être meilleur qu'elle eût pû s'en
« abstenir, parceque les railleries des Grands, font
« souvent de mauvaises impressions sur ceux de
« moindre qualité qui les souffrent.

« Elle n'etoit ordinairement au lit que cinq heures,
« ce qui n'étoit pas suffisant pour son repos; elle
« etoit obligée, principalement l'été, de dormir pen-
« dant une heure après diné. Pour le têms qu'elle
« donnoit à s'habiller, il n'entroit point en compte
« dans la distribution de sa journée. En un quart
« d'heure elle étoit vêtuë, et hors les occasions des
« grandes solemnitez le peigne seul et un bout de
« ruban faisait toute sa coëffure. Ses cheveux ainsi
« negligez n'accompagnoient pas mal son visage,
« dont elle avoit si peu de soin, que ny au vent, ny
« à la pluye, ny dans la ville, ny à la campagne, on
« ne luy voyoit jamais de coëffe, ny de masque... Ce
« mepris du soin de sa personne etoit un peu exces-
« sif, et il passoit quelquefois jusqu'à la negligence
« de sa propre santé, qui en auroit pû souffrir, si
« elle n'avoit été forte et vigoureuse ».

« Mais toutes choses ne lui etoient rien auprès de
« cet amour ardent et continuel qu'elle avoit pour
« l'honneur et la vertu. C'etait où tendoient toutes ses
« pensées. Son ambition étoit plus attachée au désir
« d'accroître son propre mérite par son travail, qu'à
« etendre plus avant ses conquêtes en Allemagne par
« la valeur de ses sujets. C'est ce qui la rendit de-
« puis plus facile que ses Ministres n'auroient peut-
« être souhaité aux conditions de la paix de Munster,
« quoique d'ailleurs elle fut assez portée à profiter
« de tous les avantages que le tèms pourroit luy pro-
« duire pour l'accroissement de sa couronne, sça-
« chant qu'il est du devoir, de la sûreté, et de la
« gloire des princes, de rendre leur Etat puissant et
« leurs sujets heureux ».

CHAPITRE XIV

Chanut est demeuré fidèle à Christine par delà les
jours heureux de la Suède. Nous le verrons, en effet,
longtemps après qu'il eut tracé le portrait qu'on
vient de lire, chargé par Mazarin, qui connaissait
son zèle respectueux pour la reine errante, d'une
mission pénible à Fontainebleau, au lendemain du
meurtre de Monaldesco. Que de rapprochements devaient se faire alors dans son esprit, en évoquant les
étapes si tourmentées que Christine avait parcourues,
depuis le palais de Stockholm, où brillait celle qu'on
appelait Pallas Nordica, jusqu'à la galerie des Cerfs,
théâtre du meurtre du condottière Monaldesco.

C'est toute cette seconde période si agitée de la
vie de la jeune reine que nous allons parcourir nous
aussi, nous efforçant de traduire, en quelques
raccourcis, les impressions qui surgirent en la
mémoire de l'ancien ambassadeur de France. Quelle
angoisse devait être la sienne, lorsqu'à la lettre de
Mazarin qui engageait Christine à « masquer la vérité
en attribuant la mort du malheureux marquis à une

rixe survenue entre ses courtisans », elle répondit :
« Pour l'action que j'ay fait avec Monaldeschi, je
vous dit que si je ne l'avois pas fait que je ne me
coucherois pas ce soir sans le faire et je n'ay nulle
raison de m'en repentir, mais que j'en (ay) plus de
cen d'en estre ravy ».

Nous ne rechercherons pas, en cette étude, les
causes physiologiques et morales de l'origine et du
développement de cette névrose. Nous laissons aussi
à des spécialistes le soin d'analyser le système nerveux et l'intelligence maladive de la mère de la
jeune reine, Marie de Brandebourg, cette « poupée
encombrante et gênante » qui montre dès son enfance une aversion profonde pour la petite princesse, parce qu' « elle était plutôt laide », comme le
dit elle-même Christine, et parce que ce petit être
tout velu (1) qu'elle était à sa naissance et qu'on
avait annoncé d'abord à Gustave-Adolphe comme
un héritier, n'était pas un petit prince. C'est en
vain qu'à la mort du héros de la guerre de Trente
ans, elle avait, par des élans de tendresse exagérée,
témoigné un attachement tardif à Christine ; il était
trop tard ; l'empreinte était marquée, et l'enfant avait
grandi sans les caresses tendres et dévouées d'une
mère qui, mieux que tous les enseignements, adou-
cissent les caractères, les rendent humains et com-

(1) On avait même prétendu qu'elle était androgyne ; cette asser-
tion, comme bien d'autres, doit être renvoyée aux auteurs de
romans-feuilletons ; il suffit, en effet, de lire les rapports du
médecin, au cours de son voyage de 1666-1668, pour être ren-
seigné sur les conditions de sa vie physique.

patissants. Ce n'est point l'éducation de la sœur de
Gustave-Adolphe, la princesse Catherine (1), qui
suppléa au défaut de la tendresse maternelle ; ce ne
sont point non plus les leçons évangéliques du Dr Jean
Mathiæ, ni celles de son gouverneur, le baron Axel
Banèr, le grand maréchal, ami du guerrier de
Lutzen, auxquels elle avait voué d'ailleurs une grande
reconnaissance (2), qui purent mettre, en son cœur,
une note de sensibilité, de bonté spontanée et d'altruisme. Dès l'âge de raison, elle se sentait devenir
incrédule et méfiante, et, peu d'années après, son
intelligence, d'une précocité remarquable, eut l'occasion de se montrer chaque jour dans ses entretiens avec le grand chancelier Oxenstiern. Sa pensée
était absorbée par les grandes choses de la politique, la marche des troupes, les victoires et les
défaites de l'armée protestante et les projets compli-
qués et tortueux de la diplomatie européenne.

Ces soucis de tous les instants en font un être viril,
par la promptitude impérieuse des décisions ; elle
se complaisait dans la société des hommes d'État,
elle évitait le contact des femmes (3) et dédaignait des

_____

(1) La princesse Catherine, épouse du comte Palatin Jean
Casimir, des Deux-Ponts, et mère de Charles X Gustave ; elle est
morte en 1638.

(2) Ce sentiment est exprimé dans les deux seuls feuillets qui
subsistent aux Archives Azzolino, des mémoires de Catherine
Alexandrine.

(3) Nous reproduisons ci-dessous une anecdote extraite des
Mélanges historiques et littéraires de Philibert de la Mare.
(Bib. de Dijon M. S. 493, vol. I, p. 66).

« J'ay ouy dire à feu M. de Saumaise, qui avoit esté enseigne

conversations qu'elle considérait comme futiles. Ce
sentiment du *moi* surgissait en elle dans tous ses actes; ce n'étaient point les flatteries des courtisans
qui pouvaient atténuer cet égotisme invincible et
hautain, et si, en de nombreuses circonstances,
elle accomplit des actes de bienfaisance, au point
même de compromettre le tiers des revenus de son
royaume (1); si parfois des hommes supérieurs
comme Descartes et Chanut étaient amenés à cé-
lébrer la simplicité de sa conduite, sa sagesse et le
naturel de son caractère, ces mouvements n'étaient
pas chez elle une habitude constante; elle se montrait le plus souvent instable, impulsive, dure et mé-

« des gardes de la Reyne Christine de Suède, que, pendant que
« M. de la Thuillerie estoit ambassadeur de France, auprès d'elle,
« elle faisoit apprendre à chanter à ses demoiselles suédoises, les
« plus dissolues chansons qui se chantassent en France, et quand
« elle estoit en ses humeurs gaies, elle disoit à M. de la Thuil-
« lerie : Monsieur l'Ambassadeur, je vous veux faire entendre la
« musique de mes filles; et le prenant dans son cabinet, elle
« faisoit chanter ces chansons-là par ses filles, lesquelles n'enten-
« dant pas le français, les chantoient d'aussy bonne foy que si
« c'eust esté quelques chansons bien serieuses ».

(1) Elle en était arrivée à réduire de 33,9 pour 100, en 1655,
les revenus de son pays, grâce à de nombreuses donations sur
le domaine, qui en 1644 (année de la majorité de la Reine)
n'avait subi que 12 pour 100 de diminution, par des aliénations
antérieures.

Notons aussi qu'en 1644, la liste civile ne représentait seulement que de 3,1 0/0 du revenu total du royaume et qu'elle
monta, à la veille de l'abdication, à 12,3 0/0, pour la Cour et la
garde de la Reine seules. Avec la rente de la famille royale,
elle atteignait la proportion de 20 0/0. — A son avènement, il y
avait 4 comtes et 9 barons, elle créa 18 comtes et 50 barons,
puis, chaque semaine, un nouveau noble, et, parmi eux, son
tailleur Leijoncrona, qui devint son intendant.

chante à l'occasion, et étalait un amour-propre exagéré, en parlant *de son armée, de ses généraux.*

Son activité était désordonnée, ses journées étaient distribuées en dépit de toutes les lois de l'hygiène. Il eût été nécessaire pour elle d'établir dans sa vie un contrepoids au surmenage intellectuel que lui donnaient ses devoirs de reine et les exigences d'un grand État à diriger, au milieu de sanglantes difficultés.

La malignité publique, qui n'hésite jamais à imaginer des intrigues amoureuses, alors même qu l s'agit de simples particuliers, ne pouvait manquer — l'occasion était trop belle — d'agrémenter la vie de la jeune reine de Suède d'anecdotes piquantes, sur les hommes, jeunes ou vieux, qui passaient avec elle, en tête à tête, quelques heures, ou seulement quelques instants. Il en sera toujours ainsi ; et les reines les plus séduisantes, comme celles pour qui la nature s'est montrée particulièrement ingrate, ne manqueront pas de défrayer les causeries et les chroniques.

Ce fut avec son cousin Charles-Gustave, fils de sa tante Catherine, que se dessina sa première amourette. Ce prince, bon vivant et peu sensible à la poésie, reçut de Christine, âgée de 17 ans, la promesse qu'elle n'épouserait jamais un autre prétendant. Charles-Gustave, qui n'était pas insensible aux

brillantes perspectives de la liste civile, aurait bien
voulu concilier les soins de son amour pour la jeune
reine, avec une existence pleine de joyeuses fêtes, en
la compagnie de faciles maritornes. Il occupa plus
tard le trône de Suède, après l'abdication de sa
cousine ; c'est là qu'il étala sa laideur courtaude et
ventripotente.

Ce n'était pas sous cette forme que devait s'exécuter la promesse de sa jeune cousine, mais n'y trou-
vait-il pas des avantages matériels qui consolaient
son amour équivoque et lui permettaient de faire
belle figure dans le monde?

Trois ans après l'échange du juvénile serment de
Christine, un beau seigneur, qui avait bel air et
brillante allure avec ses vingt-cinq printemps,
Magnus-Gabriel de Lagardie, eut à la cour le rang et
le prestige d'un favori, comblé d'honneurs et de
présents. De colonel, il devint général, puis ambassadeur, sénateur et grand maréchal de la cour ; les
diplomates et les courtisans le respectèrent comme
l'amant de la reine. Cette grande faveur finit par un
mariage... avec la cousine Marie-Euphrosine, sœur
du fiancé, Charles-Gustave ; les historiens, plus
scrupuleux que les courtisans, n'ont jamais pu établir quels liens étroits l'avaient uni à Christine ; il
fut chassé comme un domestique et se défendit
comme un valet, pas du tout en amoureux.

Quant au médecin français Bourdelot, appelé à
Stockholm sur la recommandation de Saumaise, il
s'en faut sans doute qu'il devint, comme l'a dit la
chronique, le pervertisseur de la reine, dont il vou-

lait guérir la névrose ; peut-être n'était-il que le docteur compatissant, qui avait su toucher l'esprit de sa royale cliente, dont il avait gagné ainsi l'amitié et la reconnaissance. On le traita de charlatan, mais cela ne tire pas à conséquence ; un professeur est nommé cuistre ; un avocat hâbleur ; un financier, en pareil cas, devient un filou bon à pendre ; et ainsi, chaque profession entraîne un surnom désobligeant qui n'offense plus personne, tant il est de style et en quelque sorte formulé par avance.

Bourdelot, en somme, nous apparaît seulement comme un joyeux compagnon, très friand de petites histoires scandaleuses ; nous le trouvons, le plus souvent, d'une lourde trivialité en ses lettres, qui ne nous révèlent guère un amoureux.

Que dire du jeune comte Tott, cavalier brillant, plus viril et plus loyal que de Lagardie ; de l'écuyer Steinberg ; du diplomate Dohna ? On jalousait les faveurs et les présents dont Christine les comblait. Ce sont les *Mémoires de Chanut*, publiés à Paris en 1675, qui ont fourni le thème aux racontars et anecdotes au sujet de ces diverses carrières de favoris. On sait que ces mémoires sont apocryphes, qu'ils ont été publiés par P. Linage de Vauciennes. Christine avait protesté contre l'attribution qui en avait été faite à Chanut : « Je suis sûre qu'il ne l'a pas fait, « disait-elle, et suis mortifiée qu'on imprime une « si noire tache à la mémoire d'un si honnête « homme » (1).

(1) Le professeur suédois, Martin Weibull, a démontré (Mémoires de Chanut, dans *Historisk Tidskrift* (1887-1888), que

Pour terminer la série des amis de la reine de
Suède, que nous n'avons pas à juger suivant les tra-
ditions du roman-feuilleton, disons un mot de don
Antonio Pimentel de Prado, qui arriva en Suède,
en 1652, à l'âge de 48 ans, après avoir servi dans
l'armée d'Espagne, en Italie, et gouverné en Flandre,
la ville de Nieuport. Dès la première entrevue, il sut
plaire à Christine, qui lui accordait de longues
audiences, le plaçait à ses côtés à la promenade, au
bal, au dîner. On a prétendu qu'il logeait au château et passait des nuits entières dans le cabinet de
la reine. Il a laissé le souvenir d'un diplomate avisé,
prudent et circonspect, et nous le verrons servir, au
nom du roi Philippe IV, les projets d'abjuration de
Christine ; un historien bienveillant trouverait peut-
être que cette considération suffit à expliquer les
entrevues mystérieuses de Stockholm, puisque c'est
dans le secret du roi d'Espagne, de Bourdelot, de
son ambassadeur et de deux jésuites (1) que se pré-

chant n'y est pour rien et que les notes viennent de son ancien
secrétaire, le résident Piecques. Christine élève très haut la voix
pour se défendre, à ce sujet, dans une lettre à Bourdelot, du
10 septembre 1775 ; elle dit : « Me calomnier, c'est attaquer le
soleil. »

(1) Christine avait confié ses projets au jésuite Antonio Macedo,
confesseur de l'ambassadeur de Portugal. Celui-ci se rendit à
Rome, en 1651, pour en entretenir le Père Nickel, général des
jésuites et le cardinal Fabio Chigi, l'ancien négociateur du
Congrès de Munster, alors secrétaire d'État, lequel envoya en
Suède deux religieux, les pères Alessandro Malines et Paolo
Casati, qui arrivèrent à Stockholm en février 1652. Ils éprouvèrent,
au début, peu de difficultés, et quelque temps après, le cardinal
Chigi, devenu Pape sous le nom d'Alexandre VII, crut pouvoir
annoncer aux cardinaux la prochaine arrivée de la reine de Suède

parait, de concert avec Rome, la conversion de la fille de Gustave-Adolphe (1).

A dire le vrai, nous estimons que Christine ne fut fidèlement et tendrement attachée (2) qu'au cardinal

à Rome. Elle avait fait demander aux deux jésuites si elle pouvait se faire catholique en secret, et rester luthérienne devant le monde; sur la réponse négative qu'elle reçut, elle dit simplement : « Donc, il faut déposer la couronne ». Dès ce jour, les préparatifs commencent ; le père Casati part à Rome, et elle donne au père Malines une mission en Espagne, près de Philippe IV, qui accepte de la couvrir de sa protection et tint parole. Elle sentait bien, en effet, que son royaume et tous les Etats protestants se tourneraient contre elle et que l'Empereur et Louis XIV, encore enfant, avaient trop de ménagements à garder envers la Suède, pour prendre position en sa faveur. Elle avait entrevu aussi que son successeur, obéissant aux Suédois indignés, lui retrancherait ses ressources financières.

(1) Citons toutefois la Chronique de Hollande, sous la forme d'une lettre que Borcel, ambassadeur des Pays-Bas, à Paris (1650-1668), écrivait à Jean de Witt (23 octobre 1654). Il y faisait allusion à certains messages envoyés de Suède à destination de l'Espagne et interceptés à leur passage dans les Pays-Bas. L'un émanait de Christine et était adressé à Pimentel ; il était : « rempli des plus fortes expressions dont se puisse servir l'amour le plus violent; si on ne connaissait pas la vertu de cette reine (on pourrait) s'imaginer faussement que cette lettre part d'un amour plus charnel ». (Tiré des négociations de Jean de Witt, Amsterdam, 1725, I. 15 et 263). Ces documents se trouvent aux Archives de l'Etat, à La Haye, portefeuille des dépêches provenant de France, 1653-1660, et ont été communiqués au baron de Bildt par M. de Westenberg, Ministre des Pays-Bas, à Rome.

(2) Dans sa vie écrite par elle-même, dédiée à Dieu, elle dit : « Mon ambition, ma fierté incapable de se soumettre à personne, « mon orgueil méprisant tout, m'ont servi de merveilleux pré- « servatifs, et par votre grâce vous y avez mêlé une délicatesse « si fine par laquelle vous m'avez garantie d'un penchant si « périlleux pour votre gloire et mon bonheur ». Le document, dit le baron de Bildt, est sujet à caution, il fut écrit à Rome, au temps où les mauvaises langues jasaient sur ses relations avec

Azzolino, que nous verrons apparaître bientôt et qui fut son légataire universel.

Au sujet de la conversion de Christine, il est intéressant de citer un extrait d'une déclaration en forme de lettre patente sur les mérites de Descartes, qui est datée de Hambourg du 30 août 1667 (1) et

Azzolino. Malgré ce qu'elle dit de l'ardeur de son tempérament, elle était peut-être physiquement apathique, ce qui n'exclut pas les passions du cœur et de la tête ; les individus mal doués pour l'amour aiment mieux mettre leur froideur au compte de la retenue qu'à celui de l'impuissance.

(1) Cette déclaration (Montpellier, Archives du Cardinal Allaire, pape Clément XI, en 1700, T. XIII, p. 179) fut envoyée avec une lettre du même jour (Montpellier, T. IX, p. 176) à Antoine de Courtin, alors résident de France à Copenhague, qui avait été un des secrétaires de Chanut en 1646.

Le baron de Bildt (Introduction p. XVI) raconte, sans avoir pu, dit-il, vérifier le fait (cité par Charles Anglade dans *Montpellier médical*, T. II, janvier-juin 1859), que les papiers de ce dernier, relatifs à Christine, formant 3116 pièces, dont beaucoup de doubles, ont été enlevés à Rome par le général Berthier, en 1798 ; rachetés quand on mit en adjudication ces confiscations, par un officier français qui les céda, en 1804, pour 4.000 francs, à la demande de Chaptal, à Gabriel Brunel, bibliothécaire de Montpellier. Ils forment aujourd'hui 15 volumes. On trouve encore, en cette bibliothèque, 7 volumes contenant les « sentenze della regina », recueil d'aphorismes publiés par Arckenholtz, sous le nom d'*Ouvrage de loisirs*. Cette collection a été reliée en parchemin et malheureusement certaines pièces ont été taillées, rognées et pliées pour être réduites au format voulu. On constate aussi, dans cette collection, la disparition d'un grand nombre de documents. C'est ainsi qu'il manque cent feuilles sur 248 dans le tome 8. Dans la lettre que nous reproduisons, les points. . . . représentent deux lacunes occasionnées par une déchirure du texte.

qui repose aux archives de la Faculté de médecine de
Montpellier :

      « CHRISTINE ALEXANDRA, REYNE

« Nous faisons sçavoir par les presentes qu'ayant
« este s'uppliée d'honnorer d'une marque d'estime
« la mémoire du feu sieur de Cartes, qui s'est
« acquis avec justice le tiltre d'un gran philosophe
« de nostre siècle. Nous n'avons pas voulu refuser
« à la mémoire d'un si grand homme, l'honneur de
« nostre approbation, et le tesmoignage de nostre
« estime, duquel il a reçeu de nous durant sa vie
« des marques assez esclattantes pour accorder à
« ses amis après sa mort ce tesmoignage qu'ils nous
« demandent. Nous confessons donc que sa réputa-
« tion, et ses escrits nous donnèrent autresfois
« envie de le connoistre, que ce. . .   employer le
« . . . . le Chanut,
« ambassadeur ordinaire de France alors en nostre
« cour pour le disposer à nous donner cette satisfac-
« tion que l'amitié intime qui estoit alors encore
« ces deux excellents hommes, et celle que le sieur
« Chanut avoit pour nous le fit travailler heureuse-
« ment à nostre dessein, et le disposa à quitter son
« hermitage pour nous venir trouver, ce qu'il fit, et
« fut reçeu de nous avec touts les honneurs et tes-
« moignages d'estime que nous avons creu convenir
« à sa personne, et à son mérite et l'ayant disposé à
« quelque séjour en nostre cour nous voulusmes
« recevoir d'un si bon Maistre quelque tincture de
« la philosophie et des mathématiques, et nous

« avons employé les heures de nostre loisir à cette
« aggréable occupation. . . . . ant
« que nos grandes et importantes applications.
« Nous ne pouvoient permettre lorsque nous eusmes
« la douleur de nous voir privée par la mort d'un si
« grand et illustre Maistre a qui nous avons voulu
« donner cette dernière marque de nostre estime, et
« bienveillance, et nous certifions mesme par les
« présentes qu'il a beaucoup contribué à nostre
« glorieuse conversion, et que la Providence de Dieu
« s'est servie de luy, et de son illustre amy, ledit
« sieur de Chanut pour nous en donner les pre-
« mières lumières que sa grâce et miséricorde
« achevèrent après à nous faire embrasser la religion
« catholique, apostolique romaine, que ledit sieur
« de Cartes a tousjiours constamment professé, et
« dans laquelle il est mort avec toutes les marques
« de la vraye pitié que nostre religion exige de touts
« ceux qui la professent. En foy de. . . . nous avons
« . . . . ntes et y fait apposer
« nostre seau royal.

« Fait à Hambourg, le 30 d'aoust 1667. »

Les compatriotes de Christine ne lui pardonnèrent
jamais sa conversion, et plus tard, le pape Innocent XI, lui-même, ne laissa pas de manifester quelque
déception en voyant la liberté d'allure de la néophyte,
et son peu de vocation à devenir une « sainte. »

Son abdication, qui eut lieu le 16 juin 1654, lui
créait une position moins pénible, vis-à-vis de son

cousin Charles-Gustave, à qui elle avait promis que s'il ne devenait pas son époux, personne au monde ne le deviendrait jamais, puisqu'il était appelé à lui succéder dans les fonctions royales dont elle était rassasiée. La besogne quotidienne du souverain lassait son esprit et la perspective d'aller vivre en Italie, sous le ciel bleu, au milieu des chefs-d'œuvre de l'art, entourée des lettrés et des poètes, l'attirait et la subjuguait. Elle renonçait sans regret, aux longs prêches et à l'appareil austère d'une religion pour laquelle pourtant, Gustave-Adolphe avait lutté et était mort en héros. L'amour de son peuple était pour elle un vain mot, elle obéissait en névropate à l'*idée fixe*, « cet impératif catégorique », comme dit Kant.

Elle s'en fut donc à Bruxelles, dans les États de Philippe IV. Le « recès d'abdication » avait été signé le 10 juin, par les États à Upsal. Christine restait exempte de « sujétion et d'obéissance » et conservait l'administration, la justice et les affaires ecclésiastiques dans la ville de Norrköping, les îles de Gotland, de Oland et de Osel, la ville de Wolgast et les domaines « de la Table » en Poméranie, c'est-à-dire les biens ayant formé l'apanage des ducs de Poméranie. (Deux de ces domaines, Pol et Neukester, étaient situés dans le Mecklembourg.) Ces provinces devaient faire retour à sa mort à la couronne. Elle ne pouvait donc rien aliéner par vente, hypothèque et donation, à l'exemption de trois domaines en Poméranie et un autre dans l'île d'Osel, qu'il lui était permis d'hypothéquer. Il était stipulé qu'elle ne serait pas responsable des dettes contractées par elle ou par la couronne avant l'abdication. Par contre, elle se réservait les créances de la couronne, à l'étranger : les sommes de satisfaction (indemnité de 5 millions d'écus accordée à la Suède par la paix de Westphalie), non encore payées et le Römerzüge que l'Empereur avait laissé à sa disposition, par amitié personnelle. Un gouverneur général, choisi par elle parmi les sénateurs, aurait la direction de ses affaires et servirait d'intermédiaire avec la Suède pour lui assurer, sa vie durant, ses revenus qui lui seraient servis aussi longtemps qu'elle n'aurait rien entrepris contre les intérêts du roi ou du royaume.

Le revenu annuel de ces provinces attribuées à Christine devait représenter environ un million de francs; elle s'empara encore des tableaux, statues, tapisseries, argenterie, parures, livres, joyaux, manuscrits du château de Stockholm (1).

A son départ pour Bruxelles, elle avait emprunté 88.824 écus de Suède, rien que pour son séjour en Flandre.

Il est bon de remarquer que les revenus produits par les impôts d'Osel, Oland et Gotland n'étaient pas tous payés en espèces, beaucoup étaient acquittés en nature (blés, bois, chaux et pierre de taille); D'autre part, le principal revenu de Noorköping était la douane. Enfin, de grandes difficultés de recouvre-

---

(1) Olof Gramberg. *La galerie des tableaux de Christine de Suède.* — Stockholm, 1897.

ment existaient aussi pour les domaines de Poméranie, et quant à ceux de la ville de Wollgast, le comte Wrangel, le héros de la guerre de Trente ans, encore bien qu'il fût des amis de Christine, aimait mieux lever des contributions pour ses régiments que de payer le tribut à l'ex-reine.

Il y aurait aussi amples réserves à faire sur la probité des mandataires chargés de la gestion des biens de la reine : ainsi, son secrétaire, Pierre Appelman, manquait tout autant d'honnêteté et de tact que d'habileté et d'énergie, là où un homme sûr et dévoué aurait été utile.

Disons, pour finir, que les revenus des domaines allemands n'étaient pas centralisés à Stockholm, mais transmis à Hambourg, à l'homme d'affaires de Christine, le banquier israélite Diego Texeira, qui touchait aussi les revenus des autres provinces, dont les administrateurs recevaient parfois des ordres de Christine, par-dessus la tête du gouverneur général et sans que Texeira en fût informé. Celui-ci payait Christine par des traites sur Amsterdam ou Venise, et il en résultait des agio et des commissions, frais de poste, etc., lesquels, il faut le dire, ne s'élevèrent pas à plus de 6 1/4 pour 100 (ordinairement 4 pour 100); c'était peu pour l'époque. Elle avait d'autres correspondants encore : à Anvers, un juif portugais, don Fernando de Ylliane, seigneur de Bornival; en Hollande, le Suédois Jean-Philippe Silfvercrona, et à Paris, le banquier diplomate Pierre Bidal, qui avait reçu en fief, de Christine, en 1652, les domaines commendataires de Wildenbruch et Hartfeldt, dans le

duché de Bohême, comme hypothèque d'une somme
de 180,000 écus, prêtée par lui ; il se faisait appeler
baron de Wildenbruch et Hartfeldt. Entré au service
de la France, il accompagna le chevalier de Terlon
dans sa mission dans les pays du Nord et était résident de France à Hambourg en 1666 ; il y mourut
en 1683.

Elle ne touchait, en somme, que la moitié du
million qui lui était destiné.

CHAPITRE XV

Christine, installée à Bruxelles, aurait désiré retarder sa conversion pour éviter les conséquences de l'irritation des Suédois qui voulaient confisquer ses revenus, en dépit des bonnes intentions de Charles-Gustave; mais, malgré la demande qui en fut faite à Alexandre VII (2 août 1655) par Philippe IV, le pape se refusa à recevoir, à Rome, une reine hérétique, avant qu'elle ait fait profession de foi publique. Elle s'achemina donc vers l'Italie, non sans avoir vu disparaître de sa Cour les seigneurs suédois, à l'exception d'un seul, Gustaf Lilliecrona, son ancien tailleur. Elle avait choisi pour grand écuyer, sur l'indication de Pimentel, don Antonio della Queva y Silva, officier supérieur de cavalerie espagnole, dont la femme remplit dès lors les fonctions de grande maîtresse. Elle composa ensuite sa maison : un Espagnol, Gaspar Rodriguez Rezio, fut son trésorier; un Français, Gilbert, et deux Suédois, Appeldman et Lidenius, complétaient sa chancellerie; en outre, trois musiciens italiens, des gardes, valets et palefreniers de différentes nationalités, au total, deux cent vingt et une personnes, dont cinq femmes et trois religieux, formaient son entourage. Pimentel accompagnait la reine en qualité d'ambassadeur de Philippe IV, ce pendant que le célèbre général Montecuculli, qui avait déjà rempli une mission en Suède, en 1654, et avait assisté à l'abdication secrète, était accrédité auprès d'elle comme représentant de l'Empereur.

C'est à Insbruck, dans l'église de la Hofburg, au milieu des colosses de bronze qui entourent le tombeau de Maximilien, que Christine s'agenouilla et fit son abjuration, le mercredi 3 novembre 1655, entre les mains du légat Holstenius, le célèbre bibliothécaire du Vatican, luthérien converti. Après cinq jours de fête, elle gagna Rome par Trente, Mantoue, Ferrare, Bologne, Rimini, Pesaro, Ancone, Lorette, Macerata, Foligno, Assise, et, le 18 décembre, elle arriva à Caprarola, dans le château du duc de Parme, chef-d'œuvre de Vignola. Partout, sur son passage, ce n'étaient que *Te Deum*, prières, tournois, banquets, bals; quatre nonces vinrent la saluer à la frontière des États pontificaux. C'est à Pesaro qu'elle connut Ludovico Santinelli, et, pour son malheur, Francesco-Maria Santinelli.

Elle fit une première entrée à Rome, où depuis la Storta, à quelques kilomètres de la ville, l'attendaient deux anciens amiraux, qui étaient devenus cardinaux, Jean de Médicis et Frédéric de Hesse-Darmstadt (son grand oncle à la mode de Bretagne), encore un converti. Elle alla se jeter aux pieds d'Alexandre VII, logea au Vatican (1), contre toutes les règles

(1) Dans les *Mélanges historiques sur l'Europe* (Bib. nat. Mss français, 20161, au f° 296, mémoires sur l'entrée de Christine en Italie), nous lisons qu'elle entra au Vatican par la porte Fer-

de l'étiquette, puis le 23 décembre, sortit par la rive droite du Tibre jusqu'au Ponte Molle, et fit une entrée officielle à cheval (cavalcata solenne) pour se rendre à Saint-Pierre, où l'attendait le Sacré-Collège. Elle reçut, des mains du Pape, les sacrements de la confirmation et de la communion, et logea au Palais Farnèse, mis à sa disposition par le duc de Parme.

Dès lors, les difficultés d'argent commencent. l'avance faite par le banquier d'Anvers étant épuisée; la reine envoya près du roi de Suède, Apeldman, qui lui proposait d'échanger tous ses droits pour 1,500,000 écus, mais, malgré ses bonnes intentions, le roi ne put accueillir ses propositions (1).

Cependant la petite Cour de Christine au Palais Farnèse voulait y établir « une maison de jeu ouverte ». Chacun pillait, brisait et brûlait; on remplaça même un candélabre d'argent par une imitation en cuivre argenté. Le marquis Mario Grandemaria, ministre de l'arme, qui était l'intendant du Palais, faisait surveiller la collection de médailles, quand Christine la visitait avec ses courtisans, c'est-à-dire Francesco Maria Santinelli et son digne compère, le marquis Monaldesco qui, sur une recommandation de Mazarin, était entré au service de Christine au mois d'avril 1656. Ces deux condot-

tosa...; que Sa Sainteté « la reçut avec une benegnité et tendresse inexplicable; elle luy baisa le pied et la main, après quoy le Pape la fit asseoir sur un superbe siège royal, de costé droit de celuy de Sa Sainteté. La description de l'entrée solennelle nous montre le parcours décoré de vieilles tapisseries, etc., etc. »

(1) Christine prétend qu'elle ne reçut jamais de la Suède, pour son indemnité, plus de 94,000 écus par an.

tières acquittaient les fournisseurs avec une partie des objets volés (colliers, argenterie, voitures) ; Grandemaria se plaignait au Pape, Christine grondait le grand écuyer della Cueva, et les choses allaient comme auparavant.

Quant à Christine, dont le pape aurait voulu faire une sorte de dévote couronnée, elle se refusait à pratiquer pour l'édification de la galerie ; ces démonstrations extérieures lui paraissaient de l'hypocrisie ; de plus, elle se moquait des pudibonderies de Rome, où les femmes étaient enfermées à l'orientale, elle restait seule, en tête à tête, avec des hommes sans permettre qu'on y trouvât à dire. Aussi, le Pape redoutait-il qu'au lieu d'apporter des trésors aux Romains, la Reine restât à sa charge.

Cependant, Christine commençait à se brouiller avec son entourage espagnol, et on sait qu'en Italie il fallait être alors, soit du parti français, avec les cardinaux d'Este et Antoine Barberini, ou du parti espagnol, avec les cardinaux de Médicis. Il est vrai qu'il y avait ce qu'on appelait « *l'escadron volant* » composé des créatures d'Innocent X ; on y voyait briller les cardinaux Lomellino, Imperiani, Homodei, Ottoboni, Acuaviva, le cardinal de Retz, et par dessus tous, Decio Azzolino, qui en était l'âme et le directeur, sinon le chef reconnu. Né le 11 avril 1623, à Fermo, dans les Marches, d'une famille de petite noblesse, il avait été créé cardinal par Innocent X, en mars 1654, après qu'il eut suivi dans sa nonciature en Espagne, et plus tard, au Secrétariat d'État, le cardinal Panciorelli.

Azzolino joignait à la sagacité du diplomate et aux facultés de travail de l'administrateur infatigable, le prestige d'une élocution brillante et facile et les qualités d'un écrivain élégant, ennemi de l'exubérance pompeuse des littérateurs de cette époque; à ses heures perdues, il taquinait la muse. Toujours, il se montra amateur entendu en les choses de l'art et il était initié, dès longtemps, au culte des sciences. Enfin, il possédait ce don qui ne se discute pas, le charme, l'art de plaire. — Sa figure à la fois douce et énergique, telle que nous la révèle un portrait de Ferdinand Voët, à la galerie royale de Berlin, était éclairée par deux yeux très spirituels. — Ce prélat, à qui l'on attribuait nombre de bonnes fortunes, avait un air mâle, et sa physionomie agréablement fière était alors dans tout l'éclat de la jeunesse ; aussi exerça-t-il sur Christine, dès la première rencontre, une invincible fascination; elle le gardait même si longtemps auprès d'elle, au cours de ses premières visites, que le confident du Pape, le P. Sforza, voulut qu'il l'assurât par écrit de l'innocence absolue de ces aimables entretiens.

Les intérêts de Christine ne tardèrent pas à la porter vers « l'escadron volant », elle sentait, en effet, en dépit des sentiments de reconnaissance qu'elle aurait dû conserver à Philippe IV, tout l'avantage qu'elle pouvait tirer de sa neutralité entre les deux partis espagnol et français. L'Espagne étalait pour la Pologne des sympathies qui pouvaient nuire au paiement des subsides que Christine attendait de Suède, et d'autre part, la France, l'ancienne alliée,

se montrait prête à unir, encore une fois, ses forces
à celles de la Suède qui lui céderait, espérait-elle, ses
droits sur les arriérés de la guerre de Trente ans. Il
n'en fallait pas plus pour qu'elle fît un accueil
empressé au cardinal Antoine Barberino et à Hugues
de Lionnes, lequel se trouvait alors en mission à
Rome, sans toutefois porter le titre d'ambassadeur.
L'Espagne ne tarda pas à intervenir et Terranova,
représentant de Philippe IV, reprocha, en maintes
circonstances, à la reine cette intimité naissante ;
de leur côté, Pimentel et della Cueva refusèrent
de la suivre lorsqu'elle se rendit à la comédie chez
M. de Lionnes ; leur dépit ne connut plus de bornes
quand elle reçut le portrait de Louis XIV et
qu'elle s'inféoda à « l'escadron volant ».

Pimentel y mettait peut-être une petite note de
jalousie à l'adresse d'Azzolino ; toutefois, c'est avec
dignité qu'il prépara sa retraite, se contentant d'a-
bord d'espacer ses visites. Quant à della Cueva, qui
habitait au Palais Farnèse et voyait les choses de
plus près, notamment les petites préférences dont
Santinelli était l'objet, il prit une attitude nettement
hostile, aussi fut-il désigné pour regagner la Flandre
en la compagnie de nombreux gardes et serviteurs.
Délié de toute discrétion, il ne se fit pas faute de
donner libre cours aux médisances, surtout lorsqu'il
eut vu monter Santinelli à sa place dans le carrosse
royal. Retiré à l'ambassade d'Espagne, il ne consentit
point à se laisser apaiser par un cadeau de sept
chevaux, que Christine, plus diplomate que de coutume, avait jugé bon de lui offrir.

Après l'audience de départ, de Cueva s'était montré
glacial ; Christine, aussi, retrouvant toute sa fougue
d'antan, fit dire par un de ses gentilshommes, au
cardinal de Médicis, protecteur d'Espagne, que si don
Antonio n'avait pas été au service du roi d'Espagne,
elle lui aurait fait donner des coups de bâton ; d'ailleurs, non contente de le dire, elle le fit écrire et
publier dans un pamphlet manuscrit. Pimentel refusa, dans la suite, de venir chez la Reine, qui l'avait
fait mander à trois reprises.... La brouille était complète.

Sur ces entrefaites, la peste s'était déclarée à
Naples et menaçait Rome. Christine ne demandait
qu'à se retirer. D'autre part, les remises de Suède
étaient à sec ; elle avait vendu ses chevaux et ses
carrosses, mais, les quelques milliers d'écus produits
par cette négociation étaient passés entre les mains
de Monaldesco, son grand écuyer, et de Santinelli,
son grand chambellan. Le pape était intervenu de
son côté, en lui faisant cadeau de 10 000 écus ; elle
n'en fut pas moins obligée d'emprunter 12 000 écus
sur ses diamants.

Son embarquement pour Marseille se fit en grande
pompe, sous l'escorte de quatre galères pontificales ;
elle pleurait à chaudes larmes et tirait constamment
de sa poche un portrait, qu'on devinait bien être
celui d'Azzolino.

Christine, fuyant la peste qui la menaçait en Italie,
donnait satisfaction à son désir de se rencontrer

avec Mazarin, à Paris, où elle fit son entrée solennelle le 8 septembre 1656. C'est à Compiègne qu'elle rencontra pour la première fois le jeune roi. Après un court séjour en France, elle ne tarda pas à regagner l'Italie, non sans avoir fait nommer Monaldesco maréchal de camp dans les troupes françaises qui guerroyaient alors dans la péninsule, sous les ordres du duc François Ier de Modène. Cette nomination, désirée par la Reine de Suède, répondait à un étrange programme : l'intervention de la France à son profit dans la désignation du titulaire de la couronne de Naples. Elle avait imaginé, en effet, d'arracher Naples à son ami et parrain Philippe IV, et de placer sur sa tête la couronne qui serait dévolue à sa mort à un fils de France. Elle s'en était ouverte à Mazarin et affectait d'être très avancée dans ses négociations, qualifiant de « traité de Compiègne » l'entrevue qui avait eu lieu, en cette ville, alors que le cardinal, plus réservé, parlait seulement d'un « projet de traité ».

Elle avait fait entrevoir, au cours de ses négociations, qu'elle comptait bien toucher les arriérés réclamés par la Suède à la France, qu'elle estimait au chiffre considérable de 900 000 écus. Mazarin lui avait proposé, sans ironie, de gagner d'abord le Pape à sa cause, avant de tenter l'expédition de Naples.

Pour clore le récit de ce voyage de Christine, il est important de noter la visite qu'elle fit le 8 septembre 1656, au monastère de Lagny, où se trouvait recluse, par ordre du roi, pour quelque gentillesse de sa profession, Ninon de Lenclos. C'est devant

Christine que Ninon caractérisa les Précieuses avec
tant de justesse et de finesse en les qualifiant de
« *Jansénistes de l'amour* » (1). Christine (2) prit si
grand plaisir à son entretien avec Ninon (3), qu'elle
écrivit au Roi pour prier Sa Majesté de la tirer du
monastère, de l'approcher de sa personne et la tenir
à la Cour.

Elle voulait l'emmener avec elle. Mais Ninon était
trop éprise de liberté pour subir la moindre contrainte. Il est probable qu'elle dut la grâce qui lui
fut plus tard octroyée, à l'entremise de la Reine de
Suède, qui l'avait quittée en lui donnant les témoignages de l'amitié la plus sincère, et s'en était allée
répétant partout qu'elle n'avait rencontré aucune
femme en France, qui lui plût autant que la belle
Ninon ; Christine écrivit même (4) au Cardinal :
« qu'il ne manquait rien au roi, que la conversation
« de cette fille, pour le rendre parfait. Elle a, en
« effet, beaucoup d'esprit et tous ceux qui s'en
« piquent se rendent chez elle pour exercer le leur,
« comme sous une maîtresse avouée pour la belle
« galanterie ».

(1) « Si vous voulez savoir, disait Saint-Évremond, en quoi
les Précieuses font consister leur plus grand mérite, je vous dirai
que c'est à aimer tendrement leurs amans sans jouissance, et à
jouir solidement de leurs maris avec aversion ».

(2) *Correspondance authentique de Ninon de Lenclos*, par
E. Colombey (Laurent). Introduction, p. 39.

(3) Lettre au géomètre Ismaël Boullian, 8 octobre 1656.

(4) *Journal d'un voyage à Paris en* 1657-1658, publié par
M. Faugère en 1862, p. 183.

La reine de Suède regagna l'Italie et s'installa provisoirement à Pesaro, petite ville des Marches, peut-être sur les conseils de Santinelli, qui en était originaire, peut-être aussi à la suggestion d'Azzolino, qui possédait en cette cité un ami tout à fait sûr, le cardinal légat Omodei, et un confident très avisé en la personne du vice-légat Monseigneur Gasparo Lascaris.

La correspondance avec Azzolino avait duré pendant tout le voyage ; la reine ne passait aucun jour sans parler de lui, elle attendait avec impatience ses lettres et était enchantée à la lecture de ses poésies ; quel contraste pourtant, entre elle et le cardinal ! Azzolino était homme d'ordre et d'économie, il faisait catéchiser dans ce sens Christine, par Lascaris, mais Santinelli répondait : « Mieux vaut être sans pain que sans gardes ». Christine donnait au palais apostolique des bals et des comédies ; elle organisait aux environs de Pesaro, des parties de campagne. Entre temps, Santinelli était parti à Paris, pour achever, de concert avec Monaldesco, les négociations relatives à Naples. Ils revinrent avec 15 000 écus en louis d'or, et porteurs d'une lettre de Mazarin qui ne renonçait pas à l'entreprise, mais désirait la remettre à un temps plus propice.

Elle aurait désiré 300 000 écus, tout au moins 100 000, et ne se priva pas de le laisser entendre, un peu ironiquement, à Mazarin, puis elle dépêcha

Santinelli à Rome pour savoir si le palais Farnèse
lui serait encore ouvert : entendait-elle, grâce à ce
projet, faire une feinte et dissimuler au Pape
l'expédition de Naples, ou avait-elle, pour tout de
bon, renoncé à sa marotte, comme elle jeta à l'eau
tant d'autres billevesées auxquelles elle s'était donnée corps et âme, tels que la régence des Pays-
Bas espagnols, la ligue pour Venise, l'élection au
trône de Pologne, etc.? Toute supposition est per-
mise, si l'on tient compte du cerveau névrosé de
cette reine combative qui cherchait plutôt l'excita-
tion cérébrale que la réalisation du programme
qu'elle s'acharnait en apparence à poursuivre. Il est
certain, toutefois, qu'elle renonça au voyage de
Rome, reprit sa correspondance avec Mazarin et le
duc de Modène, puis se mit en tête de marier le roi
de France avec une princesse de Savoie et le duc
de Savoie avec une princesse de Modène; elle conseilla aussi au cardinal de profiter de la mort de Ferdinand III pour donner l'Empire à la Bavière.

Malgré les assurances de Santinelli, qui lui démontrait que son voyage à Rome et son installation ne
lui coûteraient que 4 000 écus, en dépit aussi des
lettres de Mazarin qui lui déconseillait formellement
de venir en France, pour ne pas faire découvrir,
disait-il, l'entreprise de Naples, elle partit pour la
France, laissant Santinelli à Rome et le chargeant
de remettre ses diamants au cardinal Azzolino et de
disposer pour la recevoir le Palais Farnèse, où elle
comptait rentrer au mois d'octobre. Or, à cette
époque, ce n'était pas en Italie, mais au palais de

Fontainebleau qu'elle prenait ses quartiers d'hiver, attendant une invitation de la Cour. Elle y fit appeler son ancien secrétaire Appeldman, ainsi que Silfercrona, son agent en Hollande, et, dès le retour de Louis Santinelli de sa misson de Modène, elle s'entoura de réfugiés napolitains, dont l'un était le duc de Castel Nuovo.

Avec une ardeur fiévreuse, elle équipa ses gens et se fit faire, pour elle-même, six justaucorps de couleurs différentes, chacun avec une épée, un baudrier et deux paires de gants, ainsi qu' « un pair de bottes d'homme pour monter à cheval » ; le tout pour la somme de 145 306 liv. 10 sols, dont 33 000 furent payées comptant à son fournisseur, des Touschelles. Ainsi équipée, Christine et sa cour étaient prêtes à marcher sur Naples, il ne manquait plus que de s'entendre avec Mazarin, dont elle attendait toujours, à Fontainebleau, un rendez-vous.

C'est alors qu'eut lieu, le 10 novembre 1657, la mort tragique de Monaldesco, dont tous les détails sont très connus ; quant à la cause, elle restera peut-être un mystère, avant que des documents indiscutables viennent fournir l'entière vérité ; ce qui est certain, dit M. de Bildt, c'est que l'amour n'a été pour rien dans la mort du malheureux écuyer. Voici dans quel état d'esprit Christine accomplit ce crime. Elle avait appris que Monaldesco était l'auteur de lettres qui paraissaient écrites par Santinelli, et que, très adroitement, on faisait tomber entre les mains de la reine, à qui elles n'étaient pas adressées. Santinelli semblait faire, en ces écrits, des racontars

sur les rapports de Christine avec Azzolino et trahis-
sait tous les secrets de la négociation de Naples.
Christine, en apprenant que le marquis était l'auteur
de cette correspondance, avait voulu, par ce meurtre,
fermer la bouche de l'homme initié au secret de ses
négociations. Ces hypothèses semblent confirmées par
une lettre d'un envoyé de Modène, Ercole Manzieri,
adressée au duc le 16 novembre 1657, qui accusait
Monaldesco de livrer les secrets de la Reine à l'Espagne (1). D'autre part, l'ambassadeur de Venise
écrivait le 29 janvier 1658 (2) qu'un confident de la
reine l'a assuré que Monaldesco fut mis à mort parce
qu'il livrait les secrets de la reine aux Espagnols
et s'entendait même avec eux pour tenter de l'empoi-
sonner. De son côté, le cardinal Azzolino écrivait
le 15 juin 1669, à Mgr Marescotti, l'ancien nonce à
Varsovie, au temps des négociations pour l'élection
de Christine au trône de Pologne : « La mort de Monal-
« desco fut causée par la découverte de son affreuse
« trahison. Il avait révélé ses plus secrètes négocia-
« tions, dont il était alors lui-même l'intermédiaire
« auprès de Mazarin. Trois témoins en certifièrent,
« et ses propres lettres (3), interceptées par la reine,

(1) *Arch. di Stato Moden.*

(2) *Arch. di Stato Venet.*

(3) Nous n'avons aucune raison de tenir pour authentique une
lettre du comte de ... à la belle Spare, reproduite à la page 438
du tome II de l'ouvrage les *Antenors modernes* ou *Voyage de
Christine et de Casimir en France pendant le règne de Louis XIV*;
la documentation en paraît très fantaisiste et tout juste suffisante
pour alimenter les colonnes des romans-feuilletons. Le comte
relate, de souvenir, trois lettres de Monaldesco, que la reine

« le condamnèrent. Il les reconnut pour siennes et
« confessa son crime ». (Papiers Marescotti, n° 302,
appartenant aux héritiers du professeur Cons. Cor-
visieri de Rome.)

Dès son retour à Rome, Christine éprouva dans la
gestion de ses finances de nouvelles difficultés ; les
50,000 écus empruntés à Mazarin avaient été en
partie remboursés par Texeira, au fur et à mesure de
la présentation des quittances de la Reine. On avait
exécuté ses instructions avec un zèle qu'elle regret-
tait sans doute, car Texeira n'avait pu lui faire ses
remises ordinaires de chaque mois, aussi pria-t-elle

lui a montrées. Dans la première, qui est en italien, le marquis
se plaint à un jeune prince de son pays de devoir « donner à
une femme emportée des plaisirs qu'on n'a plus le courage de partager avec elle ». Dans les deux autres, écrites à quelque belle
dame, il se déclare « devenu insensible aux caresses d'une
reine (qu'il avait) jusque-là trouvée aimable... Je crains qu'on
ne pénètre les raisons de ma froideur et de mes dégoûts et qu'on
ne vous punisse, et de l'insensibilité que vous avez pour moi et
de celle que vous m'avez donnée pour d'autres ». Ce même
ouvrage renferme la relation du meurtre de Monaldesco, par le
R. P. Lebel, ministre de l'ordre de la Sainte Trinité du couvent
de Fontainebleau. Ce récit est corroboré par J.-P. Catteau-
Calville, membre de l'Académie royale des sciences de Stockholm
et de celle des belles-lettres, dans son *Histoire de Christine,
reine de Suède*, t. II, p. 266. Catteau-Calville constate que le flamand Aitzema et Arckenholtz ont donné une autre version qui
ne diffère point pour les circonstances essentielles, mais qui est
moins détaillée.

D'ailleurs, le récit attribué au P. Lebel confirme les documents
d'archives ci-dessus reproduits, et rien n'établit que les lettres
dont la reine exhiba aux yeux de Monaldesco, d'abord des
copies et ensuite les originaux, eussent été relatives à une intrigue amoureuse. Nous attendrons donc prudemment, avec M. de
Bildt, un document plus précis.

le cardinal de faire moindre diligence, voire même
de lui assurer quelques avances. Dans une lettre
au roi de Suède (juillet 1658), après l'échec de ses
autres propositions, elle offrait de céder ses droits
sur la ville de Noordköping pour 200,000 écus, à
payer sur les subsides qu'on attendait de la France.
Avant de recevoir cette réponse, il fallait vivre et
faire état de maison. La malheureuse Christine fut
donc obligée d'engager au Mont-de-Piété son argenterie, des objets d'art, des tapisseries, des couver-
tures brodées d'or et d'argent, et jusqu'à son man-
teau royal, parsemé de couronnes d'or et doublé
d'hermine. C'est Santinelli qui préside à toutes ces
négociations. Il semble même que depuis la mort de
Monaldesco, elle veuille le défendre des accusations
dont il a été l'objet, mais sa confiance est peu récom-
pensée, et le grand-maréchal se dérobe par des faux-
fuyants : il a prêté, dit-il, de l'argent à Azzolino, et
supplie la reine de n'en pas faire mention au Cardinal.

La crédulité de Christine n'en est pas ébranlée
et Santinelli met la reine en coupe réglée. Il lui fait
signer des reçus qu'elle n'a pas le temps de lire et
bat monnaie de tout ce qui lui tombe sous la main,
ce pendant qu'il caresse pour lui d'amoureux projets d'avenir et convoite, sans sourciller, la main de
la jeune veuve du duc de Ceri, donna Anna-Maria
Aldobrandini, petite-nièce d'un pape. Sur le refus
opposé par la famille, et aussi par Alexandre VII,
Christine, sur sa demande, écrivit en sa faveur au
duc de Parme, parent de la duchesse.

Le Pape, depuis la mort de Monaldesco, voyait
d'un mauvais œil l'installation de la reine au palais
Mazarin, en face du Quirinal, il craignait même un
coup de main exécuté par les réfugiés napolitains et
par des spadassins aux ordres de Santinelli. Pour se
tenir en état de défense, il avait installé un corps de
garde à la place de Monte-Cavallo, en face de la
résidence de la reine; enfin, sur ses ordres, la
duchesse de Ceri avait été enlevée à main armée,
dans la nuit du 31 mai 1658, pour être enfermée au
couvent de Saint-Silvestre. C'est en vain qu'il avait
engagé Christine à quitter le palais Mazarin, lui
faisant entrevoir qu'elle jouirait en une autre ville
de plus de liberté qu'à Rome; il avait subi l'échec le
plus complet; elle n'avait pas voulu non plus se
séparer de Santinelli. Le Pape, exaspéré, la quali-
fiait de « femme, née barbare, barbarement élevée et
« vivant avec des pensées barbares », et se plaignait
de « son orgueil féroce, presque intolérable ». La
reine ne méritait pas ces précautions, car tout en
parlant toujours de ses projets sur Naples, elle se
bornait à des velléités d'actions, ne faisait pas de
levées et, pour répondre au doublement de la garde
à Monte-Cavallo, avait licencié la sienne, puisqu'elle
était si bien gardée maintenant, disait-elle.

Les uniformes de Fontainebleau avaient enrichi,
grâce à Santinelli, les juifs du Ghetto.

C'est en vain qu'elle s'efforça de recruter pour
Louis Santinelli un régiment destiné à combattre les
Infidèles, sous les étendards de Venise. C'est elle qui
rêvait d'une union des princes chrétiens contre les

Turcs ; elle a été, en ceci, le précurseur du concert européen de nos jours.

L'intrigue amoureuse continuant avec François Santinelli, le Pape fit transporter la duchesse de Ceri au château Saint-Ange ; Santinelli fut envoyé en mission à Vienne, et, dans la dernière lettre que Christine lui adressa, elle se déclarait « dégoûtée de ses folies », le renvoyait de son service et s'installait au palais Riario, à la Longara (actuellement palais Corsini), où elle disposa ses tableaux et ses meubles, laissés à Anvers depuis 1654 ; puis, en juillet 1659, elle alla recevoir la bénédiction pontificale.

Dès lors, Azzolino entre en dominateur dans son existence. François Santinelli est dénoncé au Gouverneur de Rome, sous l'accusation de vol, faux et abus de confiance ; il n'eût garde d'aller au-devant d'une condamnation et ne reparut plus, comme on peut bien croire. Christine récupéra peu d'argent et dut engager une seconde fois ses diamants. Elle chassa de sa maison les amis de Santinelli et ne fut plus entourée que des clients et protégés d'Azzolino. Dès lors, son caractère instable prit quelque fixité, grâce à la sympathie, l'affection et l'amour qu'elle éprouvait pour cet homme pondéré et maître de lui.

Quant aux relations personnelles entre Azzolino et Christine, quelle en a été la nature ? C'est certainement l'amour qui parle dans ses lettres et la reine y donne sans hésiter, au cardinal, le nom d'amant. Est-ce à dire qu'ils ont dépassé le sentiment platonique? A chacun de répondre, comme il l'entendra, à cette question.

Ce qui est bien certain, c'est qu'Azzolino a joué, dans la vie de Christine, le rôle de maître; c'est sa volonté qui a dirigé les actions de son amie.

Nous relevons ci-après quelques traits caractéristiques susceptibles de rendre compte de la domination absolue qu'exerçait le cardinal sur la pensée de Christine.

Elle écrit qu'elle a pour lui « des *sentiments tendres* et la *plus tendre passion.* » (Hambourg, 23 juin 1666.)

« Le courrier vient d'arriver dit-elle, et ne m'ap-
« porte aucune lettre de vous, ce qui me met dans
« une inquiétude qui ne peut être expliquée. Jugez
« par vous même et ayez compassion de mon mal-
« heur. Adieu, je n'ai plus loisir de vous dire rien
« de plus » (Hambourg, 14 juillet.)

« Je suis et serai toute ma vie entièrement à
« vous. Adieu. » (28 juillet.)

« Donnons nous le plus souvent que nous pou-
« vons les témoignages d'une amitié qui ne peut et
« ne doit finir qu'avec notre vie. » (4 août.)

« Mon cœur vous sera fidèle jusqu'à la mort. »
(13 septembre.)

« Tout est gelé en ce pays, excepté mon cœur,
« qui est plus ardent que jamais. » (12 juin 1667.)

Constatons aussi que le Cardinal a donné au caractère extérieur de la vie de son amie une certaine respectabilité et en a atténué les excentricités. Il a régularisé les dépenses; mais quant aux recettes, cela dépendait de la Suède, pays protestant qu'il n'aimait guère. Christine, d'ailleurs, ne voyait plus, dans les provinces suédoises qui lui étaient attribuées, qu'une sorte de débitrice tenant mal ses engagements. Un égoïsme féroce finit par s'emparer de son âme et elle alla même, dès cette année 1659, jusqu'à proposer à l'empereur d'obtenir de la Suède, engagée contre l'Empire, la Pologne, le Danemark et la Russie, des avantages, et pour la religion catholique et pour l'empereur lui-même. C'est à la cession de la Poméranie qu'elle vise. Plus tard, au congrès de Nimègue, elle suppliera qu'on dépouille la Suède de ses possessions en Allemagne, pour les lui donner, s'engageant à les céder à sa mort à l'empereur.

Nous sommes entrés dans de certains développements sur la vie de Christine, depuis son abdication, afin de mettre en relief, dans le récit mouvementé de ses aventures, les particularités qui pouvaient aider à fournir un jugement sur son caractère.

Nous n'entrerons pas dans tous les détails du voyage qu'elle entreprit en Suède en 1660, à la mort de Charles-Gustave, des contrariétés qui l'assaillirent lorsqu'elle manifesta la pensée de faire renaître ses droits à la couronne. Au milieu de toutes ces difficultés, c'est la correspondance qu'elle entretient avec Azzolino qui nous fournit le meilleur renseignement sur sa pensée, sur ses embarras d'argent. Nous la reverrons en 1667, reprendre le chemin de la Suède, où elle fut l'objet d'une brillante réception ; il n'en est pas moins qu'elle dut se retirer à Hambourg, où elle séjourna jusqu'à la fin de l'année. Nous ne la suivrons pas non plus dans ses tentatives de succession au trône de Pologne, après l'abdication de Jean-Casimir en 1668. Ce n'est plus, dès lors, sa carrière politique qui peut nous fournir, sur son état d'âme, les indications que nous recherchons.

CHAPITRE XVI

La première lettre que Descartes adresse à Chanut,
au sujet de Christine, est datée du 1ᵉʳ novembre 1646.
Le philosophe, en annonçant à son compatriote
l'envoi d'un exemplaire de ses « Méditations », qu'il
destine à la reine de Suède, dépeint l'état de son
esprit, non sans invectiver au passage ceux qui l'accusent de scepticisme et d'athéisme. Cette lettre est
le point de départ de la mission de Descartes à
Stockholm ; nous ne saurions nous borner à l'analyser, mieux il nous semble de la reproduire inté-
gralement.

« Si je ne faisois une estime toute extraordinaire
« de vostre sçavoir, et que je n'eusse point un extrême
« désir d'aprendre, je n'aurois pas usé de tant d'im-
« portunité que j'ay fait, à vous convier d'examiner
« mes écrits. Je n'ay gueres acoutumé d'en prier
« personne, et mesme je les ay fait sortir en public
« sans estre parez, ny avoir aucun des ornemens

« qui peuvent attirer les yeux du peuple, afin que
« ceux qui ne s'arrestent qu'à l'exterieur, ne les
« vissent pas, et qu'ils fussent seulement regardez
« par quelques personnes de bon esprit, qui prissent
« la peine de les examiner avec soin, afin que je
« puisse tirer d'eux quelque instruction. Mais bien
« que vous ne m'ayez pas encore fait cette faveur,
« vous n'avez pas laissé de m'obliger beaucoup en
« d'autres choses, et particulièrement en ce que
« vous avez parlé avantageusement de moy à plu-
« sieurs, ainsy que j'ay apris de tres-bonne part ; et
« mesme Monsieur Clerselier m'a écrit que vous
« attendez de luy mes « Meditations Françoises »,
« pour les présenter à la reyne du païs où vous
« estes. Je n'ay jamais eu assez d'ambition pour
« desirer que les personnes de ce rang sceussent
« mon nom, et mesme, si j'avois esté seulement
« aussi sage qu'on dit que les sauvages se persuadent
« que sont les singes, je n'aurois jamais esté connu
« de qui que ce soit, en qualité de faiseur de livres :
« car on dit qu'ils s'imaginent que les singes
« pourroient parler, s'ils vouloient, mais qu'ils
« s'en abstiennent, afin qu'on ne les contraigne
« point de travailler ; et pource que je n'ay pas eu
« la mesme prudence à m'abstenir d'écrire, je n'ay
« plus tant de loisir ny tant de repos que j'aurois, si
« j'eusse eu l'esprit de me taire. Mais, puisque la
« faute est desja commise, et que je suis connu
« d'une infinité de gens d'Ecole, qui regardent mes
« écrits de travers, et y cherchent de tous costez les
« moyens de me nuire, j'ay grand sujet de souhaitter

« aussi de l'estre des personnes de plus grand merite,
« de qui le pouvoir et la vertu me puissent pro-
« teger.

« Et j'ay oüy faire tant d'estime de cette Reyne,
« qu'au lieu que je me suis souvent plaint de ceux
« qui m'ont voulu donner la connoissance de quelque
« Grand, je ne puis m'abstenir de vous remercier de
« ce qu'il vous a plû luy parler de moy. J'ay vû icy
« Monsieur de la Thuillerie, depuis son retour de
« Suède, lequel m'a decrit ses qualitez d'une façon
« si avantageuse, que celle d'estre Reine me semble
« l'une des moindres ; et je n'en aurois osé croire la
« moitié, si je n'avois vû par experience, en la Prin-
« cesse à qui j'ay dédié mes « Principes de Philo-
« sophie », que les personnes de grande naissance,
« de quelque sexe qu'elles soient, n'ont pas besoin
« d'avoir beaucoup d'âge pour pouvoir surpasser de
« beaucoup en érudition et en vertu les autres
« hommes. Mais j'ay bien peur que les écrits que
« j'ay publiez ne meritent pas qu'elle s'arreste à les
« lire, et ainsi qu'elle ne vous sçache point de gré
« de les lui avoir recommandez.

« Peut estre que, si j'y avois traitté de la morale,
« j'aurois occasion d'espérer qu'ils luy pourroient
« estre plus agreables ; mais c'est de quoy je ne dois
« pas me mêler d'écrire. Messieurs les Regens sont si
« animez contre moy, à cause des innocens « Prin-
« cipes de Physique » qu'ils ont vûs, et si en colère
« de ce qu'ils n'y trouvent aucun prétexte pour me
« calomnier, que, si je traittois après cela de la
« morale, ils ne me laisseroient aucun repos. Car

« puis qu'un Pere Bourdin a crû avoir assez de sujet,
« pour m'accuser d'estre sceptique, de ce que j'ay
« refuté les sceptiques ; et qu'un Ministre a entrepris
« de persuader que j'estois Athée, sans en alleguer
« d'autre raison, sinon que j'ay tasché de prouver
« l'existence de Dieu ; que ne diroient-ils point, si
« j'entreprenois d'examiner quelle est la juste valeur
« de toutes les choses qu'on peut désirer ou craindre ;
« quel sera l'état de l'Ame après la mort ; jusques
« où nous devons aimer la vie ; et quels nous devons
« estre, pour n'avoir aucun sujet d'en craindre la
« perte ? J'aurois beau n'avoir que les opinions les
« plus conformes à la Religion, et les plus utiles au
« bien de l'Etat, qui puissent estre, ils ne lairroient
« pas de me vouloir faire acroire que j'en aurois de
« contraires à l'un et à l'autre. Et ainsi je croy que
« le mieux que je puisse faire doresnavant, est de
« m'abstenir de faire des livres ; et ayant pris pour
« ma devise :

« Illi mors gravis incubat,
« Qui, notus nimis omnibus,
« Ignotus moritur sibi,

« de n'étudier plus que pour m'instruire, et ne
« communiquer mes pensées qu'à ceux avec qui
« je pourray converser privement ; je vous assure
« que je m'estimerois extremement heureux, si ce
« pouvoit estre avec vous. Mais je ne croy pas que
« j'aille jamais aux lieux où vous estes, ny que
« vous vous retiriez en cettuy-cy ; tout ce que je

« puis espérer, est que peut-estre, apres quelques
« années, en repassant vers la France, vous me fe-
« riez la faveur de vous arrester quelques jours en
« mon hermitage, et que j'auray alors le moyen de
« vous entretenir à cœur ouvert. On peut dire
« beaucoup de choses en peu de temps, et je trouve
« que la longue fréquentation n'est pas nécessaire
« pour lier d'étroites amitiez, lorsqu'elles sont fon-
« dées sur la vertu. Dès la première heure que j'ay
« eu l'honneur de vous voir, j'ai esté entierement a
« vous, et comme j'ay osé des lors m'assurer de
« vostre bien-veillance; aussi je vous supplie de
« croire que je ne pourrois estre plus acquis que
« je suis, si j'avois passé avec vous toute ma vie.

« Au reste, il semble que vous inferez, de ce que
« j'ay étudié les passions, que je n'en dois plus
« avoir aucune; mais je vous diray que, tout au
« contraire, en les examinant, je les ay trouvées
« presque toutes bonnes, et tellement utiles à cette
« vie, que nostre ame n'auroit pas sujet de vouloir
« demeurer jointe à son corps un seul moment,
« si elle ne les pouvoit ressentir. Il est vray que la
« colère est une de celles dont j'estime qu'il se faut
« garder, en tant qu'elle a pour objet une offense
« receuë; et pour cela nous devons tascher d'elever
« si haut nostre esprit, que les offenses que les
« autres nous peuvent faire, ne parviennent jamais
« jusques à nous. Mais je croy qu'au lieu de colère,
« il est juste d'avoir de l'indignation, et j'avoüe que
« j'en ay souvent contre l'ignorance de ceux qui
« veulent estre pris pour doctes, lors que je la voy

« jointe à la malice. Mais je vous puis assurer qu'à
« vostre égard les passions que j'ay, sont de l'ad-
« miration pour vostre vertu et un zèle tres-particu-
« lier, qui fait que je suis, etc. ».

Chanut dans sa réponse (1er décembre 1646) décrit à plaisir les hautes qualités de la reine. C'est
avec elle, plus qu'avec les ministres, que traitent,
chaque jour, les diplomates accrédités à Stockholm,
« son âge et son peu d'expérience ne donnent aucun
« avantage à ceux qui luy parlent, son jugement
« suppléant à tout ce qui peut luy manquer dans
« l'usage des affaires ». Sa compréhension des
choses élevées de la philosophie, lui sera facile,
car elle a « le sentiment merveilleusement détaché
« de la servitude des opinions populaires... Dans
« les momens qu'elle peut retrancher du soin des
« affaires publiques, et souvent après les audiances
« qu'elle m'a données pour les affaires du roy, elle
« s'egaye dans des entretiens qui passeroient pour
« très sérieux entre les sçavans, et je vous assure
« qu'il faut parler devant elle avec grande circons-
« pection.

« La dernière fois que j'eus l'honneur de la voir,
« elle tomba, par l'occasion d'une affaire, sur une
« question dont elle m'obligea de dire mon senti-
« ment. La question étoit de sçavoir, quand on use
« mal de l'Amour ou de la Haine, lequel de ces
« deux déréglemens ou mauvais usages étoit le

« pire. Le terme d'Amour étoit entendu à la ma-
« nière des philosophes, et non pas comme on le
« fait sonner si souvent aux oreilles des filles, et la
« question était générale. J'osay, en cette rencontre,
« prendre un parti contraire à sa pensée, et cette
« contestation luy fit dire plusieurs choses d'une
« grande sagesse et d'un raisonnement subtil.
« Comme il ne m'est pas permis de vous dire nos
« opinions, si vous vous mettez au hazard de con-
« damner une reine en donnant vôtre jugement, je
« vous diray le reste et comme elle soûtenait son
« avis. J'attens l'exemplaire de vos Méditations
« Françoises, pour le lui présenter ».

Cette lettre est certainement incomplète ; nous
remarquons, en effet, que Descartes, dans sa réponse du 1ᵉʳ février 1647, fait allusion à deux autres
questions que Chanut lui adresse, et formule ains
la thèse à laquelle il s'efforcera de répondre tout en
ne pouvant « entièrement résoudre ces questions ».

Voici comment Descartes donne le thème de la
dissertation qu'il destine à Christine :

1° Ce que c'est que l'amour ;

2° Si la seule lumière naturelle nous enseigne à
aimer Dieu ;

3° Lequel des deux dérèglements est le pire, celui
de l'amour ou celui de la haine.

« Pour répondre au premier point, je distingue,
« dit Descartes, entre l'amour, qui est purement
« intellectuelle ou raisonnable, et celle qui est une
« passion. La première n'est, ce me semble, autre
« chose sinon que, lors que notre ame aperçoit

« quelque bien, soit present, soit absent, qu'elle
« juge luy estre convenable, elle se joint à luy de
« volonté, c'est à dire, elle se considère soy-mesme
« avec ce bien-là, comme un tout dont il est une
« partie et elle l'autre. En suite de quoy, s'il est
« présent, c'est à dire, si elle le possède, ou qu'elle
« en soit possedée, ou enfin qu'elle soit jointe à luy
« non seulement par sa volonté, mais aussi réelle-
« ment et de fait, en la façon qu'il luy convient
« d'estre jointe, le mouvement de sa volonté, qui
« accompagne la connoissance qu'elle a que ce luy
« est un bien, est sa joye, et s'il est absent, le mou-
« vement de sa volonté qui accompagne la connois-
« sance qu'elle a d'en estre privée, est la tristesse ;
« mais celuy qui accompagne la connoissance qu'elle
« a qu'il luy seroit bon de l'acquerir, est son désir.
« Et tous ces mouvemens de la volonté ausquels
« consistent l'amour, la joye et la tristesse, et le
« désir, en tant que ce sont des pensées raisonna-
« bles, et non point des passions, se pourroient
« trouver en nostre ame, encore qu'elle n'eust point
« de corps. Car, par exemple, si elle s'apercevoit
« qu'il y a beaucoup de choses à connoistre en la
« Nature, qui sont fort belles, sa volonté se porte-
« roit infailliblement à aimer la connoissance de ces
« choses, c'est à dire, à la considerer comme luy
« appartenant. Et si elle remarquait, avec cela,
« qu'elle eust cette connoissance, elle en auroit de
« la joye ; si elle consideroit qu'elle ne l'eust pas,
« elle en auroit de la tristesse ; si elle pensoit qu'il
« luy seroit bon de l'acquerir, elle en auroit du

« désir. Et il n'y a rien en tous ces mouvemens de
« sa volonté qui luy fust obscur, ny dont elle n'eust
« une très parfaite connoissance, pourveu qu'elle
« fist reflection sur ses pensées.

« Mais pendant que nostre ame est jointe au
« corps, cette amour raisonnable est ordinairement
« accompagnée de l'autre, qu'on peut nommer sen-
« suelle ou sensitive ».

Il donne de l'amour la définition qu'il a formulée
en ses « Principes », ce sont des pensées « confuses
« excitées en l'âme par quelque mouvement des
« nerfs, laquelle la dispose à cette autre pensée
« plus claire en qui consiste l'amour raisonnable ».
Dans la soif, « le sentiment qu'on a de la séche-
« resse du gosier, est une pensée confuse qui dis-
« pose au désir de boire, mais qui n'est pas ce désir
« mesme ; ainsi en l'amour, on sent je ne sçay quelle
« chaleur autour du cœur, et une grande abondance
« de sang dans le poumon, qui fait qu'on ouvre
« mesme les bras comme pour embrasser quelque
« chose, et cela rend l'ame incline à joindre à soy
« de volonté l'objet qui se présente. Mais la pensée
« par laquelle l'ame sent cette chaleur, est différente
« de celle qui la joint à cet objet ; et mesme il arrive
« quelquefois que ce sentiment d'amour se trouve
« en nous, sans que nostre volonté se porte à rien
« aimer, à cause que nous ne rencontrons point
« d'objet que nous pensions en estre digne. Il peut
« arriver aussi, au contraire, que nous connoissions
« un bien qui merite beaucoup, et que nous nous
« joignions à luy de volonté, sans avoir, pour cela,

« aucune passion, à cause que le corps n'y est pas
« disposé ». Ces deux sortes d'amour se trouvent généralement réunis, si l'âme en effet, trouve un objet
« digne d'elle, cela dispose incontinent le cœur aux
« mouvemens qui excitent la passion d'amour » ;
d'où il arrive que l'âme trouve en l'objet aimé des
qualités, alors qu'en d'autres temps elle n'y remar-
querait que des défauts. « Certains mouvemens de
« cœur (seraient) ainsi naturellement joints à cer-
« taines pensées, avec lesquelles ils n'ont aucune
« ressemblance ». L'âme ayant pu être unie à un
corps, chacune de ces pensées peut s'associer à
quelques mouvements du corps, en sorte que la re-
production de ces mêmes mouvements « induisent
« l'âme à la mesme pensée ; et réciproquement, lors
« que la mesme pensée revient, elle prépare le corps
« à recevoir la mesme disposition. Ainsi, lors qu'on
« apprend une langue, on joint les lettres ou la
« prononciation de certains mots, qui sont des cho-
« ses matérielles, avec leurs significations, qui sont
« des pensées ; en sorte que, lors qu'on oyt après
« derechef les mesmes mots, on conçoit les mesmes
« choses ; et quand on conçoit les mesmes choses,
« on se ressouvient des mesmes mots ».

En recherchant l'origine de la chaleur qu'on sent
autour du cœur et en analysant les autres dispositions du corps qui accompagnent l'amour, il est
vraisemblable que « dès le premier moment que
« nostre ame a esté jointe au corps, qu'elle a senty
« de la joye, et incontinent après de l'amour, puis
« peut-estre aussi de la haine, et de la tristesse ; et

« que les mesmes dispositions du corps, qui ont
« pour lors causé en elles ces passions, en ont na-
« turellement par après accompagné les pensées ».
Notre âme, dit-il, a été unie à notre corps « lors
« qu'il a esté bien disposé », d'où a résulté de la
joie, l'amour est venu après « à cause que, la
« matière de nostre corps s'écoulant sans cesse,
« ainsi que l'eau d'une rivière, et estant besoin qu'il
« en revienne d'autre en sa place, il n'est gueres
« vray-semblable que le corps ait esté bien disposé,
« qu'il n'y ait eu aussi proche de luy quelque ma-
« tière fort propre à luy servir d'aliment, et que
« l'ame se joignant de volonté à cette nouvelle ma-
« tière, a eu pour elle de l'amour; comme aussi,
« par après, s'il est arrivé que cet aliment ait man-
« qué, l'ame en a eu de la tristesse. Et s'il en est
« venu d'autre en sa place, qui n'ait pas esté pro-
« pre à nourrir le corps, elle a eu pour luy de la
« haine ».

Ces passions devaient être confuses à notre naissance; notre âme rudimentaire était encore si
attachée à la matière qu'elle se bornait « à en recevoir les diverses impressions »; d'autres joies, d'autres amours, que ceux qui « dépendent de la bonne
« constitution et convenable nourriture du corps,
« ont suivi » mais toujours accompagnées des premiers sentiments et « mesme aussi des mouvemens
« ou fonctions naturelles qui estoient alors dans le
« corps »; d'où il résulte que « ces sentimens confus
« de nostre enfance, qui, demeurans joints avec les
« pensées raisonnables par lesquelles nous aimons ce

« que nous en jugeons dignes, sont cause que la
« nature de l'amour nous est difficile à connoistre ».
D'autre part, la joie, la tristesse, le désir, la crainte,
l'espérance, etc., se mêlent diversement avec l'amour,
empêchant qu'on le distingue, et le font confondre
souvent avec le désir, par exemple, d'où deux sortes
d'amour « l'une qu'on nomme amour de Bien-veil-
« lance, en laquelle ce désir ne paroist pas tant, et
« l'autre qu'on nomme amour de concupiscence,
« laquelle n'est qu'un désir fort violent, fondé sur
« un amour qui, souvent est foible ».

Descartes passe alors à l'examen de la seconde
question, savoir : *Si la seule lumière naturelle nous
enseigne à aimer Dieu et si on le peut aimer par la
force de cette lumière*. Il est deux raisons pour en
douter, car les attributs de Dieu sont « si relevés au
« dessus de nous, que nous ne concevons en aucune
« façon qu'ils nous puissent estre convenables, ce
« qui est cause que nous ne nous joignons point à
« eux de volonté ; la seconde est qu'il n'y a rien en
« Dieu qui soit imaginable, ce qui fait encore qu'on
« auroit pour luy quelque amour intellectuelle, il ne
« semble pas qu'on en puisse avoir aucune sensitive,
« à cause qu'elle devroit passer par l'imagination pour
« venir de l'entendement dans le sens ». C'est pourquoi quelques philosophes se persuadent que les
chrétiens sont seuls capables d'aimer Dieu parce que
dans son incarnation, il « s'est abaissé jusqu'à se
« rendre semblable à nous..... Toutefois je ne fais
« aucun doute que nous ne puissions véritable-
« ment aimer Dieu par la seule force de nostre

« nature..... c'est la plus ravissante et la plus utile
« passion que nous puissions avoir; (mais il est
« besoin) pour cela, d'une méditation fort attentive,
« à cause que nous sommes continuellement divertis
« par la présence des autres objets ».

Il faut considérer que Dieu est un esprit « en quoy
« la nature de nostre âme ayant quelque ressem-
« blance avec la sienne, nous venons à nous per-
« suader qu'elle est une émanation de sa souveraine
« intelligence, et *divinæ quasi particula auræ* » (1).
Notre connaissance semble pouvoir s'accroître par
degré jusqu'à l'infini, c'est-à-dire atteindre Dieu qui
est infini, de là l'extravagance de ceux qui souhaitent
être Dieux ; ils aiment « seulement la Divinité au lieu
« d'aimer Dieu. Mais si, avec cela, nous prenons
« garde à l'infinité de sa puissance, par laquelle il a
« créé tant de choses, dont nous ne sommes que la
« moindre partie ; à l'étenduë de sa providence, qui
« fait qu'il voit d'une seule pensée tout ce qui a esté,
« qui est, qui sera, et qui sçauroit estre ; à l'infailli-
« bilité de ses décrets, qui, bien qu'ils ne troublent
« point nostre libre arbitre ne peuvent neantmoins
« en aucune façon estre changez ; et enfin, d'un
« costé, à nostre petitesse, et de l'autre, à la gran-
« deur de toutes les choses créées, en remarquant
« de quelle sorte elles dépendent de Dieu, et en les
« considérant d'une façon qui ait du raport à sa
« toute-puissance, sans les enfermer en une boule,
« comme font ceux qui veulent que le monde soit

(1) Horace, *Satires*, II, p. 2, vers 79.

« finy : la méditation de toutes ces choses remplit
« un homme qui les entend bien d'une joye si
« extrême, que, tant s'en faut qu'il soit injurieux et
« ingrat envers Dieu jusqu'à souhaitter de tenir sa
« place, il pense (1) déja avoir assez vécu de ce que
« Dieu luy a fait la grâce de parvenir à de telles
« connoissances ; et se joignant entièrement à luy
« de volonté, il l'aime si parfaitement, qu'il ne désire
« plus rien au monde, sinon que la volonté de Dieu
« soit faite. Ce qui est cause qu'il ne craint plus ny
« la mort, ny les douleurs, ny les disgrâces, pource
« qu'il sçait que rien ne luy peut arriver, que ce que
« Dieu aura decreté ; et il aime tellement ce divin
« décret, il l'estime si juste et si necessaire, il sçait
« qu'il en doit si entierement dépendre, que, mesme
« lors qu'il en attend la mort ou quelqu'autre mal,
« si par impossible il pouvoit le changer, il n'en auroit
« pas la volonté. Mais, s'il ne refuse point les maux
« ou les afflictions, pource qu'elles luy viennent de
« la providence divine, il refuse encore moins tous
« les biens ou plaisirs licites dont il peut jouïr en
« cette vie, pource qu'ils en viennent aussi ; et les
« recevant avec joye, sans avoir aucune crainte des
« maux, son amour le rend parfaitement heureux ».

Il ne semble pas que notre âme, peu détachée du
commerce des sens, puisse communiquer ces vérités
« à la faculté imaginative pour en faire une passion »,
et pourtant elle le lui communique. Car sans « rien
« imaginer de ce qui est en Dieu.... nous pouvons

____

(1) « qu'au contraire il pense... » (Institut).

« imaginer nostre amour mesme, qui consiste en ce
« que nous voulons nous unir à quelque objet,
« c'est à dire, au regard de Dieu », dans la vision
de notre infinité vis à vis de l'immensité des choses,
« et la seule idée de cette union suffit pour exciter
« de la chaleur autour du cœur, et causer une très
« violente passion ».

Descartes remarque que le verbe aimer, qui veut
dire qu'on traite d'égal à égal l'objet aimé, comme
dans l'amitié d'homme à homme, par exemple, est
le plus souvent remplacé par les mots respecter,
honorer, estimer, quand il s'agit de personnes
« d'une condition fort relevée au dessus de la
« nostre ». Ce n'est pas une raison pour nous empêcher d'employer, à l'égard de Dieu, le mot amour,
c'est à dire « une passion qui nous fait joindre de
« volonté à quelque objet », sans tenir compte s'il
est plus grand, et il prend directement à partie
Chanut, en lui faisant remarquer que son « style
coule si bien » quand il parle de Christine, qu'on le
sent animé pour elle d'une « très-ardente affection »,
encore bien qu'il se serve des mots respect, vénération, étonnement. Il ne peut se trouver, en effet,
« auprès d'une si grande lumière, sans en recevoir
« de la chaleur ».

L'amour n'est donc pas moindre quand il s'applique
à des « objets qui sont au dessus de nous », il fait,
au contraire, « qu'on embrasse avec plus d'ardeur
« les intérest de ce qu'on aime. Car la nature de
« l'amour est de faire qu'on se considère avec l'objet
« aimé comme un tout dont on n'est qu'une partie ».

S'il a pour objet une chose qui nous est inférieure,
une fleur, un oiseau, un bâtiment, nous ne mettrons
pas « nostre vie en aucun hazard pour la conserva-
« tion de ces choses, pource qu'elles ne sont pas
« des parties plus nobles du tout qu'elles composent
« avec nous, que nos ongles et nos cheveux sont de
« nostre corps; et ce seroit une extravagance de
« mettre tout le corps au hazard pour la conserva-
« tion des cheveux ». Entre égaux, « la charité veut
« que chacun estime son amy plus que soy-mesme »,
et que l'amitié aille jusqu'au sacrifice de la vie;
quand ce sentiment s'applique au Prince ou à son
pays, on va au devant d'une « mort assurée pour
« leur service », et l'exemple en est fréquent
« mesme en des personnes de basse condition...
« En suite de quoy il est évident que nostre amour
« envers Dieu doit estre sans comparaison la plus
« grande et la plus parfaite de toutes ».

Envisageant la troisième question : *lequel des deux
dérèglements est le pire, celuy de l'amour ou celuy
de la haine*, Descartes estime que les sentiments
que suscite en nous la haine, même la plus juste, à
la pensée du mal que nous fait un ennemi, et aussi
l'idée qui surgit en nous d'user de représailles,
accoutume « peu a peu à la malice... les plus gens
« de bien ». Tout au contraire, ceux qui ont des
sentiments d'amour « encore mesme que leur amour
« soit dereglée et frivole, ne laissent pas de se ren-
« dre souvent plus honnestes gens et plus vertueux,
« que s'ils occupoient leur esprit à d'autres pensées... » toutefois, de ces deux passions, l'amour et

la haine, c'est incontestablement l'amour « qui nous
« rend capables de faire plus de mal au reste des
« hommes... d'autant qu'elle a naturellement beau-
« coup plus de force et plus de vigueur que la haine »,
car si l'on se reporte à l'origine de ces deux sentiments, on voit que pour l'amour, notre cœur « rece-
« voit abondance de nourriture qui luy estoit conve-
« nable... tout le plus pur sang de nos veines coule
« (dans l'amour), abondamment vers le cœur, ce
« qui envoye quantité d'esprits animaux au cerveau,
« et ainsi nous donne plus de force, plus de vigueur,
« et plus de courage ». La haine a été causée par
« un aliment nuisible... l'amertume du fiel et l'ai-
« greur de la rate, se mêlant avec nostre sang, est
« cause qu'il ne vient pas tant... de tels esprits au
« cerveau, et ainsi qu'on demeure plus foible, plus
« froid et plus timide. Hercule, Roland, les héros,
« aiment plus ardemment que les autres ; et au con-
« traire, les hommes foibles et lasches, sont les
« plus enclins à la haine ».

« Il me reste encore à prouver que l'amour qu'on
« a pour un objet de peu d'importance, peut causer
« plus de mal, estant déreglée, que ne fait la haine
« d'un autre de plus de valeur. Et la raison que j'en
« donne est que le mal qui vient de la haine s'étend
« seulement sur l'objet hay, au lieu que l'amour
« déréglée n'épargne rien, sinon son objet, lequel
« n'a, pour l'ordinaire, que si peu d'étenduë, à
« comparaison de toutes les autres choses dont elle
« est preste de procurer la perte et la ruine, afin
« que cela serve de ragoust à l'extravagance de sa

« fureur. On dira peut-estre que la haine est la
« plus prochaine cause des maux qu'on attribuë à
« l'amour, pource que, si nous aimons quelque
« chose, nous haïssons, par mesme moyen, tout ce
« qui luy est contraire. Mais l'amour est toujours
« plus coupable que la haine, des maux qui se font
« de cette façon, d'autant qu'elle en est la première
« cause, et que l'amour d'un seul objet peut ainsi
« faire naistre la haine de beaucoup d'autres ».

Il termine sa lettre en montrant que souvent le
mal est grand qui est occasionné « pour le seul plaisir
de l'objet aimé », tel l'incendie de Troie, allumé par
la beauté de Pâris est célébré dans un quatrain du
poëte Théophile qui qualifie de « belle proye » du
berger troien, cet effroyable désastre :

> Dieux, que le beau Paris eut une belle proye !
> Que cet amant fit bien,
> Alors qu'il alluma l'embrazement de Troye,
> Pour amortir le sien !

On pourrait rapprocher cette lettre, dit Foucher de
Careil, des considérations de Pascal sur les passions
de l'amour ; toutefois, dans le « Traité » de Descartes,
l'amour semble plus matériel, ce qui justifierait en
quelque mesure, l'appréciation de Leibniz : *Cartesius
amorem a cupiditate non satis bene distinxit.*

CHAPITRE XVII

Chanut, à la lecture de cette dissertation sur l'amour
et la haine « prit du têms à l'écart de ses affaires
« pour s'attacher sans interruption a cette lecture »
et il communiqua a M. du Ryer, médecin de la reine,
« François de nation, homme de sçavoir et de pro-
« bité... le plaisir qu'il (en) ressentoit » ; du Ryer en
parla à Christine, « d'une manière si avantageuse,
« qu'elle obligea M. Chanut de la luy faire voir... La
« Reine demeura si satisfaite de la lecture qu'il luy
« en fit... qu'elle ne pouvoit ensuite se lasser de
« donner des loüanges à l'Auteur de cét écrit, et de
« s'enquerir de toutes les particularitez de sa per-
« sonne et de sa vie ». Elle traça ces mots dans la
marge de la lettre : « Monsieur Descartes, autant que
« je le puis voir par cét écrit et par la peinture que
« vous m'en faites, est le plus heureux de tous les

« hommes ; et sa condition me semble digne d'envie.
« Vous me ferez plaisir de l'assurer de la grande
« estime que je fais de luy ».

Au sujet de la nature de *l'amour*, elle ne voulut
pas, dit Chanut (lettre à Descartes, 11 mai 1647)
« s'attacher à en examiner la doctrine, parce que,
« disoit-elle, n'ayant pas ressenti cette passion, elle
« ne pouvoit pas bien juger d'une peinture dont elle
« ne connoissoit point l'original... La Reine donna
« son consentement à tout, hormis à un mot, qui
« faisoit voir en passant que M. Descartes n'étoit pas
« de l'opinion de ceux qui veulent que le Monde soit
« fini. Elle témoigna douter qu'on pût admettre
« l'hypothèse du Monde infini sans blesser la religion
« chrétienne (1) ».

Pour satisfaire la curiosité de la reine, Chanut
soumet ce scrupule à Descartes et lui demande aussi,
pour son propre compte, « quelle est cette impulsion
« secrète qui nous porte dans l'amitié d'une personne
« plutôt que d'une autre, avant même que d'en
« connoitre le merite ? et si un homme de bien, dans
« le choix de ses amitiez, peut suivre les mouvemens
« cachez de son cœur et de son esprit, qui n'ont
« aucune raison apparente ; et s'il ne commet point

(1) Christine entendait que l'homme étant la fin de la création,
c'est-à-dire le plus parfait des ouvrages, pour lequel tous les
autres ont été faits, comme il paraît manifestement par l'alliance
de Dieu avec l'homme dans l'incarnation du Verbe, il ne saurait
dans tous les mondes de cette vaste étendue indéfinie rester
dans un rang si honorable, alors qu'il ne se considérerait plus
« que dans un petit recoin avec toute la terre qu'il habite ».
(Baillet, II, 203.)

« une injustice de distribuer ses inclinations par
« une autre règle que celle du merite ».

Au moment où il se rend en France, Descartes
s'arrête à La Haye et écrit à Chanut (6 juin 1647) :
« Je doute si j'ay esté touché de plus d'admiration
« de ce qu'elle (la Reine) a si facilement entendu des
« choses que les plus doctes estiment très obscures,
« ou de joye, de ce qu'elles ne luy ont pas déplû.
« Mais mon admiration s'est redoublée, lors que j'ay
« veu la force et le poids des objections que sa
« Majesté a remarquées, touchant la grandeur de
« l'Univers ».

Il est au regret de ne pouvoir se « demesler un
« peu mieux d'une question si difficile et si judicieu-
« sement proposée qu'il ne le peut faire dans la
« chambre d'une hostellerie » ; mais il ne prétend
pas toutefois que cela lui « serve d'excuse ; et pourveu,
« ajoute-t-il, qu'il me soit permis de penser que
« c'est à vous seul que j'écris, afin que la vénération
« et le respect ne rendent point mon imagination
« trop confuse, je m'efforceray icy de mettre tout ce
« que je puis dire touchant cette matière ».

Tout d'abord, il n'affirmera pas comme le cardinal
de Cusa et plusieurs autres docteurs, que le monde
est *infini*, bien que l'Eglise ne les ait pas repris pour
ce sujet et « que c'est honorer Dieu, que de faire
« concevoir ses œuvres fort grands » ; il le prend
seulement pour *indéfini* « en quoy il y a une différence
« assez remarquable : car, pour dire qu'une chose
« est infinie, on doit avoir quelque raison qui la fasse
« connoistre telle, ce qu'on ne peut avoir que de

« Dieu seul ; mais pour dire qu'elle est indéfinie, il
« suffit de n'avoir point de raison par laquelle on
« puisse prouver qu'elle ait des bornes. Ainsi il me
« semble qu'on ne peut prouver, ny mesme conce-
« voir, qu'il y ait des bornes en la matière dont le
« monde est composé. Car, en examinant la nature
« de cette matière, je trouve qu'elle ne consiste en
« autre chose qu'en ce qu'elle a de l'étenduë en
« longueur, largeur et profondeur, de façon que tout
« ce qui a ces trois dimensions est une partie de
« cette matière ; et il ne peut y avoir aucun espace
« entierement vuide, c'est-à-dire qui ne contienne
« aucune matière, à cause que nous ne sçaurions
« concevoir un tel espace, que nous ne concevions
« en luy ces trois dimensions, et, par conséquent, de
« la matiere. Or, en supposant le monde finy, on
« imagine au delà de ses bornes quelques espaces
« qui ont leur trois dimensions, et ainsi qui ne sont
« pas purement imaginaires, comme les philosophes
« les nomment, mais qui contiennent en soy de la
« matière, laquelle, ne pouvant estre ailleurs que
« dans le monde, fait voir que le monde s'étend au-
« delà des bornes qu'on avoit voulu luy attribuer.
« N'ayant donc aucune raison pour prouver, et mesme
« ne pouvant concevoir que le monde ait des bornes,
« je le nomme *indéfiny*. Mais je ne puis nier pour
« cela qu'il n'en ait peut-estre quelques-unes qui
« sont connuës de Dieu, bien qu'elles me soient
« incompréhensibles : c'est pourquoy je ne dis pas
« absolument qu'il est *infiny* ».

Quant aux prérogatives que la religion attribue à

l'humanité, nous ne sommes pas obligés de croire
que l'homme est la fin de la création; le Credo dit,
tout au contraire : *Omnia propter ipsum* (Deum)
facta sunt. En sorte que c'est Dieu seul qui « est la
« cause finale, aussi bien que la cause efficiente de
« l'Univers et pour les créatures, d'autant qu'elles
« servent réciproquement les unes aux autres,
« chacune se peut attribuer cet avantage, que toutes
« celles qui luy servent sont faites pour elle ». En
vain, dira-t-on, que dans les six jours de la création, décrits en la genèse, il semble que l'homme en
soit le principal sujet, on oublie que la genèse
a été écrite pour l'homme et « qu'il n'y est parlé
« d'aucunes, qu'en tant qu'elles se raportent à
« l'homme », que les prédicateurs en nous incitant
a l'amour de Dieu négligent, comme n'étant point
utile à leur sujet, d'envisager les autres fins des
choses créées, et ils vont plus loin, en affirmant
« que chaque homme en particulier est redevable à
« Jésus-Christ de tout le sang qu'il a répandu en la
« Croix, tout de mesme que s'il n'estoit mort que
« pour un seul. En quoy ils disent bien la vérité;
« mais, comme cela n'empesche pas qu'il n'ait
« racheté de ce mesme sang un très grand nombre
« d'autres hommes, ainsi je ne voy point que le
« mystère de l'Incarnation, et tous les autres avan-
« tages que Dieu a faits à l'homme, empeschent
« qu'il n'en puisse avoir fait une infinité d'autres
« très-grands à une infinité d'autres créatures ». Il
n'en résulte pas qu'il y ait des créatures intelligentes
dans les étoiles ou ailleurs, mais rien ne prouve le

contraire et Descartes dit qu'il « laisse toujours
« indécises les questions qui sont de cette sorte,
« plutost que d'en rien nier ou assurer. Il me
« semble qu'il ne reste plus icy autre difficulté,
« sinon qu'après avoir crû long-temps que l'homme
« a de grands avantages par dessus les autres
« créatures, il semble qu'on les perde tous, lors-
« qu'on vient à changer d'opinion ». La prérogative qui nous est attribuée n'en est pas moindre
parce qu'elle est partagée en un nombre plus grand
d'êtres. Les anges sont innombrables, dit l'Ecriture,
n'en sont-ils pas, quel que soit leur nombre, incomparablement plus parfaits que les hommes ? Il en va
de même pour les raisonnements des astronomes
qui, à la vue des étoiles, trouvent la terre « plus
« petite au regard de tout le ciel, que n'est un grain
« de sable au regard d'une montagne ».

Passant à la question touchant « les causes qui
« nous incitent à aimer une personne plutost qu'une
« autre, avant que nous en connaissions le mérite »
Descartes en remarque deux « qui sont, l'une dans
« l'esprit, et l'autre dans le corps. Mais pour celle
« qui n'est que dans l'esprit, elle présupose tant de
« choses touchant la nature de nos âmes, que je
« n'oserois entreprendre de les déduire dans une
« lettre. Je parleray seulement de celle du corps.
« Elle consiste dans la disposition des parties de
« nostre cerveau, soit que cette disposition ait esté
« mise en luy par les objets des sens, soit par quel-
« qu'autre cause. Car les objets qui touchent nos
« sens meuvent par l'entremise des nerfs quelques

« parties de nostre cerveau, et y font comme certains
« plis, qui se défont lors que l'objet cesse d'agir ;
« mais la partie où ils ont esté faits demeure par
« après disposée à estre pliée derechef en la mesme
« façon par un autre objet qui ressemble en quel-
« que chose au précedent, encore qu'il ne luy
« ressemble pas en tout ». Il donne ensuite en
exemple, un souvenir de son enfance, alors qu'il
éprouvait un vif attrait pour une jeune fille de son
âge qui était un peu louche ; la vue de ces yeux
égarés se joignait tellement à celle qui se faisait
dans son cerveau « pour émouvoir la passion
« de l'amour » qu'il se sentait plus enclin vers
toutes les personnes dont les yeux étaient confor-
més comme ceux de son amie et « pour cela
seul, qu'elles « avaient ce défaut » ; néanmoins il ne
savait pas que c'était pour cela et il n'en fut plus
ému quand il eut « reconnu que c'était un défaut ».
En sorte que lorsque nous sommes portés à aimer
quelqu'un « nous pouvons croire que cela vient de
« ce qu'il y a quelque chose en luy de semblable à
« ce qui a esté dans un autre objet que nous avons
« aimé auparavant, encore que nous ne scachions
« pas ce que c'est ». Il nous advient d'être attirés par
une qualité, mais, il n'est pas impossible que nous
soyons attirés par un défaut. Descartes montre par
la vue de ce danger, combien il est nécessaire de
ne pas se laisser aller aux élans de l'amour. Il
considère, de plus, que nous ne pouvons aimer
également tous ceux en qui nous remarquons des
mérites égaux, et que d'ailleurs, « le principal bien

« de la vie estant d'avoir de l'amitié pour quelques-
« uns » nous devons préférer « ceux à qui nos
« inclinations secrettes nous joignent, pourvû que
« nous remarquions en eux du mérite... Ces incli-
« nations secrettes ont leur cause en l'esprit, et non
« dans le corps » aussi sont-elles le plus souvent
réciproques, ce qui n'advient guère pour les autres.

Le 17 septembre 1647, Christine avait entendu, à
Upsal, une harangue sur le « Souverain Bien », pro-
noncée par Freinsheim, professeur à l'Université;
aussitôt elle pria Chanut de demander à Descartes
son opinion sur ce même sujet.

Pour se rendre au désir de la reine, Descartes lui
écrivit, le 20 novembre, la lettre suivante :

« Madame,

« J'ay appris de Monsieur Chanut qu'il plaist à
« vostre Majesté que j'aye l'honneur de luy exposer
« l'opinion que j'ay touchant le Souverain Bien,
« considéré au sens que les philosophes anciens en
« ont parlé : je tiens ce commandement pour une si
« grande faveur, que le désir que j'ay d'y obeïr me
« détourne de toute autre pensée, et fait que, sans
« excuser mon insuffisance, je mettray icy, en peu
« de mots, tout ce que je pourray scavoir sur cette
« matière.

« On peut considérer la bonté de chaque chose
« en elle mesme, sans la rapporter à autruy, auquel
« sens il est evident que c'est Dieu qui est le sou-
« verain bien, pource qu'il est incomparablement
« plus parfait que les créatures; mais on peut aussi

« la rapporter à nous, et en ce sens, je ne voy rien
« que nous devions estimer bien, sinon ce qui
« nous appartient en quelque façon, et qui est tel,
« que c'est perfection pour nous de l'avoir. Ainsi les
« Philosophes anciens qui, n'estant point éclairez de
« la lumière de la Foy, ne sçavoient rien de la béati-
« tude surnaturelle, ne consideroient que les biens
« que nous pouvons posséder en cette vie; et
« c'estoit entre ceux là qu'ils cherchoient lequel
« estoit le souverain, c'est-à-dire le principal et le
« plus grand.

« Mais, afin que je le puisse déterminer, je consi-
« dère que nous ne devons estimer biens, à nostre
« égard, que ceux que nous possédons, ou bien que
« nous avons pouvoir d'acquérir. Et cela posé, il me
« semble que le souverain bien de tous les hommes
« ensemble est un amas ou un assemblage de tous
« les biens, tant de l'âme que du corps et de la for-
« tune, qui peuvent estre en quelques hommes;
« mais que celuy d'un chacun en particulier est
« toute autre chose, et qu'il ne consiste qu'en une
« ferme volonté de bien faire, et au contentement
« qu'elle produit. Dont la raison est que je ne re-
« marque aucun autre bien qui me semble si grand,
« ny qui soit entièrement au pouvoir d'un chacun.
« Car, pour les biens du corps et de la fortune, ils
« ne dépendent point absolument de nous; et ceux
« de l'âme se raportent tous à deux chefs, qui sont,
« l'un de connoistre, et l'autre de vouloir ce qui est
« bon; mais la connoissance est souvent au delà de
« nos forces; c'est pourquoy il ne reste que nostre

« volonté, dont nous puissions absolument disposer
« Et je ne voy point qu'il soit possible d'en disposer
« mieux, que si l'on a tousjours une ferme et cons-
« tante résolution de faire exactement toutes les
« choses que l'on jugera estre les meilleures, et d'em-
« ployer toutes les forces de son esprit à les bien
« connoistre. C'est en cela seul que consistent tou-
« tes les vertus; c'est cela seul qui, à proprement
« parler, mérite de la loüange et de la gloire; enfin
« c'est de cela seul que résulte tousjours le plus
« grand et le plus solide contentement de la vie.
« Ainsi j'estime que c'est en cela que consiste le
« souverain bien.

« Et par ce moyen je pense accorder les deux
« plus contraires et plus célèbres opinions des
« anciens, à sçavoir celle de Zenon, qui l'a mis en
« la vertu ou en l'honneur, et celle d'Epicure, qui
« l'a mis au contentement, auquel il a donné le nom
« de volupté. Car, comme tous les vices ne viennent
« que de l'incertitude et de la foiblesse qui suit
« l'ignorance, et qui fait naistre les repentirs;
« ainsi la vertu ne consiste qu'en la resolution
« et la vigueur avec laquelle on se porte à faire
« les choses qu'on croit estre bonnes, pourvû
« que cette vigueur ne vienne pas d'opiniastreté,
« mais de ce qu'on sçait les avoir autant examinées,
« qu'on en a moralement de pouvoir. Et bien que ce
« qu'on fait alors puisse estre mauvais, on est
« assuré neanmoins qu'on fait son devoir; au lieu
« que, si on exécute quelque action de vertu, et que
« cependant on pense mal faire, ou bien qu'on né-

« glige de sçavoir ce qui en est, on n'agit pas en
« homme vertueux. Pour ce qui est de l'honneur et
« de la loüange, on les attribuë souvent aux autres
« biens de la fortune; mais, pource que je m'assure
« que vostre Majesté fait plus d'estat de sa vertu
« que de sa couronne, je ne craindray point icy de
« dire qu'il ne me semble pas qu'il y ait rien que
« cette vertu qu'on ait juste raison de loüer. Tous les
« autres bien méritent seulement d'estre estimez,
« et non point d'estre honorez ou loüez, si ce n'est
« en tant qu'on présuppose qu'ils sont acquis ou
« obtenus de Dieu par le bon usage du libre arbitre.
« Car l'honneur et la loüange est une espèce de ré-
« compense, et il n'y a rien que ce qui dépend de la
« volonté, qu'on ait sujet de recompenser ou de
« punir.

« Il me reste encore icy a prouver que c'est de ce
« bon usage du libre arbitre, que vient le plus
« grand et le plus solide contentement de la vie; ce
« qui me semble n'estre pas difficile, pource que,
« considerant avec soin en quoy consiste la volupté
« ou le plaisir, et généralement toutes les sortes de
« contentemens qu'on peut avoir, je remarque, en
« premier lieu, qu'il n'y en a aucun qui ne soit
« entièrement en l'âme, bien que plusieurs dependent
« du corps, de mesme que c'est aussi l'âme qui voit,
« bien que ce soit par l'entremise des yeux. Puis je
« remarque qu'il n'y a rien qui puisse donner du
« contentement a l'âme, sinon l'opinion qu'elle a de
« posséder quelque bien, et que souvent cette opi-
« nion n'est en elle qu'une représentation fort

« confuse, et mesme que son union avec le corps
« est cause qu'elle se représente ordinairement cer-
« tains biens incomparablement plus grands qu'ils
« ne le sont, mais que, si elle connoissoit distincte-
« ment leur juste valeur, son contentement seroit
« tousjours proportionné à la grandeur du bien dont
« il procéderoit. Je remarque aussi que la grandeur
« d'un bien, à nostre égard, ne doit pas seulement
« estre mesurée par la valeur de la chose en quoy il
« consiste, mais principalement aussi par la façon
« dont il se raporte à nous, et qu'outre que le libre
« arbitre est de soy la chose la plus noble qui puisse
« estre en nous, d'autant qu'il nous rend en quelque
« façon pareils à Dieu et semble nous exemter de
« luy estre sujets, et que, par conséquent, son bon
« usage est le plus grand de tous les biens, il est
« aussi celuy qui est le plus proprement nostre et
« qui nous importe le plus, d'où il suit que ce n'est que
« de luy que nos plus grands contentemens peuvent
« procéder. Aussi, voit-on, par exemple, que le repos
« d'esprit et la satisfaction intérieure que sentent en
« eux mesmes ceux qui sçavent qu'ils ne manquent
« jamais à faire leur mieux, tant pour connoistre le
« bien que pour l'acquérir, est un plaisir sans com-
« paraison plus doux, plus durable et plus solide
« que tous ceux qui viennent d'ailleurs.

« J'obmets encore icy beaucoup d'autres choses,
« pource que, me représentant le nombre des
« affaires qui se rencontrent en la conduitte d'un
« grand Royaume, et dont vostre Majesté prend elle
« mesme les soins, je n'ose luy demander plus longue

« audience. Mais j'envoye à M. Chanut quelques
« écrits, ou j'ay mis mes sentimens plus au long
« touchant la mesme matière, afin que, s'il plaist à
« vostre Majesté de les voir, il m'oblige de les luy
« présenter, et que cela ayde à témoigner avec com-
« bien de zèle et de dévotion, je suis, etc. ».

Dans une lettre que Descartes écrit à Chanut le
même jour (20 novembre), il craint, qu'en son désir de
mettre tant de choses en un seul message, il n'ait
fourni que des démonstrations trop peu explicites, et,
pour suppléer à ce défaut, il envoie à l'ambassadeur
quelques autres lettres, où il a « déduit plus au long
« les mesmes choses » (1). Il y joint aussi « un petit
« Traité des Passions », qui n'en est pas la moindre
partie, car ce sont principalement « elles qu'il faut
« tascher de connoistre pour obtenir le souverain
« bien que j'ay decrit. Si j'avois aussi osé y joindre
« les réponses que j'ay eu l'honneur de recevoir de
« la Princesse, à qui ces lettres sont adressées, ce
« recueil auroit esté plus accomply, et j'en eusse
« encore pû adjoûter deux ou trois des miennes, qui
« ne sont pas intelligibles sans cela ; mais j'aurois
« dû luy en demander permission, et elle est main-
« tenant bien loin d'icy.

« Au reste, je ne vous prie point de présenter
« d'abord ce recueil à la Reyne ; car j'aurois peur
« de ne pas garder assez le respect et la vénération
« que je dois à sa Majesté, si je luy envoyois des

---

(1) Dans un message envoyé à Elisabeth, à la date du même
jour, nous voyons que les lettres dont il est question ici sont celles
adressées par Descartes à la Palatine.

« lettres que j'ay faites pour une autre personne,
« plustost que de luy écrire à elle-mesme ce que je
« pourray juger luy estre agreable; mais, si vous
« trouvez bon de luy en parler, disant que c'est à
« vous que je les ay envoyées, et qu'après cela elle
« désire de les voir, je seray libre de ce scrupule. Et
« je me suis persuadé qu'il luy sera peut-estre plus
« agréable, de voir ce que j'ay ainsi écrit à une
« autre, que s'il luy avoit esté adressé; pource
« qu'elle pourra s'assurer davantage que je n'ay rien
« changé ou déguisé en sa considération. Mais je
« vous prie que ces écrits ne tombent point, s'il est
« possible, en d'autres mains, et de vous assurer
« que je suis, etc. »

La lettre que Descartes écrit à Chanut, le 21 février 1648, est arrivée à la Reine après avoir subi, à
Amsterdam, un certain retard. Descartes se montre
anxieux; Christine n'y trouvera peut-être rien qui
corresponde à l'espérance que Chanut lui en avait
fait entrevoir. Peut-être aura-t-elle de lui « d'autant
« moins bonne opinion, qu'elle l'aura eue meilleure
« auparavant ». Ah! s'il avait pu connaître le retard
que subirait cette lettre, il aurait « employé ce
« temps-là pour tascher d'écrire quelque chose qui
« fust moins indigne d'un si bon accueil. Car, encore
« que j'aye tasché de faire mon mieux, toutesfois les
« secondes pensées ont coutume d'estre plus nettes
« que les premières, et je m'estois hasté en faisant
« cette dépesche, pour temoïgner, au moins par
« ma promptitude, combien j'estois désireux d'obeïr
« à un commandement, que je chérissois comme le

« plus grand honneur que je puisse recevoir. Voila,
« Monsieur, tous les sujets de tristesse que je puisse
« imaginer, afin de modérer l'extrême joye que j'ay
« d'aprendre que cette grande Reine veüille lire et
« considerer à loisir les écrits que j'ay envoyez. Car
« j'ose me promettre que, si elle gouste les pensées
« qu'ils contiennent, elles ne seront pas infruc-
« tueuses, et pource qu'elle est l'une des plus impor-
« tantes personnes de la terre, que cela mesme peut
« n'estre pas inutile au public. Il me semble avoir
« trouvé par expérience que la considération de ces
« pensées fortifie l'esprit en l'exercice de la vertu,
« et qu'elle sert plus à nous rendre heureux,
« qu'aucune autre chose qui soit au monde. Mais il
« n'est pas possible que je les aye assez bien expri-
« mées, pour faire qu'elles paroissent aux autres
« comme à moy. Et j'ay un désir extrême d'aprendre
« quel jugement en fera sa Majesté, mais parti-
« culièrement aussi quel sera le vostre. La parole
« a beaucoup plus de force pour persuader que l'écri-
« ture, et je ne doute point que vous ne luy en
« fassiez aysément avoir les mesmes sentimens que
« vous aurez, au moins s'ils sont à mon avantage ;
« car l'affection dont vous me donnez tous les jours
« des preuves, m'assure que vous ne luy en voudriez
« pas faire avoir d'autres ».

Descartes (à Chanut, de Paris, mai 1648) fait allusion à la lettre que l'ambassadeur lui a écrite le
4 avril, et qui lui avait été transmise par Brasset. Le
texte n'en est pas connu de nous, mais Descartes
s'y réfère, en disant : « J'ay eu... tout le loisir de

« repasser par mon imagination la belle description
« que vous faites de cette chasse, où l'on porte des
« livres, et où vous me donnez espérance que mon
« écrit aura cette prérogative, au dessus de beau-
« coup d'autres, d'estre reveu par la reine de Suède.
« La grande estime que je fais de l'esprit de cette
« incomparable princesse, me donne sujet d'ap-
« préhender que cet écrit ne luy puisse plaire, puis
« qu'ayant déjà pris la peine de le voir, ainsi que
« vous me mandez qu'elle a fait, elle n'a pas voulu
« néantmoins vous en dire encore son sentiment.
« Mais je me console sur ce que vous adjoutez,
« qu'elle s'est proposée de le revoir : car elle ne
« degneroit pas s'arrester à cela, si elle n'y avait
« rien trouvé qu'elle approuvast. Et je me flatte de
« cette opinion, que c'est plutost l'ordre, l'agence-
« ment et les ornemens de l'élocution qui y man-
« quent, que non pas la vérité des pensées ; ce qui
« me fait espérer plus d'approbation de la seconde
« lecture que de la première. Vous direz peut-estre
« que je me donne en cecy trop de vanité. Mais je
« vous prie d'en attribuer la faute à l'air de Paris,
« plutost qu'à mon inclination ; car je croy vous
« avoir déjà dit autrefois, que cét air me dispose à
« concevoir des chymères, au lieu de pensées de
« Philosophe. J'y voy tant d'autres personnes qui
« se trompent en leurs opinions et en leurs calculs
« qu'il me semble que c'est une maladie uni-
« verselle ».

Le 12 décembre 1648, Christine écrit à Descartes
pour le remercier de ses correspondances.

« Monsieur Descartes,

« Ma curiosité me porta, il y a quelque tems, de
« vous faire demander par M. Chanut vostre senti-
« ment sur la question du souverain bien : là-des-
« sus, Monsieur, vous l'avez déclaré dans une lettre
« que vous avez pris la peine de m'écrire, de la-
« quelle je pretens de vous remercier par la pré-
« sente, comme aussi du « Traité des Passions » que
« vous y avez joint; je vous asseure, Monsieur, que
« ces piesses m'ont confirmé dans la bonne opinion
« que ledit sieur Chanut m'avoit donné de vous. Je
« savais déjà que, pour estre son ami, il ne faudroit
« pas avoir moins de vertu et de savoir que Dieu
« vous en a donné, et l'estime qu'avec grande raison
« j'ay donné à son mérite m'obligeoit de n'en avoir
« pas moins pour vous ; asteur que vous vous estes
« fait cognoître par les beaux livres que vous avez
« écrit, je vous remercie de tout mon cœur de ce
« que vous m'avez confirmé et augmenté l'estime
« que j'avais pour l'un et pour l'autre, et vous prie
« de croire que j'embrasseray avec plaisir toutes les
« occasions qui me permettront de vous témoigner
« que vos merites vous ont acquis l'estime et l'af-
« fection de

« CHRISTINE ».

CHAPITRE XVIII

CHRISTINE ÉTUDIE *LES PRINCIPES* DE DESCARTES. — LETTRE DE DESCARTES A CHRISTINE. — PROJET DE VOYAGE EN SUÉDE. — MORT DE DESCARTES.

« J'eus l'honneur, il y a deux mois (dit Chanut,
« dans sa lettre à Descartes) du 12 décembre 1648,
« de suivre la reine dans un voyage vers les mines
« d'argent et de cuivre. Dans le loisir du chemin,
« elle se donna entièrement à la lecture. Je portay
« vos Principes de la Philosophie. Je luy lus la
« préface. Elle ouvrit le livre par endroits, et de-
« meura fort pensive pendant quelques jours. Je
« connus ce qui la faisoit rêver; et comme j'osay
« bien luy dire qu'il me sembloit qu'elle se trouvoit
« en peine entre le désir de s'instruire dans cette
« Philosophie et les difficultez qu'elle auroit à l'ac-
« quérir, elle m'avoüa que j'avois deviné ce qui luy
« donnoit du soucy. Je luy conseillay d'achever à
« loisir quelques autres études qu'elle s'étoit pro-
« posées, et cependant de commander à M. Frein-
« shemius, son Historiographe, très-honnête homme
« et sçavant, dont elle se sert pour son soulagement
« dans la lecture, qu'il s'instruise de vos Principes
« aussi parfaitement qu'il luy sera possible, afin

« que, Sa Majesté venant ensuite à les lire, elle soit
« secouruë dans les difficultez qui la pourroient
« ennuier, si elle s'attachoit seule à cette étude.
« Mon avis luy plut. A son retour, elle a donné l'or-
« dre à M. Freinshemius. Et parce qu'il a reconnu
« qu'il aurait lui-même besoin d'un compagnon
« dans ce chemin, j'ay été prié de faire cette lecture
« en même têms. De sorte, Monsieur, qu'une des
« principales parties de mes offices consistant à
« n'être point désagréable au Souverain auprès du-
« quel je sers notre maître, il est arrivé que c'est
« aujourd'huy une des fonctions de la Residence en
« Suède de lire et d'étudier votre Philosophie. Je
« vous avouë que j'avois besoin que cette obligation
« se joignit à ma curiosité, parce que, me trouvant
« engagé dans la vie civile, je faisois scrupule de di-
« vertir mes pensées à ces abstractions. La résolu-
« tion de la Reine de Suède est de prendre vôtre
« livre aussi-tôt que nous l'aurons achevé; et lors-
« que, dans le cours de la lecture, nous ne serons
« pas assez forts ou assez adroits pour delier les
« nœuds qui l'arrêteront, nous aurons recours à
« vous. Sa Majesté s'est fort enquise de votre for-
« tune, et du soin qu'on prenoit de vous en France;
« et je ne scay si, lors qu'elle aura pris goût à vôtre
« Philosophie, elle ne vous tentera point de passer
« en Suède. Je seray, s'il plait à Dieu, pour lors en
« France, eü je vous pourray dire plusieurs choses
« qui seront considérables, si vous mettez l'affaire
« en délibération. Cependant, je puis vous assurer
« que cette princesse, qui n'estime rien au monde

« que la verité et la vertu, fait un grand jugement
« de vous pour l'amour de l'une et de l'autre. Vous
« voyez que je ne suis point en une Cour où la ma-
« lice et le deguisement soient en credit ».

Combien ces éloges donnés à sa philosophie ont
dû flatter l'amour-propre de Descartes! Ce trio tout
préoccupé de s'instruire dans les principes du
maitre et de s'assimiler sa doctrine; cette reine, dont
l'ambassadeur de France et Freinshemius prépa-
rent les lectures pour les rendre plus pénétrantes,
quel sujet d'orgueil légitime pour le penseur qui
reçoit ici la suprême récompense qui puisse être
décernée au mérite. Le principal soin du représentant de la France, dont le rôle est de faire aimer son
pays par le souverain auprès duquel il est accrédité,
est de faire connaitre et de commenter le plus
grand philosophe de la France. Nous nous représentons l'état d'âme de Descartes, en apprenant en
quel rang élevé l'avait placé son esprit, à la Cour de
Stockholm. Nous comprenons que son amour-propre
dut être flatté en lisant l'invitation que lui adressait
Chanut de se rendre en Suède à l'appel de Christine.

La lettre du 26 février, avec ses hyperboles enthou-
siastes, nous dépeint son impression à la pensée que
cette reine « perpétuellement agissante dans les
« affaires..... ait pris la peine » de répondre à sa
lettre. Il juge Christine « plus creée a l'image de
« Dieu que le reste des hommes..... car il n'y a au
« monde que Dieu seul dont l'esprit ne se lasse point,
« et qui n'est pas moins exact à sçavoir le nombre
« de nos cheveux et à pourvoir jusques aux plus petits

« vermisseaux, qu'à mouvoir les Cieux et les Astres».
Au sujet de l'étude que la princesse se dispose à
faire des principes, encore bien que le livre contienne plusieurs vérités « touchant des matieres de
« Physique, qui semblent n'avoir rien de commun
« avec ce que doit sçavoir une Reine » il espère
« qu'elle aura de la satisfaction à les connoistre »
d'autant que son esprit « est capable de tout, et que
« ces veritez de physique font partie des fondemens
« de la plus haute et plus parfaite morale ». Il conseille pour la lecture de l'ouvrage et de « peur que
sa Majesté s'ennuyast » de ne pas s'arrêter à lire les
méditations qui font l'objet de la première partie,
comme de ne pas insister non plus sur les articles 46
et suivants, qui énoncent les règles du mouvement
« à cause qu'elles ne sont pas nécessaires pour
« l'intelligence du reste..... Je ne considère, dit-il,
« dans le corps, que les grandeurs, les figures et les
« mouvemens de leurs parties (mais) je prétens
« neantmoins y expliquer la nature de la lumière de
« la chaleur et de toutes les autres qualitez sensi-
« bles ; d'autant que je présupose que ces qualitez
« sont seulement dans nos sens, ainsi que le cha-
« toüillement et la douleur, et non point dans les
« objets que nous sentons, dans lesquels il n'y a que
« certaines figures et mouvemens, qui causent les
« sentimens qu'on nomme lumière, chaleur, etc. Ce
« que je n'ay expliqué et prouvé qu'à la fin de la
« quatrième partie ; et toutesfois il est à propos de
« le sçavoir et remarquer dès le commencement du
« livre, pour le pouvoir mieux entendre ».

A la fin de cette lettre il rend compte, avec amertume, du voyage qu'il a fait en France, où il est
tombé en pleine Fronde. Comme nous l'avons déja
relaté plus haut, il constate avec aigreur que les
amis qui l'avaient « convié a disner chez eux,
avaient..... leur cuisine en désordre et leur marmite
renversée ». Il s'engage à « n'entreprendre jamais
« plus aucun voyage sur des promesses, quoy
« qu'elles soient ecrites en parchemin (1). Et rien
« ne m'attache en ce lieu, dit-il, sinon que je n'en
« connois point d'autre où je puisse estre mieux, je
« me voy neanmoins en grand hazard d'y passer le
« reste de mes jours ».

Le post-scriptum de cette lettre est ainsi conçu :
« La lettre jointe à celle cy ne contient qu'un com
« pliment fort sterile ; car n'étant interrogé sur au
« cune matière, je n'ay osé par respect en toucher
« aucune, afin de ne sembler pas vouloir faire le
« discoureur, et j'ay crû neanstmoins que mon de
« voir m'obligeoit d'écrire ».

Nous reproduisons, ci-dessous, le texte complet
de la lettre adressée à la reine :

« Madame,

« S'il arrivoit qu'une lettre me fust envoyée du
« Ciel, et que je la visse descendre des nuës, je ne
« serois pas davantage surpris, et ne la pourrois
« recevoir avec plus de respect et de vénération,

---

(1) Allusion au diplôme de la pension retirée ensuite, dont il
avait avancé la finance.

« que j'ay receu celle qu'il a plû a vostre Majesté de
« m'écrire. Mais je me reconnois si peu digne des
« remerciemens qu'elle contient, que je ne les puis
« accepter que comme une faveur et une grâce,
« dont je demeure tellement redevable que je ne
« m'en sçaurois jamais dégager. L'honneur que
« j'avois cy-devant receu d'être interrogé, de la part
« de vostre Majesté, par M. Chanut, touchant le
« Souverain Bien, ne m'avoit que trop payé de la
« réponse que j'avois faite. Et depuis, ayant appris
« par luy que cette réponse avoit esté favorable-
« ment receuë, cela m'avoit si fort obligé, que je
« ne pouvois pas esperer ny souhaitter rien de plus
« pour si peu de choses; particulierement d'une
« Princesse que Dieu a mise en si haut lieu, qui est
« environnée de tant d'affaires très-importantes,
« dont elle prend elle mesme les soins, et de qui
« les moindres actions peuvent tant pour le bien
« général de toute la terre, que tous ceux qui
« aiment la vertu se doivent estimer très-heureux,
« lorsqu'ils peuvent avoir occasion de luy rendre
« quelque service. Et pour ce que je fais particu-
« lierement profession d'estre de ce nombre, j'ose
« icy protester à vostre Majesté qu'elle ne me sçau-
« roit rien commander de si difficile, que je ne sois
« tousjours prest de faire tout mon possible pour
« l'exécuter; et que si j'estois né Suédois ou Fin-
« landois, je ne pourrois estre, avec plus de zèle,
« ny plus parfaitement que je suis, etc. »

Le projet de voyage en Suède ne se borna plus à
partir de ce moment, à l'insinuation flatteuse faite

par Chanut, dans sa lettre du 12 décembre; nous voyons, en effet, que, très peu de temps après, le 27 février 1649, une invitation formelle fut adressée à Descartes, au nom de la reine. Six jours après (6 mars), Christine exprimait, à nouveau, son désir par un message que l'amiral suédois Fleming, se rendant en Hollande, devait remettre au philosophe. L'amiral fit visite à Descartes, mais il ne savait pas qu'il eut mission de le ramener en Suède, l'invitation royale du 6 mars ne lui étant parvenue que quelque temps après cette visite. C'est à tort que Baillet imagine une autre lettre, antérieure au 27 février, qui aurait trait au même sujet (1).

Chanut écrivit à Descartes, le 27 mars 1649 (2), pour lui dire que « la Reine aurait souhaité de le « voir au mois d'avril, afin de pouvoir le remettre « dans sa maison d'Egmond, l'hyver suivant, si le « climat de Suède luy etait trop rude. Il l'assûra en « même têms que, si sa commodité ne s'accordoit « pas avec ce terme, elle se relâcheroit sur ce point, « et qu'il auroit d'elle les trois mois de délay qu'il « demandoit, et toute la condescendance qu'il sou- « haiteroit, pourvû qu'il accomplit le voyage de « Suède. M. Chanut se reserva pour luy dire le reste « de bouche ».

Descartes répondit à Chanut, le 31 mars 1649 :

« La dernière que vous avez pris la peine de « m'adresser à Paris, n'est point parvenue jusques

_____

(1) Adam et Tannery, *op. cit.*, t. V, p. 295 et 318.
(2) Baillet, *op. cit.*, t. II, p. 371 et 372.

« à moy, mais je viens d'en recevoir la copie par le
« soin de M. Brasset, et je tiens à une très-insigne
« faveur d'aprendre par elle, qu'il plaist à la Reyne
« de Suède que j'aye l'honneur de luy aller faire la
« reverence. J'ay tant de vénération pour les hautes
« et rares qualitez de cette Princesse, que les
« moindres de ses volontez sont des commande-
« mens très-absolus à mon regard : c'est pourquoy
« je ne mets point ce voyage en délibération, je me
« résous seulement à obéir. Mais, pource que vous
« ne me prescrivez aucun temps, et que vous ne le
« proposez que comme une promenade, dont je
« pourrois estre de retour dans cet esté, j'ay pensé
« qu'il seroit malaisé que je pusse donner grande
« satisfaction à sa Majesté en si peu de temps, et
« qu'elle aura peut-estre plus agréable que je prenne
« mes mesures plus longues, et fasse mon conte de
« passer l'hyver à Stocholm. Dequoy je tireray un
« avantage, que j'avoue estre considérable à un
« homme qui n'est plus jeune, et qu'une retraite
« de vingt-ans, a entièrement desacoutumé de la
« fatigue; c'est qu'il ne sera point nécessaire que je
« me mette en chemin au commencement du prin-
« temps, ny à la fin de l'automne, et que je pourray
« prendre la saison la plus sûre et la plus commode
« qui sera, je croy, vers le milieu de l'esté; outre
« que j'espère avoir cependant le loisir de mettre
« ordre à quelques affaires qui m'importent.
« Ainsi, je me propose d'attendre l'honneur de
« recevoir encore une fois de vos lettres, avant que
« je parte d'icy, et je ne manqueray pas d'obéir très-

« exactement à tout ce qui me sera commandé de la
« part de sa Majesté, ou bien à ce qu'il vous plaira
« me faire sçavoir lui estre agréable. Car je ne sçay
« s'il est à propos qu'elle sçache que j'ay demandé
« ce delay ; et je n'oserois prendre la liberté de luy
« écrire, pource que le respect et le zèle que j'ay,
« me font juger que mon devoir seroit de me rendre
« au lieu où elle est, avant que les couriers y pussent
« porter des lettres ; mais je me fie en vostre amitié
« et en vostre adresse pour ménager mes excuses.

« Au reste, je ne sçay en quels termes je vous puis
« remercier de toutes les offres qu'il vous plaist me
« faire, jusques à me vouloir mesme loger chez
« vous. Je n'ose les accepter, ny les refuser. Je vous
« puis seulement assurer que je feray tout mon pos-
« sible, pour n'en user qu'en telle sorte, que ny vous
« ny aucun des vostres n'en serez incommodez, et
« que je seray toute ma vie, etc. »

Mais, le même jour, Descartes écrivit une seconde
lettre à Chanut, en pressentant qu'il aurait désiré
peut-être, communiquer l'autre à la reine de Suède.
Il lui confesse qu'il ressent plus de difficultés à
effectuer ce voyage qu'il n'avait pu le présumer. De
plus, tout en donnant créance aux paroles de Chanut, sur les mœurs et l'esprit de Christine, il se demande si son voyage lui sera vraiment utile au milieu des occupations qui l'assaillent. « L'expérience
« m'a aussi enseigné, ajoute-t-il, que, bien que
« mes opinions surprennent d'abord, à cause qu'el-
« les sont fort différentes des vulgaires, toutesfois,
« après qu'on les a comprises, on les trouve si

« simples, et si conformes au sens commun,
« qu'on cesse entièrement de les admirer et par
« mesme moyen d'en faire cas, à cause que le naturel
« des hommes est tel, qu'ils n'estiment que les
« choses qui leur laissent de l'admiration, et qu'ils
« ne possèdent pas tout à fait. Ainsi, encore que la
« santé soit le plus grand de tous ceux de nos biens
« qui concernent le corps, c'est toutes fois celuy
« auquel nous faisons le moins de réflexion et que
« nous goustons le moins. La connoissance de la
« vérité est comme la santé de l'âme : lors qu'on la
« possède, on n'y pense plus. Et bien que je ne dé-
« sire rien tant que de communiquer ouvertement
« et gratuitement à un chacun tout le peu que je
« pense scavoir, je ne rencontre presque personne
« qui le daigne apprendre. Mais je voy que ceux qui
« se vantent d'avoir des secrets, par exemple en la
« chymie ou en l'astrologie judiciaire, ne manquent
« jamais, tant ignorans et impertinens qu'ils puis-
« sent estre, de trouver des curieux, qui achettent
« bien cher leur impostures ».

Quel désintéressement apparent montre Descartes
en dépeignant la mentalité de ceux qui se préci-
pitent avec curiosité dans l'étude de sa doctrine! Il
conclut, avec une fine ironie, que sa philosophie leur
apparaît ensuite chose peu surprenante, puisqu'elle
est seulement conforme au sens commun.

Ces pensées du maître sur les raisonnements du
public, toujours friand de tromperies et de merveilleux, sont des plus précieuses entre toutes celles
qu'il a écrites.

« Il semble que la fortune est jalouse de ce que je
« n'ay jamais rien voulu attendre d'elle, et que j'ay
« tasché de conduire ma vie en telle sorte, qu'elle
« n'eust sur moy aucun pouvoir; car elle ne manque
« jamais de me désobliger, si-tost qu'elle en peut
« avoir quelque occasion ». Il rappelle alors toutes
les malchances et les déceptions de ses trois voyages
en France, dont nous avons parlé plus haut. «... Mais
« ce qui m'a le plus degouté, c'est qu'aucun d'eux
« n'a témoigné vouloir connoistre autre chose de
« moy que mon visage; en sorte que j'ay sujet de
« croire, qu'ils me vouloient seulement avoir en France
« comme un Eléphant ou une Panthère, à cause de
« la rareté, et non point pour y estre utile à quelque
« chose ».

Sur ce même ton, il ajoute : il ne me reste plus
que « de trouver en chemin des voleurs qui me dé-
« pouillent, ou un naufrage qui m'oste la vie. Toutes-
« fois, cela ne me retiendra pas, si vous jugez que
« cette incomparable Reyne, continue dans le désir
« d'examiner mes opinions, et qu'elle en puisse
« prendre le loisir ; je seray ravy d'estre si heureux
« que de luy pouvoir rendre service ».

Descartes écrit à Chanut le 23 avril, que sa lettre
du 6 mars a subi un long retard, de douze ou treize
jours, à La Haye et Alcmar. L'amiral Flemming a
pris la peine de venir le voir, mais Descartes n'étant
pas avisé de son message, n'était pas fixé sur l'iden-
tité de l'envoyé de Christine, « bien qu'il ait usé,
« dit-il, de plus de civilitez que je n'en meritois,
« pour me convier à faire le voyage en sa compagnie,

« il ne m'a pas semblé que cela me deust faire pren-
« dre une résolution contraire à ce que je vous avois
« écrit... a sçavoir, que j'attendrois l'honneur de
« recevoir encore une fois de vos lettres, avant que
« je parte d'icy ». Il ne considérait les offres de
l'amiral que comme des excès de sa courtoisie,
car il ne savait pas qu'il était un des amiraux de
la Suède. « Je vous puis assurer qu'il n'y aura rien
« qui me retienne, si-tost que j'auray eu de vos
« lettres ».

Descartes écrit (juin 1649), à Freinshemius :
« Entre les excellentes qualitez de M. Chanut, celle
« qui me semble meriter le plus d'amitié, est qu'il a
« soin de faire que tous ceux qu'il aime soient aussi
« amis les uns des autres ». Il expose à Freinshemius, que Chanut a pu voir qu'il avait, pour partir
en Suède, « préparé son petit équipage, et tasché
« de vaincre toutes les difficultez qui se presentent
« à un homme de (sa) sorte et de (son) âge, lors-
« qu'il doit quitter sa demeure ordinaire pour s'en-
« gager à un si long chemin ».
Chanut a été très persuasif, mais ne lui avait pas
dit qu'il était muni d'un ordre de Christine pour lui
commander de se hâter, et comme son intention de
faire ce voyage a pu être connue et qu'il a « quantité
« d'ennemis, non point, grâce a Dieu, a cause de (sa)
« personne, mais en qualité d'autheur d'une nou-
« velle Philosophie, (il) ne doute point que quelques-

« uns n'ayent écrit en Suède, pour tascher de (l'y)
« decrier ». Il ne se méfie pas de la clairvoyance de la
Reine, mais il estime « que les souverains ont grand
« interest d'eviter jusques aux moindres occasions
« que leurs sujets peuvent prendre pour desaprou-
« ver leurs actions ». Il serait « extremement marry
« que ma présence servit de sujet à la médisance de
« ceux qui pourroient avoir envie de dire qu'elle
« est trop assiduë à l'étude, ou bien qu'elle reçoit
« auprès de soy des personnes d'une autre Religion,
« ou choses semblables ; et bien que je désire extrê-
« mement l'honneur de m'aller offrir à sa Majesté,
« je souhaitte plutost de mourir dans le voyage, que
« d'arriver là pour servir de prétexte à des discours
« qui luy puissent estre tant soit peu préjudicia-
« bles ».

Descartes prie donc son correspondant de ne
point parler de toutes ses hésitations, mais de
l'informer de ses propres sentiments, se proposant
de lui obéir exactement, soit qu'il lui conseille d'attendre le retour de Chanut en Suède, soit qu'il lui
dise de se mettre en route aussitôt.

Baillet (t. II, pp. 386-387), relate que de divers
points de la Hollande, des amis de Descartes s'étaient
rendus à Amsterdam « pour luy dire adieu (et) ne
« purent le quitter sans faire paroitre l'affliction où
« les mettoit le pré-sentiment qu'il avoit de sa des-
« tinée » ; l'un d'eux surtout, M. Blœmaert, ecclé-
siastique, que Descartes tenait en amitié et qui
voulut avant son départ « le faire tirer par un pein-
« tre, afin qu'il pût au moins trouver quelque légère

« consolation dans la copie d'un original dont il
« risquoit la perte ».

Baillet fixe la date de l'embarquement au 1ᵉʳ septembre 1649, mais, d'après une lettre de Brasset,
écrite de La Haye à Chanut, le 7 septembre, il semble que le départ de Descartes eut lieu le 31 août.
« Quand il (Descartes) me vint dire adieu, dit Bras-
« set, avec une coiffure à boucles, des souliers abou-
« tissans en croissant, et des gandz garniz de nege,
« il me souvient de ce Platon qui ne fut pas si divin
« qu'il ne voulust scavoir ce que c'estoit de l'huma-
« nité, et consideray que le recez d'Egmond alloit jec-
« ter dans Stockholm un courtisan tout chaussé et
« tout vestu. Ainsy les habiles gens font des trans-
« mutations aussy mistérieuses que la transsubstan-
« tiation de M. Brun (nouvel ambassadeur d'Es-
« pagne à La Haye) dans son art de bien dire ».

Le philosophe avait écrit à Brasset, de Stockholm,
le 17 octobre, une lettre, dont celui-ci transmet un
extrait à Chanut sous la date du 4 novembre 1649.
L'ambassadeur de France attendait, à Amsterdam,
son départ pour Stockholm : « Parce que je sçay
« desjà, par le tesmoignage de tous ceux qui y ont
« esté avant luy, qu'il n'y a rien de plus merveilleux
« que la Reyne, de laquelle il faict un si grand juge-
« ment, qu'il luy semble que toutes les loüanges
« qu'il luy a veu donner par d'autres, son fort au
« dessoubz de ce qu'elle mérite ; qu'il ne se veut pas
« estendre sur ce suject, encores que son imagina-
« tion en soit si fort remplie, qu'il a peine de retenir
« sa plume ».

Comme on le voit dans le récit de Baillet (II, pp. 387-388) à son arrivée à Stockholm au commencement d'octobre, Descartes descendit chez Mme Chanut et y trouva, dans son appartement tout préparé, les lettres de l'ambassadeur. Dans une lettre à Clerselier (6 novembre 1649), Descartes avait dit qu'il se trouvait tout à coup « comblé de tous les avantages « que le séjour de son aimable Egmond et celuy de « la ville de Paris joints ensemble auroient pu diffi- « cilement luy procurer à la fois ».

Comme nous le voyons dans un message de Descartes au vicomte de Bregy, ambassadeur de France, en Pologne, le 15 janvier 1650, lequel avait été chargé, au mois de septembre précédent, d'une mission à Stockholm, il n'a « vu la Reine que quatre « ou cinq fois et c'à lousjours esté le matin en sa bi- « blioteque en la compagnie de M. Franshemius, ou « il ne s'est présenté aucune occasion de parler de « rien qui vous touche ».

Baillet (I, p. 16) remarque que Descartes était « déjà fatigué de l'oisiveté dans laquelle il était re- « tenu par la Reine, qui sembloit ne l'avoir fait venir « que pour la divertir. La cour n'etait occupée que « des rejouissances qui s'y faisoient pour la paix « de Munster, et la Reine, qui voulut qu'il y jouât « son rôle, voyant qu'elle ne pouvoit obtenir de lui « qu'il dansât des balets, sceut l'engager au moins à « composer des vers françois pour le bal ». Le ballet de Descartes s'appelait : « la Naissance de la paix. » Il écrivit aussi une comédie, au grand scandale des « grammairiens et des *sçavantasses* qui obsedoient

« la Reine et qui auroient fait un grand profit d'une
« gloire qui paroissoit si frivole et si méprisable à
« Descartes. » (Baillet, T. II, pp. 395-396.)

Les tristes pressentiments de ses amis de Hollande ne tardèrent pas à se réaliser. Quatre mois après son arrivée à la Cour de Suède, ce grand Réformateur mourait.

Initiateur des formes nouvelles, habile à dépouiller la philosophie des tortueuses subtilités de la scolastique, il avait ouvert la voie aux penseurs orientés vers l'amour de la Raison et le culte de la Vérité.

FIN

APPENDICE I. — FAMILLE D'ÉLISABETH, PRINCESSE PALATINE

MARIE STUART.

JACQUES Ier.

ÉLISABETH, épouse Frédéric V, Électeur palatin du Rhin.
CHARLES Ier.

CHARLES-LOUIS, épouse Charlotte de Hesse.
ROBERT.
MAURICE.
PHILIPPE.
ÉDOUARD, épouse Anne de Gonzague.
ÉLISABETH.
LOUISE-HOLLANDINE.
HENRIETTE-MARIE, épouse Sigismond-Ragozzi, prince de Transylvanie.
CHARLOTTE.
SOPHIE, épouse Ernest-Auguste d'a Brunswick-Lunebourg.

ÉLISABETH-CHARLOTTE, épouse du duc d'Orléans.

LE RÉGENT.

Une fille qui épouse le prince de Condé.

SOPHIE-CHARLOTTE, épouse Frédéric de Brandebourg.

GEORGES II.

GEORGES Ier, épouse Sophie-Dorothée, princesse de Hanovre.

SOPHIE-DOROTHÉE, épouse Frédéric-Guillaume, prince héritier.

FRÉDÉRIC-LE-GRAND.

APPENDICE II. — PARENTÉ D'ÉLISABETH AVEC CHRISTINE DE SUÈDE.

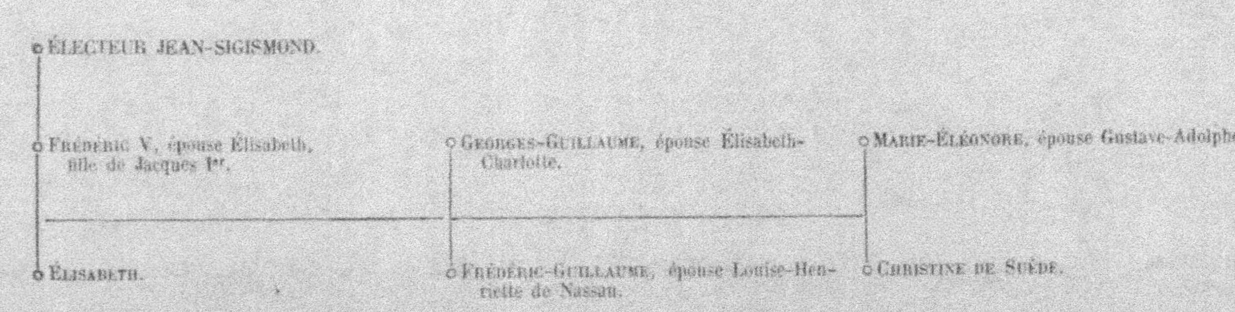

APPENDICE III.

D . O . M . S

H . S . E

SERENISSIMA PRINCEPS ET ANTHISTA HERFORDENSIS
ELISABETH

Electoribus Palatinis et Magnæ Britaniæ regibus orta
Regii prorsus animi virgo
Invicta in omni fortunâ constantiâ ac gravitate
Singulari in rebs gerendis prudentia ac dexteritate
Admirabili eruditione atque doctrinâ
Supra sexus et œvi conditionem celeberrima
Regum studiis principum amicitiis
Doctorum virorum literis ac monumentis
Omnium christianarum gentium linguis et Plausib
Sed maxime propria virtute
Sui nominis immortalitate adepta
Nata anno 1618, die 26 decembris
Denata āno 1680 die 8 febrii
Vixit annos 61, menses 1, et dies 16
Rexit annos 12, menses 10 et dies 2 (1).

(1) La plaque de bronze sur laquelle nous avons lu l'inscription ci-dessus reproduite est placée à gauche, dans le chœur de la vieille église d'Herford. Le tombeau d'Élisabeth est à l'entrée du chœur ; il est recouvert d'une dalle en pierre cantonnée de blasons en cuivre ; l'un d'eux a disparu : on ne voit plus que les traces du scellement. Élisabeth fut exhumée en 1805 ; la figure était méconnaissable et la robe de soie tomba en poussière au contact de l'air. Des témoins ont rendu compte de cette cérémonie au pasteur Nieman, qui a bien voulu nous faire connaître ces détails et nous dire qu'il n'avait pas été dressé de procès-verbal de cette cérémonie.

BIBLIOGRAPHIE

Archives de Montpellier.

Bibliothèque de l'Université de Leyde.

Bibliothèque nationale, *Correspondance de Chanut*. 5 vol. M^s fran-
    çais 17962-17967.

    —   *Mélanges historiques sur l'Europe*. M^s fran-
    çais 20161, fol. 296.

ADAM. — *De methodo apud Cartesium, Spinozum et Leibnitium.*
    — Paris, Hachette, 1885.

ADAM et TANNERY. — *Correspondance de Descartes.* — Paris,
    Léopold Cerf, 1897 à 1903. 5 vol. grand in-4°.

BAILLET. — *Vie de mons. Descartes.* — Paris, 2 vol. in-f°, 1691.

BARBIER. — *Sur le lieu où est né Descartes.*

BARBIER. — *Les origines chatelleraudaises de la famille de
    Descartes.*

BENGER (miss). — *Memoirs of Elisabeth Stuart, queen of Bohe-
    mia.* — London, 1825. 2 vol. in-8°.

BILDT (baron de). — *Christine de Suède et le cardinal Azzolino.*
    — Paris, Plon-Nourrit, 1899.

BOLSEC. — *La vie, la mort et doctrine de Jean Calvin, autrefois
    ministre de Genève,* escrite par Hierosme Bolsec, doc-
    teur-médecin, suivie de « advis charitable a Messieurs de
    Genève, touchant la vie du sieur Jean Labadie, cy devant
    jesuite dans la province de Guyenne, et après chanoine à
    Amiens, puis janséniste à Amiens, de plus illuminé et ada-
    mite à Tholose, et ensuite carme et ermite à La Graville, au
    diocèe de Bazas et à présent ministre audit Genève ». Signé en
    dernière page de François Mauduict. Lyon, chez Affray, 1664.

BORDAS-DEMOULIN. — *Le cartésianisme.* — Paris, Hetzel, 1843.

BOSSUET. — *De la connaissance de Dieu et de soi-même.* — Lyon, Perisse, 1857.

BOUGEONT. — *Amusement | philosophique sur le langage des bêtes.*

BOUILLER. — *Histoire de la philosophie cartésienne.* — Lyon, Brun, 1854.

BOUTROUX. — *De veritatibus æternis apud cartesium.* — Paris, Germer-Baillère, 1894.

BOUTROUX. — *Études d'histoire de la philosophie.* — Paris, F. Alcan, 1897.

BOUTROUX. — Rapport sur le concours pour le prix Jean Reynaud, à décerner en 1903.

BROCHARD. — *Discours de la méthode.* — Paris, F. Alcan.

CATTEAU-CALVILLE. — *Histoire de Christine, reine de Suède.* — Paris, Pillet, 1815. 2 vol.

CHANUT. — *Mémoires* (apocryphes). — Paris, 1675.

CHARPENTIER. — *Discours de la méthode.* — Paris, Hachette, 1881.

CLERSELIER. — *Lettres de M. Descartes où sont traitées les plus belles questions de la morale, physique, médecine et des mathématiques.* — Paris, Ch. Ango, 7, rue Saint-Jacques, 1657, 1659, 1667.

COLOMBEY (Laurent). — *Correspondance authentique de Ninon de Lenclos.*

COUSIN. — *Fragments philosophiques.* — Paris, Didier, 1847-1848. — 4 vol.

COUSIN. — *Œuvres de Descartes.* — Paris, Levrault, 1824. — 10 vol.

DEROME. — *Le Prince*, de Machiavel. — Paris, Garnier, 1884.

DESBOUITS. — *La philosophie de Kant.*

DIDEROT. — *Encyclopédie.*

DROYSEN. — *Jahresbericht der Landwirtschafts und Realschule verbunden mit ackerbauschule, zu Herford, 1826.*

DUMAS. — *La Dame aux Camélias*, préface philosophique. Paris, Lévy, 1873.

DUMESNIL. — *L'immortalité de l'âme.*

DUTILLEUX. — *L'abbaye de Maubuisson.*

FAYE. — *Descartes, l'homme et le penseur.*

FISCHER (Ludwig). — *Cogito ergo sum.*

FOUCHER DE CAREIL. — *Descartes et la princesse palatine ou de l'influence du cartésianisme sur les femmes au dix-septième siècle.* — Paris, 1862.

FOUCHER DE CAREIL. — *Descartes, la princesse palatine et la reine Christine.* — Paris, Germer-Baillère, 1879.

FOUILLÉE. — *Descartes.* — Paris, Hachette, 1892.

GARNIER. — *Œuvres de Descartes.* — Paris, 1865.

Grande Encyclopédie (La). — Paris, Ladmirault.

GRANDMAISON (DE). — *Nouvelles recherches sur l'origine et le lieu de naissance de Descartes.*

GUYAU. — *La morale d'Épicure.* — Paris, Alcan.

Herforder Evangelischer Gemeindebote. Articles du pasteur Nieman sur les Labadistes.

JEANNET. — *Descartes et la princesse palatine.*

KANT. — *Critique de la raison pure.* — Trad. Tissot. — Paris, Ladrange, 1864.

KNOOUT. — *De Cartesii sententia : cogito ergo sum.*

LA MARE (Philibert de). — *Mélanges historiques et littéraires.* — (Bibl. de Dijon. — M^s 493, vol. I, p. 66.)

Les Antenors modernes ou voyages de Christine et de Casimir en France. — 3 vol. — Paris, 1806.

LIARD. — *Descartes.* — Paris, F. Alcan, 1882.

LIGIER (Hermann). — *La politique de Rabelais.* — Paris, Fischbacher, 1880.

LA FONTAINE. — *Fables.* — Paris, Hachette. Édition des grands écrivains de la France.

MACHIAVEL. — *Le Prince.*

MAINE DE BIRAN. — *Œuvres.* — Édition Naville.

MILLET. — *Descartes avant 1637.* — Paris, Didier, 1867.

MILLET. — *Descartes depuis 1637.* — Paris, Dumoulin, 1870.

MONCHAMP. — *Une lettre perdue de Descartes.* — Moreau, 1884.

MONCHAMP. — *Le cartésianisme en Belgique.* — Moreau, 1886.

MONTAIGNE. — *De l'industrie des animaux.*

NETTER. — *Notes sur la vie de Descartes et sur le discours de la méthode.*

Neues archiv. für die Geschichte der stadt Heidelberg.

OLF. GRAMBERG. — *La galerie des tableaux de Christine de Suède.* — Stockolm, 1897.

PASCAL. — *Pensées morales.* — Édition Havet.

RABELAIS. — *Œuvres.* — Paris, Marpon. 7 vol.

Recueil des instructions données aux ambassadeurs et ministres de France depuis les traités de Westphalie jusqu'à la Révolution française. — *Suède*, par A. GEFFROY. — *Bavière et Palatinat*, par ANDRÉ LEBON. — Paris, Alcan.

SAINTE-BEUVE. — *Causeries du lundi et Nouveaux lundis.* — Paris, Hachette.

SAISSET. — *Précurseurs et disciples de Descartes.* — Paris, Didier, 1862.

SCHILLER. — *Histoire de la guerre de Trente Ans*, trad. Carlovitz. — Paris, Hachette.

SCHOTEL. — *De Winterkoning en zijn Gezin.* — Tiel, Vermeskesken, 1859.

SIMON. — *Œuvres philosophiques de Descartes.*

SORBIÈRE (DE). — *Lettres et discours sur diverses matières curieuses.*

SWARTE (VICTOR DE). — *Éloge de La Fontaine* (1900). — *Revue septentrionale.*

SWARTE (VICTOR DE). — *Van Dyck.* — *Nouvelle Revue*, 1899.

TALLEMENT DES RÉAUX. — *Historiettes.*

THOMAS. — *Éloge de René Descartes.* — Les notes manuscrites qui ont servi à Thomas pour faire ce panégyrique existent à la section des manuscrits, à la Bibliothèque royale de Bruxelles; elles comportent une vue d'ensemble de la philosophie (Série 21346-21348).

TOUCHARD. — *La morale de Descartes.*

VALLET. — *Prælectiones philosophiæ ad mentem sancti Thomæ Aquinatis.* — Roger, 1879.

VIALLET. — *Je pense, donc je suis.*

VAN SYPESTEYN. — *Het hof Van Boheme en het Leven in den Haag in den XVIIe eeuw zene voorlezing.* — Amsterdam, Loman, 1886.

VOLTAIRE. — *Les systèmes.*

WILL. — *Neue Heidelberger Jahrbücher.* (Conférence sur Élisabeth, abbesse d'Herford.)

TABLE ALPHABÉTIQUE

Le caractère *italique* indique les noms géographiques.
Les indications en gros chiffres renvoient au texte du
volume, et celles en petits chiffres se réfèrent aux notes.

TABLE ANALYTIQUE DES MATIÈRES

DEUXIÈME PARTIE

DESCARTES ET CHRISTINE DE SUÈDE

————

13327. — L.-Imprimeries réunies, rue Saint-Benoît, 7. — Paris.

22. GÉNÉRAL BRIALMONT. La défense des États et les camps retranchés, 3ᵉ édition, avec fig. (*épuisé*).
23. A. DE QUATREFAGES. L'espèce humaine, 13ᵉ édition.
24. BLASERNA et HELMHOLTZ. Le son et la musique, 5ᵉ éd.
25. ROSENTHAL. Les muscles et les nerfs, 3ᵉ édition (*épuisé*).
26. BRUCKE et HELMHOLTZ. Principes scientifiques des beaux-arts, 4ᵉ édition, illustré.
27. WURTZ. La théorie atomique, 8ᵉ édition.
28-29. SECCHI (Le Père). Les étoiles, 3ᵉ édit., 2 vol. illustrés.
30. N. JOLY. L'homme avant les métaux, 4ᵉ édit. (*épuisé*).
31. A. BAIN. La science de l'éducation, 10ᵉ édition.
32-33. THURSTON. Histoire de la machine à vapeur, 3ᵉ éd., 2 vol.
34. R. HARTMANN. Les peuples de l'Afrique, 2ᵉ édit. (*épuisé*).
35. HERBERT SPENCER. Les bases de la morale évolutionniste, 7ᵉ édition.
36. Tʜ.-H. HUXLEY. L'écrevisse, introduction à l'étude de la zoologie, 2ᵉ édition, illustré.
37. DE ROBERTY. La sociologie, 3ᵉ édition.
38. O.-N. ROOD. Théorie scientifique des couleurs et leurs applications à l'art et à l'industrie, 2ᵉ édition, illustré.
39. DE SAPORTA et MARION. L'évolution du règne végétal. *Les cryptogames*, illustré.
40-41. CHARLTON-BASTIAN. Le cerveau et la pensée, 2ᵉ éd., 2 vol. illustrés.
42. JAMES SULLY. Les illusions des sens et de l'esprit, 3ᵉ éd., ill.
43. YOUNG. Le Soleil, illustré (*épuisé*).
44. A. DE CANDOLLE. Origine des plantes cultivées, 4ᵉ édit.
45-46. J. LUBBOCK. Les Fourmis, les Abeilles et les Guêpes, 2 vol. illustrés (*épuisé*).
47. Eᴅ. PERRIER. La philos. zoologique avant Darwin, 3ᵉ éd.
48. STALLO. La matière et la physique moderne, 5ᵉ édition.
49. MANTEGAZZA. La physionomie et l'expression des sentiments, 3ᵉ édit., illustré, avec 8 pl. hors texte.
50. DE MEYER. Les organes de la parole, illustré.
51. DE LANESSAN. Introduction à la botanique. *Le sapin*, 2ᵉ édit., illustré.
52-53. DE SAPORTA et MARION. L'évolution du règne végétal. *Les phanérogames*, 2 volumes illustrés.
54. TROUESSART. Les microbes, les ferments et les moisissures, 2ᵉ éd., illustré.
55. HARTMANN. Les singes anthropoïdes, illustré.
56. SCHMIDT. Les mammifères dans leurs rapports avec leurs ancêtres géologiques, illustré.
57. BINET et FÉRÉ. Le magnétisme animal, 4ᵉ éd., illustré.
58-59. ROMANES. L'intelligence des animaux, 3ᵉ éd., 2 vol.
60. F. LAGRANGE. Physiologie des exercices du corps, 8ᵉ éd.
61. DREYFUS. L'évolution des mondes et des sociétés, 3ᵉ éd.

COLLECTION MÉDICALE

ÉLÉGANTS VOLUMES IN-12, CARTONNÉS A L'ANGLAISE, A 4 ET A 3 FRANCS

Hygiène de l'alimentation dans l'état de santé et de maladie, par le Dr J. Laumonier, avec gravures. 2ᵉ éd.   4 fr.

Les nouveaux traitements, par *le même.*   4 fr.

L'alimentation des nouveau-nés. *Hygiène de l'allaitement artificiel,* par le Dr S. Icard, avec 60 gravures. 2ᵉ édit. (*Couronné par l'Académie de médecine.*)   4 fr.

La mort réelle et la mort apparente, diagnostic et traitement de la mort apparente, par *le même,* avec gravures.   4 fr.

L'hygiène sexuelle et ses conséquences morales, par le Dr S. Ribbing, prof. à l'Univ. de Lund (Suède). 2ᵉ édit.   4 fr.

Hygiène de l'exercice chez les enfants et les jeunes gens, par le Dr F. Lagrange, lauréat de l'Institut. 7ᵉ édit.   4 fr.

De l'exercice chez les adultes, par *le même.* 4ᵉ édition.   4 fr.

Hygiène des gens nerveux, par le Dr Levillain, avec gravures. 4ᵉ édition.   4 fr.

L'idiotie. *Psychologie et éducation de l'idiot,* par le Dr I. Voisin, médecin de la Salpêtrière, avec gravures.   4 fr.

La famille névropathique, *Hérédité, prédisposition morbide, dégénérescence,* par le Dr Ch. Féré, médecin de Bicêtre, avec gravures. 2ᵉ édition.   4 fr.

Le traitement des aliénés dans les familles, par *le même.* 2ᵉ édition.   3 fr.

L'instinct sexuel. *Évolution, dissolution,* par *le même.* 2ᵉ édition.   4 fr.

L'éducation physique de la jeunesse, par A. Mosso, profess. à l'Univers. de Turin. Préface du Commandant Legros.   4 fr.

Manuel de percussion et d'auscultation, par le Dr P. Simon, professeur à la Faculté de médecine de Nancy, avec grav.   4 fr.

Éléments d'anatomie et de physiologie génitales et obstétricales, par le Dr A. Pozzi, professeur à l'École de médecine de Reims, avec 219 gravures.   4 fr.

Manuel théorique et pratique d'accouchements, par le *le même,* avec 138 gravures. 3ᵉ édition.   4 fr.

Morphinisme et Morphinomanie, par le Dr Paul Rodet. (*Couronné par l'Académie de médecine.*)   4 fr.

La fatigue et l'entraînement physique, par le Dr Ph. Tissié, avec gravures. Préface de M. le prof. Bouchard. 2ᵉ édition.   4 fr.

Les maladies de la vessie et de l'urèthre chez la

femme, par le D* Kolischer ; trad. de l'allemand par le D*
Beutiner, de Genève; avec gravures. 4 fr.

L'éducation rationnelle de la volonté, son emploi thérapeutique, par le D* Paul-Émile Lévy. Préface de M. le prof.
Bernheim. 3* édition. 4 fr.

La profession médicale. *Ses devoirs, ses droits*, par le D*
G. Morache, professeur de médecine légale à l'Université de
Bordeaux. 4 fr.

Le mariage. *Étude de socio-biologie et de médecine légale*, par *le
même*. 4 fr.

Grossesse et accouchement. *Étude de socio-biologie et de
médecine légale*, par *le même*. 4 fr.

L'hystérie et son traitement, par le D* Paul Sollier. 4 fr.

Manuel d'électrothérapie et d'électrodiagnostic, par
le D* E. Albert-Weil, avec 80 gravures. 4 fr.

Traité de l'intubation du larynx *de l'enfant et de l'adulte
dans les sténoses laryngées aiguës et chroniques*, par le D* A. Bonain,
avec 42 gravures. 4 fr.

Manuel de psychiatrie, par le D* J. Rogues de Fursac, an ien
chef de clinique à la Faculté de Paris. 4 fr.

De la même collection :

COURS DE MÉDECINE OPÉRATOIRE

de M. le Professeur **Félix Terrier**.

Petit manuel d'antisepsie et d'asepsie chirurgicales,
par les D** Félix Terrier, professeur à la Faculté de médecine de
Paris, et M. Péraire, ancien interne des hôpitaux, avec grav. 3 fr.

Petit manuel d'anesthésie chirurgicale, par *les mêmes*,
avec 37 gravures. 3 fr.

L'opération du trépan, par *les mêmes*, avec 222 grav. 4 fr.

Chirurgie de la face, par les D** Félix Terrier, Guillemain
et Malherbe, avec gravures. 4 fr.

Chirurgie du cou, par *les mêmes*, avec gravures. 4 fr.

Chirurgie du cœur et du péricarde, par les D** Félix
Terrier et E. Reymond, avec 79 gravures. 3 fr.

Chirurgie de la plèvre et du poumon, par *les mêmes*,
avec 67 gravures. 4 fr.

MÉDECINE

Extrait du catalogue, par ordre de spécialités.

A. — Pathologie et thérapeutique médicales.

AXENFELD et HUCHARD. **Traité des névroses.** 2ᵉ édition, par Henri Huchard. 1 fort vol. gr. in-8.   20 fr.

BOUCHUT et DESPRES. **Dictionnaire de médecine et de thérapeutique médicale et chirurgicale,** comprenant le résumé de la médecine et de la chirurgie, les indications thérapeutiques de chaque maladie, la médecine opératoire, les accouchements, l'oculistique, l'odontotechnie, les maladies d'oreilles, l'électrisation, la matière médicale, les eaux minérales, et un formulaire spécial pour chaque maladie. 6ᵉ édition, très augmentée. 1 vol. in-4, avec 1001 fig. dans le texte et 3 cartes. Broché, 25 fr. ; relié   30 fr.

CORNIL et BABÈS. **Les bactéries et leur rôle dans l'anatomie et l'histologie pathologiques des maladies infectieuses.** 3ᵉ éd. entièrement refondue. 2 vol. in-8, avec 350 fig. dans le texte en noir et en couleurs et 12 planches hors texte.   40 fr.

DAVID. **Les microbes de la bouche.** 1 vol. in-8, avec gravures en noir et en couleurs dans le texte.   10 fr.

DÉJERINE-KLUMPKE (Mᵐᵉ). **Des polynévrites et des paralysies et atrophies saturnines.** 1 vol. in-8.   6 fr.

DEBET (Pierre). **Du traitement des anévrysmes.** 1 vol. in-8.   5 fr.

DUCKWORTH (Sir Dyce). **La goutte,** son traitement. Trad. de l'anglais par le Dʳ Rodet. 1 vol. gr. in-8, avec gravures dans le texte.   10 fr.

DURAND-FARDEL. **Traité des eaux minérales** de la France et de l'étranger, et de leur emploi dans les maladies chroniques. 3ᵉ édition. 1 vol. in-8.   10 fr.

FÉRÉ (Ch.). **Les épilepsies et les épileptiques.** 1 vol. gr. in-8, avec 12 planches hors texte et 67 grav. dans le texte.   20 fr.

— **La pathologie des émotions.** 1 vol. in-8.   12 fr.

FINGER (E.). **La syphilis et les maladies vénériennes.** Trad. de l'allemand avec notes par les docteurs Spillmann et Doyon. 2ᵉ édit. 1 vol. in-8, avec 5 planches hors texte.   12 fr.

FLEURY (Maurice de). **Introduction à la médecine de l'esprit.** 6ᵉ édit. 1 vol. in-8.   7 fr. 50

— **Les grands symptômes neurasthéniques** 2ᵉ édition, revue. 1 vol. in-8.   7 fr. 50

GAYME (L.). **Essai sur la maladie de Basedow.** 1 vol. grand in-8.   6 fr.

GLÉNARD. **Les ptoses viscérales** (Estomac, Intestin, Rein, Foie, Rate). 1 vol. gr. in-8, avec 224 fig. et 30 tableaux synoptiques.   20 fr.

SPRINGER. **La croissance.** Son rôle en pathologie. Essai de pathologie générale. 1 vol. in-8. 6 fr.

VOISIN (J.) **L'épilepsie.** 1 vol. in-8. 6 fr.

WIDE (A.). **Traité de gymnastique médicale suédoise.** Trad., annoté et augm. par le Dr BOURCART, 1 vol. in-8, avec 125 grav. 12 fr. 50

B. — Pathologie et thérapeutique chirurgicales.

ANGER (Benjamin). **Traité iconographique des fractures et luxations.** 2e tirage. 1 fort volume in-4, avec 100 planches coloriées, et 127 gravures dans le texte. Relié 150 fr.

Congrès français de chirurgie. Mémoires et discussions, publiés par MM. POZZI et PICQUÉ, secrétaires généraux :

1re, 2e et 3e sessions : 1885, 1886, 1888, 3 forts vol. gr. in-8, avec fig., chacun, 14 fr. — 4e session : 1889, 1 fort vol. gr. in-8, avec fig., 16 fr. — 5e session : 1891, 1 fort vol. gr. in-8, avec fig., 14 fr. — 6e session 1892, 1 fort vol. gr. in-8, avec fig., 16 fr. — 7e session : 1893, 1 fort vol. gr. in-8, 18 fr. — 8e, 9e, 10e, 11e, 12e, 13e, 14e et 15e sessions : 1894-95-96-97-98-99-1901-1902, chaque volume. 20 fr.

CORNET. **Pratique de la chirurgie courante.** Préface du professeur OLLIER. 1 fort vol. in-12, avec 111 gravures. 6 fr.

DE BOVIS. **Le cancer du gros intestin,** *rectum excepté.* 1 volume in-8. 5 fr.

DELORME. **Traité de chirurgie de guerre.** 2 vol. gr. in-8.
TOME I, avec 95 grav. dans le texte et une pl. hors texte. 16 fr.
TOME II, terminant l'ouvrage, avec 400 grav. dans le texte. 26 fr.
(Ouvrage couronné par l'Académie des Sciences.)

FRAISSE. **Principes du diagnostic gynécologique.** 1 vol. in-12, avec gravures. 5 fr.

JAMAIN et TERRIER. **Manuel de pathologie et de clinique chirurgicales.** 3e édition. TOME I, 1 fort vol. in-18, 8 fr. — TOME II, 1 vol. in-18, 8 fr. — TOME III, avec la collaboration de MM. BROCA et HARTMANN, 1 vol. in-18, 8 fr. — TOME IV, avec la collaboration de MM. BROCA et HARTMANN, 1 vol. in-18. 8 fr.

LABADIE-LAGRAVE et LEGUEU. **Traité médico-chirurgical de gynécologie.** 3e édition entièrement remaniée. 1 vol. grand in-8, avec nombreuses fig., cart. à l'angl. 25 fr.

LE FORT (Léon). **Œuvres complètes,** publiées par le Dr LEJARS (1895-1898).
TOME I. — *Hygiène hospitalière, démographie, hygiène publique,* 1 vol. in-8. 20 fr.
TOME II. — *Chirurgie militaire, enseignement.* 1 vol. in-8. 20 fr.
TOME III. — *Chirurgie.* 1 vol. in-8. 20 fr.

F. LEGUEU. **Leçons de clinique chirurgicale** (Hôtel-Dieu, 1901). 1 volume grand in-8, avec 71 gravures dans le texte. 12 fr.

LIEBREICH. **Atlas d'ophtalmoscopie,** représentant l'état normal et les modifications pathologiques du fond de l'œil vues à l'ophtalmoscope. 3e édition. Atlas in-f° de 12 planches. 40 fr.

MALGAIGNE et LE FORT. **Manuel de médecine opératoire.** 9e édit. 2 vol. grand in-18, avec nombreuses fig. dans le texte. 16 fr.

NÉLATON. **Éléments de pathologie chirurgicale**, par A. NÉLATON, membre de l'Institut, professeur de clinique à la Faculté de médecine, etc. Ouvrage complet en six volumes.

Seconde édition, complétement remaniée, revue par les Drs JAMAIN, PÉAN, DESPRÈS, GILLETTE et BORTELOUP, chirurgiens des hôpitaux. 6 forts vol. gr. in-8, avec 795 figures dans le texte. 32 fr.

NIMIER et DESPAGNET. **Traité élémentaire d'ophtalmologie**. 1 fort vol. gr. in-8, avec 432 gravures. Cart. à l'angl. 20 fr.

NIMIER et LAVAL. **Les projectiles de guerre** et leur action vulnérante. 1 vol. in-12, avec grav. 3 fr.

— **Les explosifs, les poudres, les projectiles d'exercice**, leur action et leurs effets vulnérants. 1 vol. in-12, avec grav. 3 fr.

— **Les armes blanches**, leur action et leurs effets vulnérants. 1 vol. in-12, avec grav. 6 fr.

— **De l'infection en chirurgie d'armée**, évolution des blessures de guerre. 1 vol. in-12, avec grav. 6 fr.

— **Traitement des blessures de guerre**. 1 fort vol. in-12, avec gravures. 6 fr.

RICHARD. **Pratique journalière de la chirurgie**. 2e éd. 1 vol. gr. in-8, avec 215 fig. dans le texte. 5 fr.

SOELBERG-WELLS. **Traité pratique des maladies des yeux**. 1 fort volume gr. in-8, avec fig. 4 fr. 50

TERRIER. **Éléments de pathologie chirurgicale générale**. 1er fascicule : *Lésions traumatiques et leurs complications*. 1 vol. in-8. 7 fr.

2e fascicule : *Complications des lésions traumatiques. Lésions inflammatoires*. 1 vol. in-8. 6 fr.

F. TERRIER et M. AUVRAY. **Chirurgie du foie et des voies biliaires**. 1 vol. grand in-8, avec 50 fig. 10 fr.

F. TERRIER et M. PÉRAIRE. **Manuel de petite chirurgie**. 8e édition, entièrement refondue. 1 fort vol. in-12, avec 572 fig., cartonné à l'anglaise. 8 fr.

C. — Thérapeutique. Pharmacie. Hygiène.

BOSSU. **Petit Compendium médical**. 4e édit. 1 vol. in-32, cartonné à l'anglaise. 1 fr. 25

BOUCHARDAT. **Nouveau formulaire magistral**, précédé d'une Notice sur les hôpitaux de Paris, de généralités sur l'art de formuler; suivi d'un Précis sur les eaux minérales naturelles et artificielles, d'un Mémorial thérapeutique, de notions sur l'emploi des contrepoisons et sur les secours à donner aux empoisonnés et aux asphyxiés. 1900, 32e édition, revue et corrigée. 1 vol. in-18, broché, 3 fr. 50; cartonné, 4 fr.; relié 4 fr. 50

BOUCHARDAT et DESOUBRY. **Formulaire vétérinaire**, contenant le mode d'action, l'emploi et les doses des médicaments, 6e édit. 1 vol. in-18, broché, 3 fr. 50; cartonné, 4 fr.; relié 4 fr. 50

BOUCHARDAT. **De la glycosurie ou diabète sucré**, son traitement hygiénique. 2e édition. 1 vol. grand in-8, suivi de notes et documents sur la nature et le traitement de la goutte, la gravelle urique, sur l'oligurie, le diabète insipide avec excès d'urée, l'hippurie, la pimélorrhée, etc.   15 fr.

BOUCHARDAT. **Traité d'hygiène publique et privée**, basée sur l'étiologie. 3ᵉ édition, 1 fort volume gr. in-8.   18 fr.

LAGRANGE (F.). **La médication par l'exercice.** 1 vol. grand in-8, avec 68 grav. et une carte.   12 fr.

— **Les mouvements méthodiques et la « mécanothérapie »** 1 vol. in-8, avec 55 gravures.   10 fr.

A. MOSSÉ. **Le diabète et l'alimentation aux pommes de terre.** 1 volume in-8, avec graphiques.   5 fr.

WEBER. **Climatothérapie.** Traduit de l'allemand par les docteurs DOYON et SPILMANN. 1 vol. in-8.   6 fr.

D. — Anatomie. Physiologie. Histologie.

BELZUNG. **Anatomie et physiologie végétales.** 1 fort volume in-8, avec 1700 gravures.   20 fr.

— **Anatomie et physiologie animales.** 9ᵉ édition revue. 1 fort volume in-8, avec 522 gravures dans le texte, broché, 6 fr. ; cart.   7 fr.

BÉRAUD (B.-J.). **Atlas complet d'anatomie chirurgicale topographique.** pouvant servir de complément à tous les ouvrages d'anatomie chirurgicale, composé de 102 planches représentant plus de 200 figures gravées sur acier, avec texte explicatif. 1 fort vol. in-4.
Prix : Fig. noires, relié, 60 fr. — Fig. coloriées, relié, 120 fr.

BURDON-SANDERSON, FOSTER ET BRUNTON. **Manuel du laboratoire de physiologie.** Traduit de l'anglais par M. MOQUIN-TANDON. 1 vol. in-8, avec 184 figures dans le texte.   7 fr.

CORNIL, RANVIER, BRAULT ET LETULLE. **Manuel d'histologie pathologique.** 3ᵉ édition entièrement remaniée.
TOME I, par MM. RANVIER, CORNIL, BRAULT, F. BEZANÇON et M. CAZIN. — *Histologie normale. — Cellules et tissus normaux. — Généralités sur l'histologie pathologique. — Altération des cellules et des tissus. — Inflammations. — Tumeurs. — Notions sur les bactéries. — Maladies des systèmes et des tissus. — Altérations du tissu conjonctif.* 1 vol. in-8, avec 387 gravures en noir et en couleurs.   25 fr.
TOME II, par MM. DURANTE, JOLLY, DOMINICI, GOMBAULT et PHILIPPE. — *Muscles. — Sang et hématopoïèse. — Généralités sur le système nerveux.* 1 vol. in-8, avec gravures en noir et en couleurs.   25 fr.
L'ouvrage complet comprendra 4 volumes.

DEBIERRE. **Traité élémentaire d'anatomie de l'homme.** Anatomie descriptive et dissection, avec notions d'organogénie et d'embryologie générales. Ouvrage complet en 2 volumes.   40 fr.
TOME I. *Manuel de l'amphithéâtre.* 1 vol. in-8 de 950 pages, avec 450 figures en noir et en couleurs dans le texte.   20 fr.
TOME II ET DERNIER. 1 vol. in-8, avec 515 figures en noir et en couleurs dans le texte.   20 fr.
(Ouvrage couronné par l'Académie des sciences.)

DEBIERRE, **Les Centres nerveux** (Moelle épinière et encéphale), avec applications physiologiques et médico-chirurgicales. 1 vol. in-8, avec grav. en noir et en couleurs.   12 fr.

— **Atlas d'ostéologie,** comprenant les articulations des os et les insertions musculaires. 1 vol. in-4, avec 253 grav. en noir et en couleurs, cart. toile dorée.   12 fr.

— **Leçons sur le péritoine.** 1 vol. in-8, avec 58 figures.   4 fr.

— **L'embryologie en quelques leçons.** 1 vol. in-8, avec 144 fig.   4 fr.

G. DEMENY. **Mécanisme et éducation des mouvements.** 1 vol. in-8, avec nombreuses figures.   (*Sous presse.*)

DUVAL (Mathias). **Le placenta des rongeurs.** 1 beau vol. in-4, avec 100 figures dans le texte et un atlas de 22 planches en taille-douce hors texte.   40 fr.

— **Le placenta des carnassiers.** 1 beau vol. in-4, avec 46 figures dans le texte et un atlas de 13 planches en taille-douce.   25 fr.

— **Études sur l'embryologie des chéiroptères.** *L'œuf, la gastrula, le blastoderme et l'origine des annexes chez le murin.* 1 fort vol., avec 29 fig. dans le texte et 5 planches en taille-douce.   15 fr.

FAU. **Anatomie des formes du corps humain,** à l'usage des peintres et des sculpteurs. 1 atlas in-folio de 25 planches. Prix : Figures noires, 15 fr. — Figures coloriées   30 fr.

LABORDE. **Les tractions rythmées de la langue.** traitement physiologique de la mort. 2ᵉ édition. 1 vol. in-12.   5 fr.

LE DANTEC. **Traité de Biologie.** 1 vol. grand in-8, avec fig.   15 fr.

PREYER. **Éléments de physiologie générale.** Traduit de l'allemand par M. J. Soury. 1 vol. in-8.   5 fr.

— **Physiologie spéciale de l'embryon.** 1 vol. in-8, avec figures et 9 planches hors texte.   7 fr. 50

MINISTRES ET HOMMES D'ÉTAT

Volumes in-16, à 2 fr. 50

Bismarck, par Henri Welschinger.

Prim, par H. Léonardon.

Disraeli, par M. Courcelle.

Mac Kinley, par A. Viallate.

Okoubo, ministre japonais, par M. Courant.

BIBLIOTHÈQUE UTILE

Élégants volumes in-32, de 192 pages chacun.

Le volume broché, **60** centimes; en cartonnage anglais, **1** franc.

1. **Morand**. Introduction à l'étude des sciences physiques. 6ᵉ éd.
2. **Cruveilhier**. Hygiène générale. 9ᵉ édit.
3. **Corbon**. De l'enseignement professionnel. 4ᵉ édit.
4. **L. Pichat**. L'art et les artistes en France. 5ᵉ édit.
5. **Buchez**. Les Mérovingiens. 6ᵉéd.
6. **Buchez**. Les Carlovingiens. 2ᵉéd.
7. **F. Morin**. La France au moyen âge. 5ᵉ édit.
8. **Bastide**. Luttes religieuses des premiers siècles. 5ᵉ édit.
9. **Bastide**. Les guerres de la Réforme. 5ᵉ édit.
10. **Pelletan**. Décadence de la monarchie française. 5ᵉ édit.
11. **Brothier**. Histoire de la terre. 8ᵉ éd.
12. **Bouant**. Les principaux faits de la chimie (avec fig.).
13. **Turck**. Médecine populaire. 6ᵉ édit.
14. **Morin**. La loi civile en France. 5ᵉ édit.
15. (*Épuisé*.)
16. **Ott**. L'Inde et la Chine. 3ᵉ édit.
17. **Catalan**. Notions d'astronomie. 6ᵉ édit.
18. **Cristal**. Les délassements du travail. 4ᵉ édit.
19. **V. Meunier**. Philosophie zoologique. 3ᵉ édit.
20. **J. Jourdan**. La justice criminelle en France. 4ᵉ édit.
21. **Ch. Rolland**. Histoire de la maison d'Autriche. 4ᵉ édit.
22. **Eug. Despois**. Révolution d'Angleterre. 4ᵉ édit.
23. **B. Gastineau**. Les génies de la science et de l'industrie. 2ᵉ éd.
24. **Leneveux**. Le budget du foyer. Économie domestique. 3ᵉ édit.
25. **L. Combes**. La Grèce ancienne. 4ᵉ édit.
26. **F. Lock**. Histoire de la Restauration. 5ᵉ édit.
27. **Brothier**. Histoire populaire de la philosophie. (*Épuisé*.)
28. **Elie Margollé**. Les phénomènes de la mer. 7ᵉ édit.
29. **L. Collas**. Histoire de l'empire ottoman. 3ᵉ édit.
30. **F. Zurcher**. Les phénomènes de l'atmosphère. 7ᵉ édit.
31. **E. Raymond**. L'Espagne et le Portugal. 3ᵉ édit.
32. **Eugène Noël**. Voltaire et Rousseau. 4ᵉ édit.
33. **A. Ott**. L'Asie occidentale et l'Égypte. 3ᵉ édit.
34. **Ch. Richard**. Origine et fin des mondes. (*Épuisé*.)
35. **Enfantin**. La vie éternelle. 5ᵉ éd.
36. **Brothier**. Causeries sur la mécanique. 5ᵉ édit.
37. **Alfred Doneaud**. Histoire de la marine française. 4ᵉ édit.
38. **F. Lock**. Jeanne d'Arc. 3ᵉ édit.
39-40. **Carnot**. Révolution française. 2 vol. 7ᵉ édit.
41. **Zurcher et Margollé**. Télescope et microscope. 2ᵉ édit.
42. **Blerzy**. Torrents, fleuves et canaux de la France. 3ᵉ édit.
43. **Secchi, Wolf, Briot et Delaunay**. Le soleil et les étoiles. 5ᵉ édit.
44. **Stanley Jevons**. L'économie politique. 8ᵉ édit.
45. **Ferrière**. Le darwinisme. 7ᵉ éd.
46. **Leneveux**. Paris municipal. 2ᵉ édit.
47. **Boillot**. Les entretiens de Fontenelle sur la pluralité des mondes.
48. **Zevort (Edg.)**. Histoire de Louis-Philippe. 3ᵉ édit.
49. **Geikie**. Géographie physique (avec fig.). 4ᵉ édit.
50. **Zaborowski**. L'origine du langage. 5ᵉ édit.
51. **H. Blerzy**. Les colonies anglaises.
52. **Albert Lévy**. Histoire de l'air (avec fig.). 4ᵉ édit.
53. **Geikie**. La géologie (avec fig.). 4ᵉ édit.
54. **Zaborowski**. Les migrations des animaux. 3ᵉ édit.
55. **F. Paulhan**. La physiologie de l'esprit. 5ᵉ édit.
56. **Zurcher et Margollé**. Les phénomènes célestes. 3ᵉ édit.
57. **Girard de Rialle**. Les peuples de l'Afrique et de l'Amérique. 2ᵉ éd.
58. **Jacques Bertillon**. La statistique humaine de la France.

59. Paul Gaffarel. La défense nationale en 1792. 2ᵉ édit.
60. Herbert Spencer. De l'éducation. 8ᵉ édit.
61. Jules Barni. Napoléon Iᵉʳ. 3ᵉ édit.
62. Huxley. Premières notions sur les sciences. 4ᵉ édit.
63. P. Bondois. L'Europe contemporaine (1789-1879). 2ᵉ édit.
64. Grove. Continents et océans. 3ᵉ éd.
65. Jouan. Les îles du Pacifique.
66. Robinet. La philosophie positive. 4ᵉ édit.
67. Renard. L'homme est-il libre ? 4ᵉ édit.
68. Zaborowski. Les grands singes.
69. Batin. Le Journal.
70. Girard de Rialle. Les peuples de l'Asie et de l'Europe.
71. Doneaud. Histoire contemporaine de la Prusse. 2ᵉ édit.
72. Dufour. Petit dictionnaire des falsifications. 4ᵉ édit.
73. Henneguy. Histoire de l'Italie depuis 1815.
74. Leneveux. Le travail manuel en France. 2ᵉ édit.
75. Jouan. La chasse et la pêche des animaux marins.
76. Reynard. Histoire contemporaine de l'Angleterre.
77. Bouant. Hist. de l'eau (avec fig.).
78. Jourdy. Le patriotisme à l'école.
79. Mongredien. Le libre-échange en Angleterre.
80. Creighton. Histoire romaine (avec fig.)
81-82. P. Bondois. Mœurs et institutions de la France. 2 vol. 2ᵉ éd.
83. Zaborowski. Les mondes disparus (avec fig.). 3ᵉ édit.
84. Debidour. Histoire des rapports de l'Église et de l'État en France (1789-1871). Abrégé par Dubois et Sarthou.
85. H. Beauregard. Zoologie générale (avec fig.).
86. Wilkins. L'antiquité romaine (avec fig.). 2ᵉ édit.
87. Maigne. Les mines de la France et de ses colonies.
88. Broquère. Médecine des accidents.
89. E. Amigues. A travers le ciel.
90. H. Gossin. La machine à vapeur (avec fig.).
91. Gaffarel. Les frontières françaises. 2ᵉ édit.
92. Daillet. La navigation aérienne (avec fig.).

93. Collier. Premiers principes des beaux-arts (avec fig.).
94. A. Larbalétrier. L'agriculture française (avec fig.).
95. Gossin. La photographie (fig.).
96. F. Genevoix. Les matières premières.
97. Monin. Les maladies épidémiques (avec fig.).
98. Paque. L'Indo-Chine française.
99. Petit. Économie rurale et agricole.
100. Mahaffy. L'antiquité grecque (avec fig.).
101. Bère. Hist. de l'armée française.
102. F. Genevoix. Les procédés industriels.
103. Quesnel. Histoire de la conquête de l'Algérie.
104. A. Coste. Richesse et bonheur.
105. Joyeux. L'Afrique française (avec fig.).
106. G. Mayer. Les chemins de fer (avec fig.).
107. Ad. Coste. Alcoolisme ou Épargne. 4ᵉ édit.
108. Ch. de Larivière. Les origines de la guerre de 1870.
109. Gérardin. Botanique générale (avec fig.).
110. D. Bellet. Les grands ports maritimes de commerce (avec fig.).
111. H. Coupin. La vie dans les mers (avec fig.).
112. A. Larbalétrier. Les plantes d'appartement (avec fig.).
113. A. Milhaud. Madagascar. 2ᵉ éd.
114. Sérieux et Mathieu. L'Alcool et l'alcoolisme. 2ᵉ édit.
115. Dʳ J. Laumonier. L'hygiène de la cuisine.
116. Adrien Berget. La viticulture nouvelle. 2ᵉ éd.
117. A. Acloque. Les insectes nuisibles (avec fig.).
118. G. Meunier. Histoire de la littérature française.
119. P. Merklen. La Tuberculose ; son traitement hygiénique.
120. G. Meunier. Histoire de l'art (avec fig.).
121. Larrivé. L'assistance publique.
122. Adrien Berget. La pratique des vins.
123. A. Berget. Les vins de France. (Guide du consommateur.)
124. Vaillant. Petite chimie de l'agriculteur.
125. S. Zaborowski. L'homme préhistorique. 7ᵉ édit.

BIBLIOTHÈQUE GÉNÉRALE
DES SCIENCES SOCIALES

SECRÉTAIRE DE LA RÉDACTION :
DICK MAY, Secrétaire général de l'École des Hautes Études sociales.
Volumes in-8° carré de 300 pages environ, cartonnés à l'anglaise.
Chaque volume, 6 fr.

L'individualisation de la peine, par R. SALEILLES, professeur à la Faculté de droit de l'Université de Paris.

L'idéalisme social, par EUGÈNE FOURNIÈRE.

Ouvriers du temps passé (XVe et XVIe siècles), par H. HAUSER, professeur à l'Université de Dijon.

Les transformations du pouvoir, par G. TARDE, de l'Institut, professeur au Collège de France.

Morale sociale. Leçons professées au Collège des sciences sociales, par MM. G. BELOT, MARCEL BERNÈS, BRUNSCHVICG, F. BUISSON, DARLU, DAURIAC, DELBET, CH. GIDE, M. KOVALEVSKY, MALAPERT, le R. P. MAUMUS, DE ROBERTY, G. SOREL, le PASTEUR WAGNER. Préface de M. ÉMILE BOUTROUX, de l'Institut.

Les enquêtes, *pratique et théorie*, par P. DU MAROUSSEM. *(Ouvrage couronné par l'Institut.)*

Questions de morale. Leçons professées à l'École de morale, par MM. BELOT, BERNÈS, F. BUISSON, A. CROISET, DARLU, DELBOS, FOURNIÈRE, MALAPERT, MOCH, D. PARODI, G. SOREL.

Le développement du catholicisme social, depuis l'encyclique *Rerum Novarum*, par MAX TURMANN.

Le socialisme sans doctrines. *La question ouvrière et agraire en Australie et Nouvelle-Zélande*, par A. MÉTIN, agrégé de l'Université.

L'éducation morale dans l'Université (*Enseignement secondaire*). Conférences et discussions, sous la présidence de M. A. CROISET, doyen de la Faculté des lettres de l'Université de Paris. (*École des Hautes Études sociales*, 1900-1901).

La méthode historique appliquée aux sciences sociales, par CH. SEIGNOBOS, maître de conf. à l'Univ. de Paris.

Assistance sociale. *Pauvres et mendiants*, par PAUL STRAUSS, sénateur.

L'hygiène sociale, par E. DUCLAUX, de l'Institut, directeur de l'Institut Pasteur.

Le Contrat de travail. *Le rôle des syndicats professionnels*, par P. BUREAU, professeur à la Faculté libre de droit de Paris.

Essai d'une philosophie de la solidarité. Conférences et discussions, sous la présidence de MM. LÉON BOURGEOIS, député, ancien président du Conseil des ministres, et A. CROISET, de l'Institut, doyen de la Faculté des lettres de Paris. (*École des Hautes Études sociales*, 1901-1902).

L'exode rural et le retour aux champs, par E. VANDERVELDE, professeur à l'Université nouvelle de Bruxelles.

La lutte pour l'existence et l'évolution des sociétés, par J.-L. DE LANESSAN, député, ancien ministre de la Marine.

BIBLIOTHÈQUE
D'HISTOIRE CONTEMPORAINE
Volumes in-18 et in-8

EUROPE

HISTOIRE DE L'EUROPE PENDANT LA RÉVOLUTION FRANÇAISE, par *H. de Sybel*. Traduit de l'allemand par Mlle Dosquet. 6 vol. in-8 . . 42 r.

HISTOIRE DIPLOMATIQUE DE L'EUROPE, DE 1815 A 1878, par *Debidour*. 2 vol. in-8. . . . . 18 fr.

LA QUESTION D'ORIENT, depuis ses origines jusqu'à nos jours, par *E. Driault*; préface de *G. Monod*. 1 vol. in-8, 2e édit. . . . . . 7 fr.

FRANCE

LA RÉVOLUTION FRANÇAISE, par *H. Carnot*. 1 vol. in-18. Nouv. éd. 3 fr. 50

LE CULTE DE LA RAISON ET LE CULTE DE L'ÊTRE SUPRÊME (1793-1794). Étude historique, par *Aulard*. 1 vol. in-18. . . . . 3 fr. 50

ÉTUDES ET LEÇONS SUR LA RÉVOLUTION FRANÇAISE, par *Aulard*. 3 vol in-18. Chacun. . . . . 3 fr. 50

VARIÉTÉS RÉVOLUTIONNAIRES, par *M. Pellet*. 3 vol. in-18. Chacun 3 fr. 50

LES CAMPAGNES DES ARMÉES FRANÇAISES (1792-1815), par *C. Vallaux*. 1 vol. in-18, avec 17 cartes. . . . . 3 fr. 50

NAPOLÉON ET LA SOCIÉTÉ DE SON TEMPS, par *P. Bondois*. 1 vol. in-8. 7 fr.

HISTOIRE DE LA RESTAURATION, par *de Rochau*. 1 vol. in-18. . . 3 fr. 50

HISTOIRE DE DIX ANS, par *Louis Blanc*. 5 vol. in-8. . . . . 25 fr.

HISTOIRE DU SECOND EMPIRE (1848-1870), par *Taxile Delord*. 6 vol. in-8 42 fr.

HISTOIRE DU PARTI RÉPUBLICAIN (1814-1870), par *G. Weill*. 1 v. in-8. 10 fr.

HISTOIRE DE LA TROISIÈME RÉPUBLIQUE, par *E. Zevort* :

    I. *Présidence de M. Thiers*. 1 vol. in-8. 2e édit. . . . . . 7 fr.

    II. *Présidence du Maréchal*. 1 vol. in-8, 2e édit. . . . . . 7 fr.

    III. *Présidence de Jules Grévy*. 1 vol. in-8. . . . . . . 7 fr.

    IV. *Présidence de Sadi-Carnot*. 1 vol. in-8. . . . . . . 7 fr.

HISTOIRE DE LA LIBERTÉ DE CONSCIENCE EN FRANCE (1595-1870), par *G. Bonet-Maury*. 1 vol. in-8. . . . . 5 fr.

LES CIVILISATIONS TUNISIENNES (Musulmans, Israélites, Européens), par *Paul Lapie*. 1 vol. in-18. . . . . 3 fr. 50

HOMMES ET CHOSES DE LA RÉVOLUTION, par *Eug. Spuller*. 1 vol. in-18. . . . . 3 fr. 50

LA FRANCE POLITIQUE ET SOCIALE, par *Aug. Laugel*. 1 vol. in-8. 5 fr.

HISTOIRE DES RAPPORTS DE L'ÉGLISE ET DE L'ÉTAT EN FRANCE (1789-1870), par *A. Debidour*. 1 vol. in-8 . . . . 12 fr.

LES COLONIES FRANÇAISES, par *P. Gaffarel*. 1 vol. in-8. 6e éd. . . 5 fr.

LA FRANCE HORS DE FRANCE. *Notre émigration, sa nécessité, ses conditions*, par *J.-B. Piolet*. 1 vol. in-8 . . . . 10 fr.

L'INDO-CHINE FRANÇAISE, étude économique, politique et administrative sur la *Cochinchine, le Cambodge, l'Annam et le Tonkin*. (Médaille Dupleix de la Société de Géographie commerciale), par *J.-L. de Lanessan*. 1 vol. in-8, avec 5 cartes en couleurs. . . . . 15 fr.

L'ALGÉRIE, par *M. Wahl*. 1 vol. in-8. 3e édition. (Ouvrage couronné par l'Institut) . . . . 5 fr.

ANGLETERRE

HISTOIRE CONTEMPORAINE DE L'ANGLETERRE, depuis la mort de la reine Anne jusqu'à nos jours, par *H. Reynald*. 1 vol. in-18, 2e éd. 3 fr. 50

LORD PALMERSTON ET LORD RUSSELL, par *Aug. Laugel*. 1 vol. in-18. 3 fr. 50

LE SOCIALISME EN ANGLETERRE, par *Albert Métin*. 1 vol. in-18. 3 fr. 50
HISTOIRE GOUVERNEMENTALE DE L'ANGLETERRE (1770-1830), par *Cornewal Lewis*. 1 vol. in-8 . . . . 7 fr.

ALLEMAGNE

HISTOIRE DE LA PRUSSE, depuis la mort de Frédéric II jusqu'à la bataille de Sadowa, par *Eug. Véron*. 1 vol. in-18. 6ᵉ éd., revue par *Paul Bondois* . . . . 3 fr. 50
HISTOIRE DE L'ALLEMAGNE, depuis la bataille de Sadowa jusqu'à nos jours, par *Eug. Véron*. 1 vol. in-18. 3ᵉ éd., continuée jusqu'en 1892, par *Paul Bondois* . . . . 3 fr. 50
LE SOCIALISME ALLEMAND ET LE NIHILISME RUSSE, par *J. Bourdeau*. 1 vol. in-18. 2ᵉ édition . . . . 3 fr. 50
LES ORIGINES DU SOCIALISME D'ÉTAT EN ALLEMAGNE, par *Ch. Andler*. 1 vol. in-8 . . . . 7 fr.
L'ALLEMAGNE NOUVELLE ET SES HISTORIENS (*Niebuhr, Ranke, Mommsen, Sybel, Treitschke*), par *A. Guilland*. 1 vol. in-8 . . . . 5 fr.
LA DÉMOCRATIE SOCIALISTE ALLEMANDE, par *Edg. Milhaud*. 1 vol. in-8 . . . . 10 fr.
LA PRUSSE ET LA RÉVOLUTION DE 1848, par *P. Matter*. 1 vol. in-18 . . . . 3 fr. 50

AUTRICHE-HONGRIE

HISTOIRE DE L'AUTRICHE, depuis la mort de Marie-Thérèse jusqu'à nos jours, par *L. Asseline*. 1 vol. in-18. 3ᵉ édition . . . . 3 fr. 50
LES TCHÈQUES ET LA BOHÊME CONTEMPORAINE, par *J. Bourlier*. 1 vol. in-18 . . . . 3 fr. 50
LES RACES ET LES NATIONALITÉS EN AUTRICHE-HONGRIE, par *B. Auerbach*. 1 vol. in-8 . . . . 5 fr.
HISTOIRE DES HONGROIS ET DE LEUR LITTÉRATURE POLITIQUE (1790-1815), par *Ed. Sayous*. 1 vol. in-18 . . . . 3 fr. 50
LE PAYS MAGYAR, par *R. Recouly*. 1 vol. in-18 . . . . 3 fr. 50

ESPAGNE

HISTOIRE DE L'ESPAGNE, depuis la mort de Charles III jusqu'à nos jours, par *H. Reynald*. 1 vol. in-18 . . . . 3 fr. 50

RUSSIE

HISTOIRE CONTEMPORAINE DE LA RUSSIE, depuis la mort de Paul Iᵉʳ jusqu'à l'avènement de Nicolas II, par *M. Créhange*. 1 vol. in-18. 2ᵉ édition . . . . 3 fr. 50

SUISSE

HISTOIRE DU PEUPLE SUISSE, par *Daendliker*; précédé d'une Introduction par *Jules Favre*. 1 vol. in-8 . . . . 5 fr.

AMÉRIQUE

HISTOIRE DE L'AMÉRIQUE DU SUD, par *Alf. Deberle*. 1 vol. in-18. 3ᵉ éd., revue par *A. Milhaud* . . . . 3 fr. 50

ITALIE

HISTOIRE DE L'UNITÉ ITALIENNE (1814-1871), par *Bolton King*. Traduit de l'anglais par *Macquart*; introduction de *Yves Guyot*. 2 vol. in-8. 15 fr.
HISTOIRE DE L'ITALIE, depuis 1815 jusqu'à la mort de Victor-Emmanuel, par *E. Sorin*. 1 vol. in-18 . . . . 3 fr. 50
BONAPARTE ET LES RÉPUBLIQUES ITALIENNES (1796-1799), par *P. Gaffarel*. 1 vol. in-8 . . . . 5 fr.

ROUMANIE

HISTOIRE DE LA ROUMANIE CONTEMPORAINE (1822-1900), par *F. Damé*. 1 vol. in-8. . . . . 7 fr.

GRÈCE et TURQUIE

LA TURQUIE ET L'HELLÉNISME CONTEMPORAIN, par *V. Bérard*. 1 vol. in-18. 4e éd. (*Ouvrage couronné par l'Académie française*) . . . . 3 fr. 50
BONAPARTE ET LES ÎLES IONIENNES (1797-1816), par *E. Rodocanachi*. 1 vol. in-8. . . . . 5 fr.

CHINE

HISTOIRE DES RELATIONS DE LA CHINE AVEC LES PUISSANCES OCCIDENTALES (1860-1900), par *H. Cordier* :
    Tome I. — 1861-1875. 1 vol. in-8, avec cartes . . . . 10 fr.
    Tome II. — 1876-1887. 1 vol. in-8, avec cartes. . . . . 10 fr.
    Tome III. — 1883-1902. 1 vol. in-8, avec cartes et index. . . 10 fr.
EN CHINE. Mœurs et institutions — Hommes et faits, par *Maurice Courant*. 1 vol. in-18 . . . . 3 fr. 50

ÉGYPTE

LA TRANSFORMATION DE L'ÉGYPTE, par *Alb. Métin*. 1 vol. in-18. 3 fr. 50

E. Driault. LES PROBLÈMES POLITIQUES ET SOCIAUX A LA FIN DU XIXe SIÈCLE. 1 vol. in-8. . . . . 7 fr.
Jules Barni. HISTOIRE DES IDÉES MORALES ET POLITIQUES EN FRANCE AU XVIIIe SIÈCLE. 2 vol. in-18, chaque volume . . . . 3 fr. 50
Jules Barni. LES MORALISTES FRANÇAIS AU XVIIIe SIÈCLE. 1 vol. in-18 . . . . 3 fr. 50
E. de Laveleye. LE SOCIALISME CONTEMPORAIN. 1 volume in-18. 11e édition, augmentée. . . . . 3 fr. 50
E. Despois. LE VANDALISME RÉVOLUTIONNAIRE. 1 vol. in-18. 4e éd. 3 fr. 50
Eug. Spuller. FIGURES DISPARUES, portraits contemporains, littéraires et politiques. 3 vol. in-18, chaque volume. . . . . 3 fr. 50
Eug. Spuller. L'ÉDUCATION DE LA DÉMOCRATIE. 1 vol. in-18. 3 fr. 50
Eug. Spuller. L'ÉVOLUTION POLITIQUE ET SOCIALE DE L'ÉGLISE. 1 vol. in-18 . . . . 3 fr. 50
G. Schefer. BERNADOTTE ROI (1810-1818-1844). 1 vol. in-8. . 5 fr.
G. Guéroult. LE CENTENAIRE DE 1789. Évolution politique, philos., artistique et scientifique de l'Europe depuis cent ans. In-18. 3 fr. 50
Joseph Reinach. PAGES RÉPUBLICAINES. 1 vol. in-18. . . . 3 fr. 50
Hector Depasse. TRANSFORMATIONS SOCIALES. 1 vol. in-18. 3 fr. 50
Hector Depasse. DU TRAVAIL ET DE SES CONDITIONS. 1 vol. in-18. . . . . 3 fr. 50
Eug. d'Eichthal. SOUVERAINETÉ DU PEUPLE ET GOUVERNEMENT. 1 vol. in-18. . . . . 3 fr. 50
G. Isambert. LA VIE A PARIS PENDANT UNE ANNÉE DE LA RÉVOLUTION (1791-1792). 1 vol. in-18. . . . . 3 fr. 50
G. Weill. L'ÉCOLE SAINT-SIMONIENNE. 1 vol. in-18 . . 3 fr. 50
A. Lichtenberger. LE SOCIALISME UTOPIQUE. 1 vol. in-18. 3 fr. 50
A. Lichtenberger. LE SOCIALISME ET LA RÉVOLUTION FRANÇAISE. 1 vol. in-8. . . . . 5 fr.
Paul Matter. LA DISSOLUTION DES ASSEMBLÉES PARLEMENTAIRES. 1 vol. in-8. . . . . 5 fr.
J. Bourdeau. L'ÉVOLUTION DU SOCIALISME. 1 vol. in-18. . . 3 fr. 50
Em. Beaussire. LA GUERRE ÉTRANGÈRE ET LA GUERRE CIVILE. 1 vol. in-18. . . . . 3 fr. 50

BIBLIOTHÈQUE
DE PHILOSOPHIE CONTEMPORAINE

VOLUMES IN-12.

Br., 2 fr. 50 ; cart. à l'angl., 3 fr. ; reliés, 4 fr.

Alaux.
Philosophie de Victor Cousin.
R. Allier.
Philosophie d'Ernest Renan.
L. Arréat.
La morale dans le drame, l'épopée et le roman. 2º édition.
Mémoire et imagination (peintres, musiciens, poètes et orateurs).
Les croyances de demain.
Dix ans de philosophie (1890-1900).
G. Ballet.
Langage intérieur et aphasie. 2º éd.
Beaussire.
Antécédents de l'hégélianisme dans la philosophie française.
Bergson.
Le rire. 2º édit.
Ernest Bersot.
Libre philosophie.
Bertauld.
De la philosophie sociale.
Binet.
Psychologie du raisonnement. 3º éd.
Hervé Blondel.
Les approximations de la vérité.
C. Bouglé.
Les sciences sociales en Allemagne. 2º édit.
E. Boutroux.
Conting. des lois de la nature. 4º éd.
Brunschvicg.
Introduction à la vie de l'esprit.
Carus.
La conscience du moi.
B. Conta.
Les fondements de la métaphysique.
Coste.
Dieu et l'âme. 2º édit.
A. Cresson.
La morale de Kant.
G. Danville.
La psychologie de l'amour. 3º édit.
L. Dauriac.
La psychol. dans l'Opéra français.
Delbœuf.
Matière brute et matière vivante.

L. Dugas.
Le psittacisme et la pensée symbo-
La timidité. 3º édit.   [lique.
Dunan.
Théorie psychologique de l'espace.
Duprat.
Les causes sociales de la folie.
Durand (DE GROS).
Questions de philosophie morale et sociale.
E. Durkheim.
Les règles de la méthode sociologique. 2º édit.
E. d'Eichtbal.
Correspondance inédite de J. Stuart Mill avec G. d'Eichtbal.
Les probl. sociaux et le socialisme.
A. Espinas.
La philosophie expérimentale en Italie.
E. Faivre.
De la variabilité des espèces.
Ch. Féré.
Sensation et mouvement. 2º édit.
Dégénérescence et criminalité. 3º éd.
E. Ferri.
Les criminels dans l'art et la littérature. 2º édit.
Fierens-Gevaert.
Essai sur l'art contemporain. 2º éd.
La tristesse contemporaine. 3º éd.
Psychologie d'une ville. Essai sur Bruges. 2º édit.
M. de Fleury.
L'âme du criminel.
Fonsegrive.
La causalité efficiente.
E. Fournière.
Essai sur l'individualisme.
Ad. Franck.
Philosophie du droit pénal. 5º édit.
Des rapports de la religion et de l'État. 2º édit.
La philosophie mystique en France au xviiiº siècle.
Gauckler.
Le beau et son histoire.

G. de Greef.
Les lois sociologiques. 3e édit.
Guyau.
La genèse de l'idée de temps. 2e éd.
E. de Hartmann.
La Religion de l'avenir. 5e édition.
Le Darwinisme. 7e édition.
R. C. Herckenrath.
Probl. d'esthétique et de morale.
Marie Jaëll.
La musique et la psycho-physiologie.
Paul Janet.
La philosophie de Lamennais.
J. Lachelier.
Du fondement de l'induction. 4e éd.
Mme Lampérière.
Le rôle social de la femme.
A. Landry.
La responsabilité pénale.
J.-L. de Lanessan.
Morale des philosophes chinois.
Lange.
Les émotions. 2e édit.
Lapie.
La justice par l'État.
Auguste Langel.
L'Optique et les Arts.
Gustave Le Bon.
Lois psychologiques de l'évolution
des peuples. 5e éd.
La psychologie des foules. 6e éd.
Lechalas.
Etude sur l'espace et le temps.
F. Le Dantec.
Le déterminisme biologique.
L'individualité et l'erreur individua-
Lamerckiens et darwiniens. [liste.
G. Lefèvre.
Obligation morale et idéalisme.
Liard.
Les Logiciens anglais contempo-
rains. 4e édition.
Définitions géométriques. 3e édit.
H. Lichtenberger.
La philosophie de Nietzsche. 6e éd.
Aphorismes et fragments choisis
de Nietzsche. 2e édit.
Lombroso.
L'anthropologie criminelle. 4e éd.
Nouvelles recherches de psychiatrie
et d'anthropologie criminelle.
Les applications de l'anthropologie
criminelle.
John Lubbock.
Le bonheur de vivre. 2 vol. 8e éd.
L'emploi de la vie. 4e édit.
G. Lyon.
La philosophie de Hobbes.

E. Marguery.
L'œuvre d'art et l'évolution.
Mariano.
La Philosophie contemp. en Italie.
Marion.
J. Locke, sa vie, son œuvre. 2e édit.
Maus.
La justice pénale.
Mauxion.
L'éducation par l'instruction et les
théories pédagogiques de Herbart.
G. Milhaud.
Essai sur les conditions et les limites
de la certitude logique. 2e édit.
Le Rationnel.
Mosso.
La peur. 2e éd.
La fatigue intellect. et phys. 3e éd.
E. Murisier.
Les maladies du sentiment reli-
gieux. 2e édit.
E. Naville.
Nouvelle classification des scien-
ces. 2e édit.
Max Nordau.
Paradoxes psychologiques. 4e éd.
Paradoxes sociologiques. 3e édit.
Psycho-physiologie du génie et du
talent. 3e édit.
Novicow.
L'avenir de la race blanche.
Ossip-Lourié.
Pensées de Tolstoï. 2e édit.
Philosophie de Tolstoï. 2e édit.
La philos. soc. dans le théât. d'Ibsen.
G. Palante.
Précis de sociologie. 2e édit.
Paulhan.
Les phénomènes affectifs. 2e édit.
J. de Maistre, sa philosophie.
Psychologie de l'invention.
F. Pillon.
La philosophie de Charles Secrétan.
Mario Pilo.
La psychologie du beau et de l'art.
Ploger.
Le monde physique.
Queyrat.
L'imagination chez l'enfant. 3e édit.
L'abstraction, son rôle dans l'édu-
cation intellectuelle.
Les caractères et l'éducation morale.
P. Regnaud.
Précis de logique évolutionniste.
Comment naissent les mythes.
Charles de Rémusat.
Philosophie religieuse.
G. Renard.
Le régime socialiste. 3e édit.

Th. Ribot.
La philos. de Schopenhauer. 9e éd.
Les maladies de la mémoire. 15e éd.
Les maladies de la volonté. 17e éd.
Les maladies de la personnalité. 10e édit.
La psychologie de l'attention. 7e éd.

G. Richard.
Socialisme et science sociale. 2e éd.

Ch. Richet.
Psychologie générale. 5e éd.

De Roberty.
L'inconnaissable.
L'agnosticisme. 2e édit.
La recherche de l'Unité.
Auguste Comte et H. Spencer. 2e éd.
Le bien et le mal.
Psychisme social.
Fondements de l'éthique.
Constitution de l'éthique.

Roisel.
De la substance.
L'idée spiritualiste. 2e édit.

Émile Saisset.
L'âme et la vie.

Schoebel.
Philosophie de la raison pure.

Schopenhauer.
Le libre arbitre. 9e édition.
Le fondement de la morale. 8e édit.
Pensées et fragments. 17e édition.

Camille Selden.
La Musique en Allemagne.

Herbert Spencer.
Classification des sciences. 7e édit.
L'individu contre l'État. 5e éd.

Stuart Mill.
Auguste Comte et la philosophie positive. 6e édition.
L'Utilitarisme. 3e édition.

Tanon.
L'évol. du droit et la conscience soc.

Tarde.
La criminalité comparée. 5e éd.
Les transformations du droit. 2e éd.
Les lois sociales. 2e édit.

Thamin.
Éducation et positivisme. 2e éd.

P.-F. Thomas.
La suggestion, son rôle dans l'éducation intellectuelle. 2e édit.
Morale et éducation.

Tissié.
Les rêves. 2e édit.

Vianna de Lima.
L'homme selon le transformisme.

T. Wechniakoff.
Savants, penseurs et artistes.

Wundt.
Hypnotisme et suggestion.

Zeller.
Christ. Baur et l'école de Tubingue.

Th. Ziegler.
La question sociale est une question morale. 3e éd.

Derniers volumes publiés :

L. Arréat.
Le sentiment religieux en France.

C. Bos.
Psychologie de la croyance.

M. Boucher.
Essai sur l'hyperespace, le temps, la matière et l'énergie.

L. Dugas.
Psychologie du rire.

Duprat.
Le mensonge.

Encausse (Papus).
L'occultisme et le spiritualisme. 2e édit.

E. Goblot.
Justice et liberté.

J. Grasset.
Les limites de la biologie. 2e édit.

W. James.
La théorie de l'émotion.

Ossip-Lourié.
Nouvelles pensées de Tolstoï.

Paulhan.
Analyses et esprits synthétiques.

J. Philippe.
L'image mentale.

Queyrat.
La logique chez l'enfant et sa culture.

De Roberty.
Frédéric Nietzsche.

Sully Prudhomme et Ch. Richet.
Le problème des causes finales. 2e édition.

VOLUMES IN-8.

Brochés, à 5, 7 50 et 10 fr.; cart. angl., 1 fr. de plus par vol.; relure, 2 fr.

Ch. Adam.
La philosophie en France (première
 moitié du xixᵉ siècle). 7 fr. 50
Agassiz.
De l'espèce et des classifications. 5 fr.
Alengry.
La sociologie chez Aug. Comte.
                      10 fr.
Matthew Arnold.
La crise religieuse.   7 fr. 50
Arréat.
Psychologie du peintre.   5 fr.
P. Aubry.
La contag. du meurtre. 3ᵉ éd. 5 fr.
Alex. Bain
La logique inductive et déductive,
 3ᵉ édit. 2 vol.   20 fr.
Les sens et l'intell. 3ᵉ édit. 10 fr.
J.-M. Baldwin.
Le développement mental chez
 l'enfant et dans la race. 7 fr. 50
Barthélemy Saint-Hilaire.
La philosophie dans ses rapports
 avec les sciences et la religion. 5 fr.
Barzellotti.
La philosophie de H. Taine. 7 fr. 50
Bergson.
Essai sur les données immédiates
 de la conscience. 3ᵉ édit. 3 fr. 75
Matière et mémoire. 3ᵉ édit. 5 fr.
A. Bertrand.
L'enseignement intégral.   5 fr.
Les études dans la démocratie. 5 fr.
Em. Boirac.
L'idée du phénomène.   5 fr.
Bouglé.
Les idées égalitaires.   3 fr. 75
L. Bourdeau
Le problème de la mort. 3ᵉ éd. 5 fr.
Le problème de la vie.   7 fr. 50
Bourdon.
L'expression des émotions et des
 tendances dans le langage. 7 fr. 50
Em. Boutroux.
Études d'histoire de la philosophie.
 2ᵉ édit.   7 fr. 50
L. Bray.
Du beau.   5 fr.
Brochard.
De l'erreur. 2ᵉ éd.   5 fr.
Brunschvicg.
Spinoza.   3 fr. 75
La modalité du jugement   5 fr.

Ludovic Carrau.
La philosophie religieuse en Angle-
 terre depuis Locke.   5 fr.
Clay.
L'alternative. 2ᵉ éd.   10 fr.
Ch. Chabot.
Nature et moralité.   5 fr.
Collins.
Résumé de la phil. de H. Spencer.
 3ᵉ éd.   10 fr.
Aug. Comte.
La sociologie.   7 fr. 50
B. Conta.
Théorie de l'ondulation universelle.
                      3 fr. 75
A. Coste.
Principes d'une sociol. obj. 3 fr. 75
L'expérience des peuples.   10 fr.
Crépieux-Jamin.
L'écriture et le caractère. 4ᵉ éd.
                      7 fr. 50
Dewaule.
Condillac et la psychologie anglaise
 contemporaine.   5 fr.
G. Dumas
La tristesse et la joie.   7 fr. 50
G.-L. Duprat.
L'instabilité mentale.   5 fr.
Duproix.
Kant et Fichte et le problème de
 l'éducation. 2ᵉ édit.   5 fr.
Durand (de Gros).
Taxinomie générale.   5 fr.
Esthétique et morale.   5 fr.
Variétés philosophiques. 2ᵉ éd. 5 fr.
Durkheim.
De la div. du trav. soc. 2ᵉ éd. 7 fr. 50
Le suicide, étude sociolog. 7 fr. 50
L'année sociologique. 6 volumes :
 1896-97, 1897-98, 1898-99, 1899-1900,
 1900-1901. Séparément   10 fr.
 1901-1902.   12 fr. 50
A. Espinas.
La philosophie sociale au xviiiᵉ siè-
 cle et la Révolution.   7 fr. 50
G. Ferrero.
Les lois psychologiques du sym-
 bolisme.   5 fr.
Louis Ferri.
La psychologie de l'association, de-
 puis Hobbes.   7 fr. 50
Flint.
La philosophie de l'histoire en Alle-
 magne.   7 fr. 50

Fonsegrive.
Le libre arbitre. 2ᵉ éd.   10 fr.
M. Foucault.
La psychophysique.   7 fr. 50
Alf. Fouillée.
La liberté et le déterminisme.
  5ᵉ édit.   7 fr. 50
Critique des systèmes de morale
  contemporains. 4ᵉ éd.   7 fr. 50
La morale, l'art et la religion, d'a-
  près Guyau. 4ᵉ éd.   3 fr. 75
L'avenir de la métaphysique fondée
  sur l'expérience. 2ᵉ édit.   5 fr.
L'évolutionnisme des idées-forces.
  3ᵉ édit.   7 fr. 50
La psychologie des idées-forces.
  2ᵉ édit. 2 vol.   15 fr.
Tempérament et caractère. 3ᵉ édit.
          7 fr. 50
Le mouvement idéaliste. 2ᵉ éd. 7 fr. 50
Le mouvement positiviste. 2ᵉ édit.
          7 fr. 50
Psychologie du peuple français.
  2ᵉ édit.   7 fr. 50
La France au point de vue moral.
  2ᵉ édit.   7 fr. 50
Ad. Franck.
La philosophie du droit civil. 5 fr.
G. Fulliquet.
Sur l'obligation morale.   7 fr. 50
Garofalo.
La criminologie. 4ᵉ édit.   7 fr. 50
La superstition socialiste.   5 fr.
L. Gérard-Varet.
L'ignorance et l'irréflexion.   5 fr.
E. Goblot.
La classific. des sciences.   5 fr.
A. Godfernaux.
Le sentiment et la pensée.   5 fr.
G. Gory.
L'immanence de la raison dans la
  connaissance sensible.   5 fr.
R. de la Grasserie.
De la psychologie des religions. 5 fr.
G. de Greef.
Le transformisme social. 2 éd. 7 fr. 50
K. Groos.
Les jeux des animaux.   7 fr. 50
Gurney, Myers et Podmore
Les hallucin. télépath. 3ᵉ éd. 7 fr. 50
Guyau.
La morale angl. cont. 6ᵉ éd. 7 fr. 50
Les problèmes de l'esthétique con-
  temporaine. 6ᵉ éd.   5 fr.
Esquisse d'une morale sans obli-
  gation ni sanction. 5ᵉ éd.   5 fr.
L'irréligion de l'avenir. 7ᵉ éd. 7 fr. 50
L'art au point de vue sociologique.
  5ᵉ éd.   7 fr. 50
Hérédité et éducation. 5ᵉ éd.   5 fr.

E. Halévy.
La form. du radicalisme philos.
  I. La jeunesse de Bentham. 7 fr. 50
  II. Évol. de la doctr. utilitaire.
  1789-1815.   7 fr. 50
Hannequin.
L'hypoth. des atomes. 2ᵉ éd. 7 fr. 50
P. Hartenberg.
Les timides et la timidité.   5 fr.
G. Hirth.
Physiologie de l'art.   5 fr.
H. Hoffding.
Esquisse d'une psychologie fondée
  sur l'expérience. 2ᵉ édit.   7 fr. 50
J. Izoulet.
La cité moderne. 6ᵉ éd.   10 fr.
Paul Janet.
Les causes finales. 4ᵉ édit.   10 fr.
Œuvres phil. de Leibniz. 2ᵉ édition.
  2 vol.   20 fr.
Victor Cousin et son œuvre. 3ᵉ édit.
          7 fr. 50
Pierre Janet.
L'automatisme psychol. 4ᵉ éd. 7 fr. 50
J. Jaurès.
De la réalité du monde sensible.
  2ᵉ édition.   7 fr. 50
Lang.
Mythes, cultes et religions.   10 fr.
A. Lalande.
La dissolution opposée à l'évolu-
  tion, dans les sciences phys. et
  mor.   7 fr. 50
P. Lapie.
Logique de la volonté.   7 fr. 50
E. de Laveleye.
De la propriété et de ses formes
  primitives. 5ᵉ édit.   10 fr.
Le gouvernement dans la démocra-
  tie. 3ᵉ éd. 2 vol.   15 fr.
Gustave Le Bon.
Psych. du socialisme. 3ᵉ éd. 7 fr. 50
G. Lechalas.
Études esthétiques.   5 fr.
Lechartier.
David Hume, moraliste et socio-
  logue.   5 fr.
Leclère.
Le droit d'affirmer.   5 fr.
F. Le Dantec.
L'unité dans l'être vivant. 7 fr. 50
X. Léon.
La philosophie de Fichte.   10 fr.
L. Lévy-Bruhl.
La philosophie de Jacobi.   5 fr.
Lettres inédites de J. Stuart Mill
  à Auguste Comte.   10 fr.
La philos. d'Aug. Comte.   7 fr. 50

Liard.
La science positive et la métaphysique. 4e édit. 7 fr. 50
Descartes. 2e édit. 5 fr.

H. Lichtenberger.
Richard Wagner, poète et penseur. 3e édit. 10 fr.

Lombroso.
La femme criminelle et la prostituée (en collab. avec M. Ferrero). 1 vol., avec planches. 15 fr.
Le crime polit. et les révol. (en collab. avec M. Laschi). 2 vol. 15 fr.
L'homme criminel. 3e édit. 2 vol., avec atlas. 36 fr.

G. Lyon.
L'idéalisme en Angleterre au XVIIIe siècle. 7 fr. 50

P. Malapert.
Les éléments du caractère. 5 fr.

Marion.
La solidarité morale. 5e édit. 5 fr.

Fr. Martin.
La perception extérieure et la science positive. 5 fr.

Max Muller.
Nouv. études de Mythol. 12 fr. 50

E. Naville.
La logique de l'hypothèse. 2e éd. 5 fr.
La physique moderne. 2e édit. 5 fr.
La définition de la philosophie. 5 fr.
Les philosophies négatives. 5 fr.
Le libre arbitre. 2e édition. 5 fr.

Max Nordau.
Dégénérescence. 2v. 6e éd. 17 fr. 50
Les mensonges conventionnels de notre civilisation. 7e éd. 5 fr.

Novicow.
Les luttes entre sociétés humaines. 2e édit. 10 fr.
Les gaspillages des sociétés modernes. 2e édit. 5 fr.

H. Oldenberg.
Le Bouddha, sa vie, sa doctrine, sa communauté. 2e éd. 7 fr. 50

Ossip-Lourié.
La philosophie russe contemporaine. 5 fr.

Ouvré.
Form. lit. de la pensée grecque. 10 fr.

Fr. Paulhan.
L'activité mentale et les éléments de l'Esprit. 10 fr.
Esprits logiques et esprits faux. 7 fr. 50
Les caractères. 2e édition. 5 fr.

Payot.
L'éducation de la volonté. 16e éd. 5 fr.
De la croyance. 5 fr.

Jean Pérès.
L'art et le réel. 3 fr. 75

Bernard Perez.
Les trois premières années de l'enfant. 5e édit. 5 fr.
L'éd. mor. dès le berceau. 4e éd. 5 fr.
L'éd. intell. dès le berceau. 2e éd. 5 fr.

C. Piat.
La personne humaine. 7 fr. 50
Destinée de l'homme. 5 fr.

Picavet.
Les idéologues. 10 fr.

Piderit.
La mimique et la physiognomonie, avec 95 fig. 5 fr.

Pillon.
L'année philosophique. 12 vol.: 1890, 1891, 1892, 1894, 1895, 1896, 1897, 1898, 1899, 1900, 1901, 1902. Séparément 5 fr.

J. Pioger.
La vie et la pensée. 5 fr.
La vie sociale, la morale et le progrès. 5 fr.

Preyer.
Éléments de physiologie. 5 fr.
L'âme de l'enfant. 10 fr.

L. Proal.
Le crime et la peine. 3e éd. 10 fr.
La criminalité politique. 5 fr.
Le crime et le suicide passionnels. 10 fr.

F. Rauh.
De la méthode dans la psychologie des sentiments. 5 fr.

Recéjac.
La connaissance mystique. 5 fr.

Renard.
La méthode scientifique de l'histoire littéraire. 10 fr.

Renouvier.
Les dilem. de la métaph. pure. 5 fr.
Hist. et solut. des problèmes métaphysiques. 7 fr. 50

Th. Ribot.
L'hérédité psycholog. 5e éd. 7 fr. 50
La psychologie anglaise contemporaine. 3e éd. 7 fr. 50
La psychologie allemande contemporaine. 4e éd. 7 fr. 50
La psych. des sentim. 3e éd. 7 fr. 50
L'évolution des idées générales. 5 fr.
L'imagination créatrice. 5 fr.

Ricardou.
De l'idéal. 5 fr.

E. de Roberty
L'ancienne et la nouvelle philosophie. 7 fr. 50
La philosophie du siècle. 5 fr.

Romanes.
L'évol. ment. chez l'homme. 7 fr. 50
Emile Saigey.
Les sciences au XVIIIe siècle. La physique de Voltaire. 5 fr.
E. Sanz y Escartin.
L'individu et la réforme sociale. 7 fr. 50
Schopenhauer.
Aphorisme sur la sagesse dans la vie. 7e éd. 5 fr.
La quadruple racine du principe de la raison suffisante. 5 fr.
Le monde comme volonté et représentation. 3e éd. 3 vol. 22 fr. 50
Séailles.
Ess. sur le génie dans l'art. 2e éd. 5 fr.
Sergi.
La psychologie physiolog. 7 fr. 50
Sighele.
La foule criminelle. 2e édit. 5 fr.
Sollier.
Psychologie de l'idiot et de l'imbécile. 2e éd. 5 fr.
Le problème de la mémoire. 3 fr. 75
Souriau.
L'esthétique du mouvement. 5 fr.
La suggestion dans l'art. 5 fr.
Herbert Spencer.
Les premiers principes. 9e éd. 10 fr.

Principes de psychologie. 2 vol. 20 fr.
Princip. de biologie. 4e éd. 2 v. 20 fr.
Princip. de sociol. 4 vol. 36 fr. 25
Essais sur le progrès. 5e éd. 7 fr. 50
Essais de politique. 4e éd. 7 fr. 50
Essais scientifiques. 3e éd. 7 fr. 50
De l'éducation physique, intellectuelle et morale. 10e édit. 5 fr.
Stein.
La question sociale au point de vue philosophique. 10 fr.
Stuart Mill.
Mes mémoires. 3e éd. 5 fr.
Système de logique déductive et inductive. 4e édit. 2 vol. 20 fr.
Essais sur la Religion. 4e édit. 5 fr.
James Sully.
Le pessimisme. 2e éd. 7 fr. 50
Études sur l'enfance. 10 fr.
G. Tarde.
La logique sociale. 2e édit. 7 fr. 50
Les lois de l'imitation. 3e éd. 7 fr. 50
L'opposition universelle. 7 fr. 50
L'opinion et la foule. 5 fr.
Psychologie économique. 2 vol. 15 fr.
P.-Félix Thomas.
L'éduc. des sentiments. 2e éd. 5 fr.
Thouverez.
Réalisme métaphysique. 5 fr.
Et. Vacherot.
Essais de philosophie critique. 7 fr. 50
La religion. 7 fr. 50

Derniers volumes publiés :

A. Cresson.
La morale de la raison théorique. 5 fr.
Alf. Fouillée.
Esquisse psychologique des peuples européens. 10 fr.
Nietzsche et l'immoralisme. 5 fr.
E. Gley.
Études de psycho-physiologie. 5 fr.
S. Karppe.
Essais de critique et d'histoire de philosophie. 3 fr. 75
F. Le Dantec.
Les limites du connaissable. La vie et les phénomènes naturels. 3 fr. 75
L. Lévy-Bruhl.
La morale et la science des mœurs. 5 fr.
Max Nordau.
Vus du dehors. Essais de critique sur quelques auteurs français contemporains. 5 fr.
H. Oldenberg.
La religion du Véda. 10 fr.

F. Rauh.
L'expérience morale. 3 fr. 75
Renouvier.
Le personnalisme, suivi d'une étude sur la perception externe et sur la force. 10 fr.
Ch. Ribéry.
Essai de classification naturelle des caractères. 3 fr. 75
G. Richard.
L'idée d'évolution dans la nature et dans l'histoire. 7 fr. 50
A. Sabatier.
Essais philosophiques d'un naturaliste. 7 fr. 50
G. Saint-Paul.
Le langage intérieur et la fonction endophasique. 5 fr.
Em. Tardieu.
L'ennui. 5 fr.
L. Weber.
Vers le positivisme absolu par l'idéalisme. 7 fr. 50

Coulommiers. — Imp. PAUL BRODARD. — 4-03.